[起業・経理に使えるテンプレートを無料ダウンロード]

本書『起業したらまっさきに読む経理の本 新装版』で登場する、起業・経理に役立つExcelテンプレートが、下記のWebサイトよりダウンロードできます。

http://www.cm-publishing.co.jp/kigyo/

はじめに

　たくさんの経理の本のなかから、『起業したらまっさきに読む経理の本』を手にとっていただき、本当にありがとうございます！

　この本は、タイトルのとおり、起業を考えている方や起業をした方に知っておいてほしい経理の知識を「わかりやすく、そして詳しく」まとめたものです。難しい理論よりも、できるだけ実務的な内容になるよう、今日からでも皆さんの会社の経理実務の役に立つよう、心を込めて書き上げました。

　経理というと、まっさきに思い浮かぶのは帳簿付け（簿記）だと思いますが、本書には、事業計画、会社の作り方、税務署への届出から簿記、会計アプリの使い方、経理のポイント、そして決算、税金、資金計画、税務調査まで、小さな会社のお金にまつわる一切のことがまとめられています。

　起業したばかりのときは、売上をあげることで精一杯なので、なかなか経理のことまで頭がまわらないことと思います。
　しかし、経理の仕組みを理解し、お金の動きを整理しておかないと、会社経営は絶対にうまくいきません。

　なぜなら、「経理がわからない → お金の動きをつかめない → 会社の置かれている状況がわからない」、つまり経理を知らずに会社経営をすることは、羅針盤をもたずに大海原に航海に出るようなものなのです。

　本書をお読みいただければ、起業家に必要な経理の知識がきっと身に付きます！
　本書が皆さんの起業の成功に役立つことを願ってやみません。

笠原清明

もくじ

第1章　事業計画を立てよう

① 事業計画を立てよう …… 12

② 起業の夢をノートに書き出そう …… 13

③ 夢を数字に置き換えよう …… 14

④ 1年目の収支表を作ろう …… 19

⑤ 5年間の収支表を作ろう …… 20

⑥ シミュレーションをしよう …… 21

⑦ Excelで事業計画フォームを作ろう …… 22

第2章　会社を作ろう

① 個人事業と会社経営の違いを押さえる …… 26

② なぜ、会社経営を選択する起業家が多いのか …… 28

③ 個人経営の良いところは… …… 31

④ どちらの経営形態を選択すべきか …… 33

⑤ 会社の種類とは？どの会社を選択したら良いか …… 33

⑥ 会社の組織を理解して設立をしよう …… 35

⑦ 会社設立の流れを理解しよう …… 38

⑧ 定款作成のポイント1 「会社の商号」について ……40

⑨ 定款作成のポイント2 「事業の目的」について ……41

⑩ 定款作成のポイント3 「事業年度」について ……42

⑪ 定款作成のポイント4 「資本金の金額」について ……44

⑫ 定款作成のポイント5 「株主構成」について ……45

⑬ 定款作成のポイント6 「役員構成」について ……47

⑭ 定款作成のポイント7 「役員報酬の限度額」について ……49

⑮ 定款作成のポイント8 「株式譲渡制限」について ……50

⑯ 会社の登記に関係する書類の名前を覚えよう ……51

⑰ 会社設立のための書式 ……53

⑱ 会社法の定款サンプル ……54

第3章　設立の届出をしよう

1．税金の届出をする

① 税金の種類と役所の名前を理解しよう ……60

② 届出や申請をする書類の名前を押さえよう ……61

③ 届出書・申請書を入手しよう ……62

④ 届出書類の書き方1　法人設立届出書（税務署）……63

⑤ 届出書類の書き方2　青色申告の承認申請書 ……67

⑥ 届出書類の書き方3　減価償却資産の償却方法の届出書 ……69

⑦ 届出書類の書き方4　棚卸資産の評価方法の届出書 ……70

⑧ 届出書類の書き方5　給与支払事務所等の開設届出書 ……71

⑨ 届出書類の書き方6　源泉所得税の納期の特例の
承認に関する申請書……74

⑩ 届出書類の書き方7　消費税の新設法人に該当する旨の届出書……76

⑪ 届出書類の書き方8　消費税簡易課税制度選択届出書……78

⑫ 届出書類の書き方9　消費税課税事業者届出書（基準期間用）……78

⑬ 届出書類の書き方10　消費税課税事業者選択届出書……79

⑭ 届出書類の書き方11　法人設立届出書（県税事務所）……79

⑮ 届出書類の書き方12　法人設立届出書（市役所）……80

2．社会保険の届出をする

① 社会保険の仕組みを理解する……81

② すべての会社は社会保険に加入する義務がある……81

③ 社会保険に加入する人の範囲を理解しよう……83

④ 社会保険に加入する手続きをしよう……83

3．労働保険の届出をする

① 労働保険の仕組みを理解する……85

② 労働者を雇用したら労働保険に加入する義務がある……85

③ 労働保険に加入する人の範囲を理解しよう……86

④ 労働保険に加入する手続きをしよう……87

第4章　経理のいろはを学ぶ

1．書類の整理と保存を学ぼう

① 書類を受け取ったらすぐに分別しよう……90

② 領収書のファイリングのしかた ……91

③ 請求書のファイリングのしかた ……93

④ 申告書や定款のファイリングのしかた ……94

2．請求書と領収書の作り方を学ぼう

① あらぬ疑いをかけられぬために ……96

② 請求書・領収書発行の作成ルール ……97

③ 領収書を作ろう ……99

④ 請求書を作ろう ……102

3．帳簿の付け方を学ぼう

① 帳簿を付けよう ……104

②「どんなことを帳簿に付けるのか」を理解しよう ……105

③ 帳簿付けの流れを理解しよう ……107

④ 現金出納帳を付けてみよう ……110

⑤ 預金出納帳を付けてみよう ……111

⑥ 得意先元帳（売掛帳）を付けてみよう ……112

⑦ 仕入先元帳（買掛帳）を付けてみよう ……113

⑧ 仕訳伝票を付けてみよう ……115

⑨ 総勘定元帳を付けてみよう ……123

⑩ 試算表を作成してみよう ……131

⑪ 貸借対照表と損益計算書を作成してみよう ……134

第5章　IT 時代の経理事務

① 起業したら経理から逃れられない……142

② 会社で行うべき経理事務とは……142

③ IT を活用して経理事務をこなす！……145

④ IT 時代の会計事務所の選び方……147

第6章　会計アプリは必要なのか？

① 帳簿付けには会計アプリを使おう！……152

② 会計アプリ選びのチェックポイント……154

③ インストールして会社情報を設定しよう……157

④ 消費税の設定をしよう……159

⑤ 5つの入力項目を理解しよう……162

⑥ 仕訳入力画面を使ってみよう……166

⑦ 帳簿入力画面を使ってみよう……169

第7章　経理と税金のポイント21

① 現金を支払う・受け取る……174

② 預金を引き出す・預け入れる……176

③ 商品を売り上げる・代金を回収する……178

④ 商品を仕入れる・代金を支払う……186

⑤ 交通費や出張旅費を精算する……191

⑥ 接待や打ち合わせをする …… 194

⑦ 広告や宣伝をする …… 199

⑧ 公共料金を支払う（水道光熱費・通信費）…… 200

⑨ 手数料を支払う …… 201

⑩ 商品を得意先に発送する …… 202

⑪ 給料の計算をする …… 203

⑫ 賞与の計算をする …… 218

⑬ 役員に報酬や賞与を支払う …… 224

⑭ 税理士やデザイナーに報酬を支払う …… 228

⑮ 税金を支払う …… 232

⑯ 社会保険料を支払う …… 238

⑰ 事務用品やOA消耗品、書籍などを購入する …… 240

⑱ 器具や備品、ソフトを購入する …… 241

⑲ OA機器などをリースする …… 243

⑳ お店や事務所を借りる …… 245

㉑ お金を借りる・返す …… 246

第8章　決算をしよう

① 決算の手続きを理解しよう …… 250

② 帳簿の残高を確認しよう …… 251

③ 決算調整を理解しよう …… 253

④ 会計の考え方を理解しよう …… 254

⑤ 売上の決算調整をしよう …… 255

⑥ 仕入と諸費用の決算調整をしよう ……258

⑦ 在庫商品の決算調整をしよう ……260

⑧ 減価償却の計算をしよう ……264

⑨ 決算書を作ろう ……283

⑩ 株主総会を開催しよう ……285

⑪ 税金の金額を計算しよう ……286

⑫ 書類の保存期間を理解しよう ……288

第9章　経理の勘所をアドバイス

① 専門家と上手に付き合おう ……292

② これが起業家のための融資制度だ！……293

③ その借金、返済できますか（資金計画を立てよう）……294

④ 帳簿付けの時間を減らそう ……296

⑤ 会計アプリの機能をフルに活用しよう ……297

⑥ いくら売れば会社はやっていけるのか考えよう ……299

⑦ 黒字倒産しないように経営しよう ……302

⑧ 儲かってきたら節税を考えよう ……304

⑨ 税務署の調査を知っておこう ……306

※この本は平成30年4月における中小企業の税制をもとに書かれています。最新の情報を国税庁のHP等でご確認ください。また実際の申告にあたっては所轄税務署にご相談ください。

第 1 章

事業計画を立てよう

事業計画を立てよう

起業の夢をノートに書き出そう

夢を数字に置き換えよう

1年目の収支表を作ろう

5年間の収支表を作ろう

シミュレーションをしよう

Excel で事業計画フォームを作ろう

❶ 事業計画を立てよう

　起業家をめざしている皆さん！ 事業計画は立てましたか。

　事業計画は、どのくらい収入が見込めて、いくらくらい経費がかかるのかを年ごとにまとめた、右の図のような表です。

　たくさんの数字や普段使わない言葉が並んでいるので、ちょっと取っつきにくいです

収支表		1年目	2年目	3年目	4年目	5年目
摘要		1年目	2年目	3年目	4年目	5年目
売上高	定番	1,440	2,180	2,808	3,370	5,054
	バーゲン	720	1,080	1,404	1,685	2,527
	ビンテージ	600	900	1,170	1,404	2,108
	計	2,760	4,140	5,382	6,458	9,688
仕入高	定番	1,008	1,512	1,988	2,359	3,538
	バーゲン	576	884	1,123	1,348	2,022
	ビンテージ	360	540	702	842	1,264
	計	1,944	2,916	3,791	4,549	6,823
粗利益		816	1,224	1,591	1,909	2,864
経費	販売 ロイヤリティ	110	188	215	258	388
	発送費用	278	414	538	848	989
	固定 人件費		180	180	300	300
	家賃			98	98	338
	支払利息					
	その他	216	216	216	216	338
	計	602	976	1,245	1,516	2,328
利益		214	248	346	393	536

よね。数字が苦手で、経理を勉強したことがないような方は、「私には無理！」と、この表を見ただけで引いてしまっていませんか。

　でも、起業するにあたって、事業計画の作成は避けてとおることはできません。特に事業の資金を、自分以外の人に出資してもらおう……、あるいはお金を借りよう……と考えている方は、事業計画が立てられないと、資金の準備はできない！ と考えた方が良いでしょう。

　たとえお金を出してくれるのが親や親戚、友人など、どんなにあなたと親しい人だとしても、お金のことになるとシビアになるものです。あなたの事業の内容やこれからの展開を、事業計画に基づいてきちんと説明しなければ、決してお金を出してはくれません。考えてみればあたりまえのことですよね。

　どのくらい収入が見込めて、いくらくらい経費がかかるのか……。

　そのくらいのことが整理できていなければ、事業がうまくいくはずがありません。お金を出す人が尻込みするのも当然です。

　ちょっと、取っつきにくく見える事業計画ですが、皆さんの頭の中にある事業の夢を、表にまとめたものに過ぎません。皆さんの考えている事業の夢をノートに整理していけば、どなたでも事業計画を作成することができます。これから一緒に事業計画を作っていきましょう。

第1章　事業計画を立てよう

❷ 起業の夢をノートに書き出そう

　まずは、皆さんの起業の夢を書くために、ノートと鉛筆を用意してください。ノートは少し大きめのものがいいと思います。そのほうが、思いついたことを気ままに書き込めます。

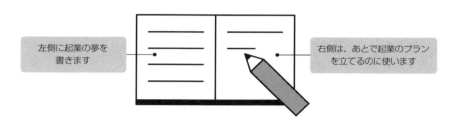

左側に起業の夢を書きます

右側は、あとで起業のプランを立てるのに使います

　起業をめざす皆さんのことですから、頭の中で事業のこと、いつも考えていますよね。まずは、ノートの左側に、皆さんの頭の中にある起業の夢を書き出してください。ノートを前にすると「何を書いたらいいのだろう……」とか、「頭の中にプランはあるけど書くとなると難しい……」など、変に構えてしまって、何も書けなくなってしまうかもしれません。

　そんなときは、まず「どんな商品を売るのか」「どのような方法で売るのか」「どのように事業を展開するのか」の3点を頭の中でよく整理をして、それからノートに向かいましょう。そうすることで、意外なほど簡単に起業の夢をノートに書くことができます。

　例えば次のように記入しましょう。

▼ワイン大好きのAさんが、ワインショップで起業する場合

　私はワインが大好き。安くておいしいワインを知っている。
　フランスの田舎町のワイナリーでは、
　驚くほど値段が安くておいしい赤ワインを作っている。　　　どんな商品を売る？
　このまだ日本で知られていないワインを日本で販売したい。　どんな方法で売る？
　まずはホームページを作って、ネットショップを出店する。　事業の展開は？
　だんだん売上が上がってきたら、小さなワインショップを出してみたい。

13

デザインが得意なBさんがWEBデザイナーとして起業する場合

いろいろな会社のホームページを見ていると、いつも「ホームページは会社の顔なのに、同じようなページがほんとうに多い」と思う。 `どんな商品を売る？`

これじゃ、会社の個性とか良さが見ている人に伝わらない。

私はそんな会社のホームページをリニューアルする仕事がしたい。

まずは、誰が見ても「これはいい！」と思えるような自分のホームページを立ち上げる。メルマガやブログで宣伝をして、自分のホームページを気に入った会社から仕事を請け負っていきたい。 `どんな方法で売る？`

だんだんお客さんが増えてきたら近くのマンションを借りてデザインスタジオを作りたい。 `事業の展開は？`

❸ 夢を数字に置き換えよう

ノートの左側に起業の夢を書いたら、次はノートの右側で、その夢を数字にしていく作業を始めましょう。

まずは、事業を始めるのにあたり、どのような設備が必要で、その設備を買うのにいくらお金がかかるのかを具体的にピックアップします。そして、必要なお金をどのように準備するのか、について検討します。

次に、事業を始めて1年目の収支、つまりいくら売上があり、どのくらい経費がかかり、儲けはいくらになるのか、について考えましょう。

まずはノートの右側に次のような図をかいてください。この図は、空欄に数字を入れていくだけで、起業の夢が数字に置き換えられるよう工夫したものです。

それでは、具体的にどんな内容を書くのか、順番に説明することにしましょう。説明にあたっては、さきほど登場した「ワイン大好きのAさんが、ネットショップで起業する場合」のケースをもとに、図に数値を埋め込んでいくことにします。

第1章　事業計画を立てよう

↘ ノートの右側に次の図を書こう

事業を始めるためにかかるお金

設備名	金額
合計	

＝

お金の準備

誰から	詳細	金額
合計		

売上額の計算

商品名	単価	数量	売上額
合計			

→

仕入額の計算

売上額	原価率	仕入額
合計		

商品を売るための経費

経費名	売上額	％	金額
合計			

会社を維持管理するための経費

項目名	明細	月額	年額
合計			

記入事項1　事業を始めるためにかかるお金

　事業を始めるためには、備品や内装工事代、店舗や事務所を借りるための費用、ショッピングモールや同業者団体の加盟金など、さまざまな投資が必要となります。ノートの左側の「どんな方法で売る？」を参考に、皆さんの事業を始めるのに必要な投資をピックアップしていきましょう。

　ピックアップが済んだら、業者に見積もりをとる、インターネットで相場を調べるなどの方法で、これらの設備を揃えるために、いくらお金がかかるのか、について調べます。それでは、事業を始めるための投資金額をAさんのケースで予想してみましょう。

　Aさんはネットショップで事業を始めますので、次のとおりとなります。

○サーバー、パソコン、プリンターなど・・・　　　　100万円

○コピー、fax、電話など・・・・・・・・・　　　　150万円

○ホームページ作成費用・・・・・・・・・・　　　　150万円

15

この予想を先ほどの図の「事業を始めるためにかかるお金」の欄に記入します。

記入事項2　お金の準備

　事業を始めるための投資金額が算定できたら、このお金をどのように準備するかを検討しましょう。誰から、どんな方法で、いくら調達できるのかをピックアップしていきます。先ほどの図の詳細欄に、蓄えたお金を使う場合には「自己資金」、金融機関などから借り入れる場合は「借入金」、他の人から投資してもらう場合は「出資金」と記入します。

　借入や出資の割合が多いと、元金の返済や利息、配当の支払に苦労することになってしまいますから、できるだけ自己資金の割合を多くしましょう。もし自己資金があまり準備できないときは、事業を始めるときの経費を、自己資金に応じた金額に見直す必要があります。会社は「小さく産んで大きく育てる」ことが大切です。Aさんのケースでは、全額を自己資金で準備したとします。

記入事項3　売上額の計算

　ここでは1年間にどのくらい売上があげられるか、について計算します。漠然と頭のなかで、「いくら売上があがるのだろう？」と考えていても売上高を予想することはできないと思います。

　「売値が××円の商品が月に××本売れるので、年間売上は××円になる……」というように、数字を積み上げて、売上を予想しましょう。ただしあまり細かく区分して予想すると煩雑になり、かえって売上の予想ができなくなってしまいます。まず、同業のネットショップ、百貨店のワイン売り場、専門店などを参考に、商品のおおまかな構成を考えましょう。

　それではAさんのネットショップのケースで売上の予想をしてみましょう。商品の構成は、「定番商品」「バーゲン商品」「ビンテージ商品」の3つです。それぞれの区分ごとに商品の平均的な売値を決め、売上本数を予想します。

○定番商品・・・・・売価：3,000円　月売上：400本　年売上：4,800本
○バーゲン商品・・・売価：1,000円　月売上：600本　年売上：7,200本
○ビンテージ商品・・売価：5,000円　月売上：100本　年売上：1,200本

第1章　事業計画を立てよう

　この予想を先ほどの図に記入し、単価×数量の計算結果を売上額の欄に記入
すれば、売上高の予想ができます。

記入事項4　仕入額の計算

　ここでは、商品の仕入額を計算します。仕入額は、売上額に原価率をかけて
算出します。例えば、2,000円で販売する商品を1,600円で仕入れる場合の原
価率は、1,600円 ÷ 2,000円 ＝ 80% となります。

　原価率を求めておくと、事業計画をシミュレーションするとき、例えば1,000
万円の売上高のとき、仕入額は1,000万円×80% で800万円、2,000万円の売
上高のとき、仕入額は2,000万円×80% で1,600万円、というように、売上高
に応じた仕入額を簡単に求めることができるので、たいへん便利です。

　定番商品（売価3,000円）の仕入値を2,100円 → 原価率70%、バーゲン商品（売
価1,000円）の仕入値を800円 → 原価率80%、ビンテージ商品（売価5,000円）
の仕入値を3,000円 → 原価率60% として、先ほどの事業計画に記入し、仕入
金額を求めましょう。

記入事項5　商品を売るための経費

　商品を売るための経費をピックアップしてみましょう。お客さんに商品を届
けるためには、宅配便の運賃、梱包や包装の経費がかかります。またAさん
が加入しているネットショッピングモールへの売上ロイヤリティもかかります。
これらの経費は、売上に対して一定の割合でかかる特徴があります。仕入額と
同様に、シミュレーションをするとき便利なように、売上に対する率を求めま
しょう。Aさんの場合、売上ロイヤリティ4%、発送費用10% と算定されました。

記入事項6　会社を維持管理するための経費

　会社を維持管理するための経費をピックアップしましょう。主な項目は次
ページのとおりです。金額の算定は、経費の項目ごとに毎月の発生額を見積り、
1年間にかかる金額を計算すると良いでしょう。これらの経費は、売上に応じ
て増減することなく一定の金額であるという特徴があります。

17

人に関する項目	役員、従業員、アルバイトに支払う給料・賞与 労働保険や社会保険の会社負担金
家賃に関する項目	店舗や事務所、工場などの家賃
支払い利息	銀行などから借り入れたお金の利息
その他	電気代、水道代、電話代、切手代 旅費や交通費、会議や打ち合わせの費用、交際費 事務用品や消耗品費、リース代、広告宣伝費

　Aさんの場合、会社の運営費は、自宅で人を雇わずに事業を始めるので、「その他」の電気代などが月3万円、旅費などが月10万円、事務用品などが月5万円と算定されました。上記の算定の結果を、先ほどの図に記入すると次のとおりとなります。

事業を始めるためにかかるお金

設備名	金額
サーバー、PC、プリンター	1,000,000
コピー、Fax、電話	1,500,000
ホームページ作成費用	500,000
合計	3,000,000

お金の準備

誰から	詳細	金額
自分	自己資金	3,000,000
合計		3,000,000

売上額の計算

商品名	単価	数量	売上額
定番	3,000	4,800	14,400,000
バーゲン	1,000	7,200	7,200,000
ビンテージ	5,000	1,200	6,000,000
合計			27,600,000

仕入額の計算

売上額	原価率	仕入額
14,400,000	70%	10,080,000
7,200,000	80%	5,760,000
6,000,000	60%	3,600,000
合計		19,440,000

商品を売るための経費

経費名	売上額	%	金額
ネットショップ ロイヤリティ	27,600,000	4%	1,104,000
発送費用	27,600,000	10%	2,760,000
合計			3,864,000

会社を維持管理するための経費

項目名	明細	月額	年額
その他	電気、水道、電話	30,000	360,000
その他	旅費や交通費、会議費や交際費など	100,000	1,200,000
その他	事務用品や消耗品、リース料など	50,000	600,000
合計		180,000	2,160,000

❹ 1年目の収支表を作ろう

　これで事業を始めて1年目の売上高や経費の予測ができましたので、その結果をまとめた表＝「収支表」を作成しましょう。

　収支表は、売上高から仕入高を差し引いて「粗利益」を計算し、そこから販売費や固定費などの経費を差し引いて利益を計算する構造になっています。

　先ほどの図から、項目や数字を転記し、利益を計算します。

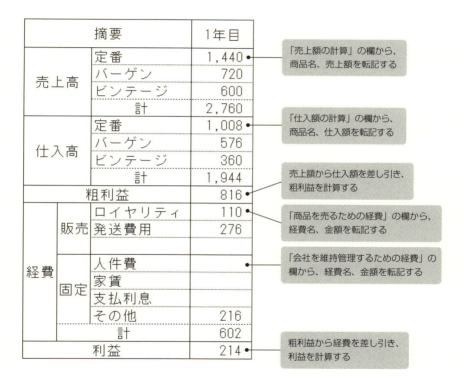

❺ 5年間の収支表を作ろう

　これで1年目の収支表ができましたので、2年目から5年目までの収支表を作成しましょう。各年の「事業の展開」から各年の売上高や仕入高、経費の金額を予想し、収支表を作成していきましょう。

↘ Aさんのネットショップの事業展開

　○ 2年目 → 売上高が50%伸びる。月給15万円のパートさんを雇う。

　○ 3年目 → 売上高が30%伸びる。月8万円の事務所を借りる。

　○ 4年目 → 売上高が20%伸びる。パートさんを月給25万円の社員に昇格する。

　○ 5年目 → 売上高が50%伸びる。お店を出す。店舗家賃20万円。
　　　　　　　リース料など固定費が月10万円増える。

　予想ができたら、1年目の収支表と同じ要領で、2年目から5年目までの収支表を作成しましょう。なお売上高に対する仕入高や販売費の割合は変わらないものとします。

　結果は次のとおりとなります。売上、利益が毎年、少しずつ伸びています。この計画どおり、事業が展開できればいいですね。

収支表

単位万円

摘要		1年目	2年目	3年目	4年目	5年目
売上高	定番	1,440	2,160	2,808	3,370	5,054
	バーゲン	720	1,080	1,404	1,685	2,527
	ビンテージ	600	900	1,170	1,404	2,106
	計	2,760	4,140	5,382	6,458	9,688
仕入高	定番	1,008	1,512	1,966	2,359	3,538
	バーゲン	576	864	1,123	1,348	2,022
	ビンテージ	360	540	702	842	1,264
	計	1,944	2,916	3,791	4,549	6,823
粗利益		816	1,224	1,591	1,909	2,864
経費	販売 ロイヤリティ	110	166	215	258	388
	発送費用	276	414	538	646	969
	固定 人件費		180	180	300	300
	家賃			96	96	336
	支払利息					
	その他	216	216	216	216	336
	計	602	976	1,245	1,516	2,328
利益		214	248	346	393	536

20

第1章 事業計画を立てよう

❻ シミュレーションをしよう

　皆さんの事業計画はできあがりましたか。ここでもう一度、事業計画作成の流れを整理してみましょう。まずノートを用意します。見開きの「左側」には「起業の夢」を記入します。「右側」では、その起業の夢をP15の記入シートを使って「数字に置き換えて」いきます。次に記入シートの数字をもとに、1年目の収支表を作成します。そしてノートの左側の「起業の夢」から2年目以降の事業展開を予想し、5年間の事業計画を完成します。

　皆さんはこの事業計画を作成するとき、きっと「どんな商品を売ろうか」「売上の伸びはどのくらいだろうか」「商品はいくらで仕入れられるだろうか」「いくらくらいで事務所は借りられるだろうか」……など、あれやこれや事業のことを考えたことでしょう。

　事業計画を作成する本当の意味は、銀行や投資家に事業プランを提示することではありません。この「あれやこれや事業のことを考える」ことにあります。そうすることで、事業の計画は練り上げられ、皆さんの事業の成功の可能性がどんどんと高まっていくのです。

「えっ、こんなはずじゃなかった！」「こんなに売ってもなんで儲からないんだ?」など、事業を始めてから気がついても後の祭りです。徹底的にいろんなケースを想定して、事業を練り上げてください。事業のこれからを事業計画というフォームを使って、シミュレーションしましょう。

　この事業計画のフォームの説明にあたっては、在庫や掛けによる運転資金の計算、資産の取得と減価償却の計算、法人税・市県民税の負担などの事項については、あえて省略しました。

　理由は、起業前の事業計画は、細かい計算よりも事業が成り立つか成り立たないか、つまり儲かるか儲からないのかの検討が最優先されると思われること、そしてこれらの計算には専門的な知識が必要となることにあります。

　第7章、第8章では、これらの事項について説明しますので、そこでしっかりと学習してください。最後の第9章で、これらの事項を織り込んだ事業計画の作り方を説明します。本格的な事業計画を作成される方は、そこを参考としてください。

21

❼ Excelで事業計画フォームを作ろう

　Excelで事業計画のフォームを作ると、計算する手間がかからないので、いろんなケースをシミュレーションすることができます。ここでは、事業計画をExcelで作成するとき使用する数式とフォームについて説明します。

　売上高や仕入高、経費の金額の合計、粗利益や利益の金額を計算する数式は、次の図のとおりです。各年度の売上高、固定費の金額、仕入高と販売費の売上高に対する率を入力するだけで、収支表を作成することができます。

　各年度の仕入高、販売費の金額は、各年度の売上高に、原価率、経費率を乗じて自動計算されます。また売上高や仕入高、経費の金額の合計、粗利益や利益の金額も自動計算されます。これなら、簡単にいろんなケースをシミュレーションできますね。

↘ Excel フォームと使い方

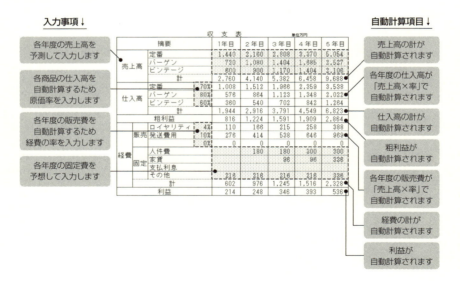

第1章 事業計画を立てよう

↘ Excel フォームと数式設定

		摘要			1年目	2年目	3年目	4年目	5年目
						収支表	単位万円		
売上高		定番							
		バーゲン							
		ビンテージ							
		計			=SUM(F3:F5)	=SUM(G3:G5)	=SUM(H3:H5)	=SUM(I3:I5)	=SUM(J3:J5)
仕入高		定番		0	=F3*E7	=G3*E7	=H3*E7	=I3*E7	=J3*E7
		バーゲン		0	=F4*E8	=G4*E8	=H4*E8	=I4*E8	=J4*E8
		ビンテージ		0	=F5*E9	=G5*E9	=H5*E9	=I5*E9	=J5*E9
		計			=SUM(F7:F9)	=SUM(G7:G9)	=SUM(H7:H9)	=SUM(I7:I9)	=SUM(J7:J9)
		粗利益			=F6-F10	=G6-G10	=H6-H10	=I6-I10	=J6-J10
経費	販売	ロイヤリティ		0	=F8*E12	=G8*E12	=H8*E12	=I8*E12	=J8*E12
		発送費用		0	=F8*E13	=G8*E13	=H8*E13	=I8*E13	=J8*E13
				0	=F8*E14	=G8*E14	=H8*E14	=I8*E14	=J8*E14
	固定	人件費							
		家賃							
		支払利息							
		その他							
		計			=SUM(F12:F18)	=SUM(G12:G18)	=SUM(H12:H18)	=SUM(I12:I18)	=SUM(J12:J18)
		利益			=F11-F19	=G11-G19	=H11-H19	=I11-I19	=J11-J19

　仕入高や販売費の金額を計算する数式は、まず1年目のセルに数式を設定して、2年目から5年目のセルにその数式をコピーすると、手間をかけずに設定することができます。1年目の数式を作るとき、原価率や経費率の入力されているセルを「コピーしてもセル番地が変わらない」ようにしておかないと、うまく数式をコピーすることができません。「コピーしてもセル番地が変わらない」ようにすることを、「絶対参照」にするといいます。知っておくと役に立つので、ここで押さえておきましょう。

↘ 絶対参照による数式のコピーの方法

①定番商品の仕入高のセル［F7］に定番商品売上［F3］×定番商品原価率［E7］の数式を入力する。

		摘要			1年目
売上高		定番			
		バーゲン			
		ビンテージ			
		計			=SUM(F3:F5)
		定番		0	=F3*E7

23

②数式の［E7］を選択する。

```
=SUM(F3:F5)
=F3*E7
```

③F4ファンクションキーを押す。

④［E7］が次のように変わる。

```
=SUM(F3:F5)
=F3*$E$7
```

⑤1年目の数式を2年目から5年目のセルにコピーする。［F3］は、［G3］、［H3］…と、位置関係に応じて変わるが、［E7］は変わらず、正しい数式が作成される。

=SUM(F3:F5)	=SUM(G3:G5)	=SUM(H3:H5)	=SUM(I3:I5)	=SUM(J3:J5)
=F3*E7				
				切り取り(T)
				コピー(C)
				貼り付け(P)
=SUM(F7:F9)	=SUM(G7:G9)	=SUM(H7:H9)	=SUM(I7:I9)	形式を選択して貼り付け(S)...
=F6-F10	=G6-G10	=H6-H10	=I6-I10	コピーしたセルの挿入(E)...

第 2 章

会社を作ろう

個人事業と会社経営の違い

なぜ、会社経営を選択する起業家が多いのか

会社の種類とは?

どの会社を選択したら良いか

会社設立の流れを理解しよう

会社の登記に関係する書類の名前を覚えよう

会社設立のための書式

会社法の定款サンプル

❶ 個人事業と会社経営の違いを押さえる

　事業の計画ができ、いよいよ実際に起業をしよう！　という段階になると、起業家の皆さんの頭を悩ませる問題が生じます。それは、個人で事業を行うか、会社を設立して事業を行うか、といった問題です。

　どちらを選択したら良いか、について説明する前に、個人経営とは何か、会社経営とは何かについて説明することにしましょう。

　個人経営とは、まさに「皆さん自身」が経営主体となって事業を行う方法です。会社で事業を始める場合、会社を設立するなどの準備が必要となりますが、個人経営の場合、「皆さん自身」が経営主体なのですから、皆さんが「事業をするぞ！」と決心するだけで、その日から事業を始めることができます。

↘ 個人経営のイメージ

　個人で事業をする場合、多くの方が「屋号」を付けています。町に出てビルの看板などを注意して見てみましょう。「○○青果店」「○○工務店」「○○デザイン事務所」など、株式会社や有限会社の名称がついていない看板を出している事業者がありますね。これらの事業者は、ほとんどが個人事業者だ、と思って良いでしょう。ちなみに私も個人事業者です。税理士の仕事をするときは「税理士笠原清明事務所」、出版などの仕事をするときは、「MAPS経理コンサルティング」という屋号を使っています。屋号は愛称のようなもので、経営主体はあくまでも事業をしている「個人」であることに注意しましょう。

　もう1つの経営形態は、会社で事業をする方法です。「会社で事業をする」とさらりと書いてしまいましたが、正確にいうと、もう少し複雑になります。個人経営と会社経営の根本的な違いを押さえるために、ここでしっかりと理解しておきましょう。

第2章　会社を作ろう

　会社とは、会社法という法律で、商業活動を行うために、一般の個人と同じような機能を与えられた組織をいいます。つまり、会社は皆さんのような人間ではありませんが、法律により皆さんと同じように人格が与えられている存在なのです。商売をするためのサイボーグ、バーチャル人間といったらよいでしょうか……。

　会社経営の場合、個人経営の場合と異なり、経営主体はあくまでも「会社」ということになります。

　では、会社を作った皆さんの立場は何かというと、まず会社の大株主ということになります。そして株主から会社の経営を任された役員ということになります。

↘ 会社経営のイメージ

　最近は、株主と会社の関係、あるいは会社と取締役の関係について、テレビや新聞などでたくさん取り上げられるようになったので、会社とはなにか、ということにだいぶ理解が深まってきたように思われます。

　しかし中小企業を長く経営されているベテランの社長さんでも、「オレの会社……つまり、オレ＝社長＝会社」と勘違いされている方が、意外なほど多くいらっしゃいます。ここで、個人と会社の関係についてしっかりと押さえておきましょう。

❷ なぜ、会社経営を選択する起業家が多いのか

　個人経営と会社経営の違いはご理解いただけましたでしょうか。個人経営の方が、個人＝経営主体と、仕組みがシンプルなので、わざわざ複雑な仕組みの会社経営にすることはない、と思われる方も多いと思います。

　でも起業する方の多くは、会社経営を選択しています。過去においては、株式会社の設立には資本金を1,000万円用意することが必要とされましたが、会社法の改正により、その制限が撤廃され、資本金1円でも株式会社が設立できるようになりました。この改正により、より気軽に株式会社が設立できるようになったので、起業をされる方が、会社経営を選択するというケースは、どんどんと広がっていくものと思われます。

　ではなぜ、起業される方は、仕組みの複雑な会社経営を選択されるのでしょうか。これからその理由を説明していきたいと思います。

POINT1　会社の方が対外的信用力がある

　皆さんがネットショップで買い物をしている、としましょう。皆さんの探している商品を売っている店が2件見つかったとします。1つの店は「○○商店　代表○○」という個人経営でした。もう1つの店は「株式会社○○商店」という会社経営でした。さて皆さんはどちらの店で商品を購入しますか。

　ほとんどの方は、会社経営の店で購入すると思います。個人経営より会社経営の方が、財政基盤がしっかりしている、組織的に対応してくれる、信用力が高いというイメージがあるからです。

　対外的な信用力が高いのは、対消費者だけの現象ではありません。会社に対して商品を売るとき、売り先の会社に取引口座を開いてもらう必要がありますが、個人経営ではなかなか口座を開いてもらうことができません。口座が開けないと商品を売ることができない、ということになります。取引先の規模が大きくなればなるほど、その傾向が強いようです。

　また商品を売るときだけでなく仕入れるときも、個人経営の場合、現金払い

第2章　会社を作ろう

でしか仕入れることができない、あるいは1回で仕入れられる金額が低く設定されている、など会社経営に比べ不利な条件が設定される場合が多いようです。

POINT2　税金を安くできる

　税金は高い方がいいですか、安い方がいいですか、それは安い方がいいに決まっていますよね。個人経営の場合、儲けには所得税という税金がかかり、会社経営の場合、儲けには法人税という税金がかかりますが、制度を見比べてみると、会社経営の方が、税金が安くなる仕組みになっています。代表的な事例を3つ取り上げてみましょう。

①所得を分散できる

　個人経営の場合、経営者本人に給料を払うことはできないので、事業の儲けの全部が経営者本人の個人所得として所得税が課税されます。会社経営の場合、会社から役員給与という形で経営者本人に給料を支払うことができるので、会社と個人に所得を分散することができます。所得税は累進課税といって、儲けが多くなればなるほど税率が高くなる仕組みになっていますので、会社経営の場合、所得を分散することによって、負担する税金を少なくすることができます。

②家族に給料が払える

　仕事を妻や夫、子供などの家族に手伝ってもらうことがありますよね。手伝ってもらった分は、きちんと給料を支払いたい、そして払った分は、経費として取り扱いたい……これはごく当たり前の考え方だと思います。
　ところが、個人経営の場合、家族に支払う給料は原則として経費にすることができません。経費にできるのは、青色申告で、専ら従事していて、事前に税務署に届け出た金額であること、などの要件を満たしている場合に限られています。従って勤務時間が短時間の場合、他の仕事の合間に手伝ってもらう場合、などには、たとえ給料を支払っても経費にすることができません。
　会社経営の場合は、きちんと働いてさえいれば、他人である従業員と同様に経費とすることができます。

29

③会社経営の場合、赤字が10年繰り越せる

事業をやっていくと、儲けが出る年もあれば、損が出てしまう年もあることでしょう。個人経営の場合、赤字の金額を過去３年分しか持ち越せませんが、会社経営の場合、過去10年分も持ち越すことができます（青色申告の場合）。「持ち越す」ってどんな意味があるの？　という方のために具体的に説明しましょう。

１年目が100万円の赤字だったとします。２年目から４年目までがトントンだったとします。そして５年目が100万円の黒字だったとします。

個人経営の場合、赤字は３年間しか持ち越せないので、５年目の黒字と１年目の赤字を相殺することができません。５年目の100万円の儲けに税金がかかってしまいます。ところが会社経営の場合、赤字を10年間も持ち越すことができるので、５年目の黒字と１年目の赤字を相殺することできます。従って５年目の100万円の儲けに税金がかかることはありません。持ち越し期間が長い分だけ、会社経営の方が税金を安くできる仕組みになっています。

※平成30年４月１日以後開始する事業年度から10年繰り越せるようになりました。

POINT3　お金を借りやすい

起業家の皆さんが直接銀行に融資を申し込んでも、銀行がリスクを負って貸してくれることはない、と思った方がいいでしょう。信用保証協会など公的機関の保証を受けて、銀行に融資をしてもらうのが一般的です。

信用保証協会の保証を受けるにあたって、個人経営の場合と会社経営の場合では、連帯保証人の取り扱いに大きな違いがあります。

会社経営の場合

会社の代表者が連帯保証人となれる。

個人経営の場合

事業経営の関係者（事業承継者、又はそれに準ずる方等）になってもらう必要がある。（無担保無保証人の扱いの融資を除く）

第2章　会社を作ろう

　会社経営の場合、「なれる」に傍点を付けましたが、会社の社長が連帯保証人になることで保証を受けることができます。しかし、個人経営の場合、家族や第三者に連帯保証人になってもらう必要があります。

　いざ借金を返せなくなったときに、大きな債務を負うことになる保証人には、なりたくもありませんし、頼みたくもありませんね。会社経営の場合、代表者の保証で済むので、個人経営に比べてお金を借りやすいのです。

　いままで説明してきた以外にも、会社経営には、エンジェルなど投資家から出資をしてもらうことができる、株式会社では責任の範囲が出資額に限られているなど、個人経営に比べて良い点があります。

　起業を考えている方が専門家や事業の先輩に「どちらがいいだろう?」と相談すると、ほとんどの方の答えは、「会社経営の方がいいよ!」と答えます。その理由、おわかりいただけたでしょうか。

❸ 個人経営の良いところは…

　会社経営のメリットをいろいろと説明してきました。では、個人経営には良いところがないのでしょうか。いいえ、そんなことはありません。個人経営にはローコストで事業を行うことができる、という特色があります。それでは、その個人経営の良いところを具体的に説明することにしましょう。

　まず挙げられるのは、個人経営の方が記帳や税金の申告が簡単で、しかも無料または低料金で申告手続きをサポートしてくれる公的機関がある、ということです。

　個人経営の場合、現金や預金、売上、仕入などの帳簿を付け、売上や経費を明細ごとに集計するという、簡易簿記による記帳が認められています。このやり方なら、家計簿をつける感覚で記帳ができますので、簿記を勉強したことがない方でも大丈夫です。

　税金の申告については、税務署から配布されるパンフレットを見ながら自分で作成することができますし、難しいと思われる方は確定申告の時期に税務署に開設される「確定申告コーナー」で申告書の書き方を教えてもらっても良いでしょう。申告期限ぎりぎりだと窓口が混んでしまいますので、少し不親切(?)

31

になりますが、早めに行けば、懇切丁寧にやりかたを教えてくれます。

　また記帳や申告書作成について指導を受けたい場合には、低料金で対応してくれる「青色申告会」や「商工会議所」などの公的な機関を利用することもできます。ちなみに私の事務所のある東京都の四谷地区の青色申告会だと、入会のときに 3,000 円、月額の会費は 2,000 円 となっています。（地域、サービスによって料金が異なりますのでご注意ください）

　会社経営の場合、税金申告には専門的な知識が必要となります。自分で作成している方はほとんどいないと思います。また申告書の作成を個人経営のように税務署が積極的に手伝ってくれることはありませんし、青色申告会のように記帳や決算・申告指導をしてくれる公的機関はありません。

　このような理由により、会社経営の場合は、税金の申告のために、税理士や公認会計士などの専門家に支払う報酬の負担が生じます。

※法人会という社団法人がありますが、この法人会は主に税金の知識の普及を活動の目的としています。研修会などは行っていますが、青色申告会のような記帳や決算・申告指導は行っていないようです。

　また会社経営の場合にかかる次のような負担も、個人経営の場合には生じることはありません。

　○ 設立や役員変更などの会社登記にかかる費用
　○ 会社の規模に応じてかかる市県民税の均等割という税金（赤字でもかかる）

　さらに社会保険は、すべての会社に加入が義務づけられていますが、個人経営の場合、常時 5 人未満の従業員を雇用する事業所であれば、加入しなくても差し支えありません。

第2章 会社を作ろう

❹ どちらの経営形態を選択すべきか

　それでは、今までの説明をここで整理しましょう。

　会社経営には、借入や出資などで資金を集めやすい、社会的な信用がある、節税ができる……といったメリットがあります。従って、将来は株式公開をしたい、資金を借り入れて事業規模を拡大していきたい、とにかくどんどん会社を大きくしたい、一般消費者など社会的な信用を求める顧客に販売したい……と考えている起業家は、会社経営を選択すべきでしょう。

　一方、個人経営には、ローコストで運営ができるというメリットがあります。従って、好きな仕事をして生活ができるくらい稼げればいい、借入はせず自分で準備できるお金の範囲で事業をする、自分の個人的な信用で商売ができる……と考えている起業家は、個人経営を選択すべきでしょう。

　また最初はコストを抑えるために個人経営で、事業が軌道に乗ったら会社経営に転換する、といった方法もあります。そう、事業は小さく産んで大きく育てるのが正解です。

　皆さんの事業にあわせて、事業形態を選択しましょう。

❺ 会社の種類とは？ どの会社を選択したら良いか

　事業計画はできましたか？　経営形態は決まりましたか？　ここまで作業が進んだら、起業の準備の段階に進みましょう。

　会社の設立や運営を規定する法律は、商法が大幅に改正され、会社法として平成 18 年 5 月に施行されました。今までの常識が非常識となるほど、大きく改正されていますので、本やパンフレット、WEB サイトなどで情報収集するとき、注意してください。

　この改正により、それまで起業する方にとってなじみ深かった「有限会社」は、株式会社と一本化されたので、もう作ることができなくなってしまいました。また出資者が自ら経営をする持分会社に、有限責任の合同会社（LLC）が新設されました。

33

起業家の皆さんが設立できる会社は、「株式会社」「合名会社」「合資会社」「合同会社」のいずれか、ということになります。

　起業家の皆さんは、この4つの会社のうち、どれを選択したら良いでしょうか。

　まず選択から外したほうがいいのは、「合名会社」と「合資会社」です。経営に失敗し倒産してしまった場合、これらの会社の経営者は、無限に（経営者の個人財産を含めて）責任を負わなければなりません。一方、株式会社と合同会社は、出資した金額の範囲内で責任を負えばよい（有限責任）ということになっています。どんなに安全確実だ！　と思われる事業にも、失敗の可能性はあります。いざというときに備えて、無限に責任が個人に及ばない会社を選択したほうが賢明です。

　また会社法施行前は、株式会社や有限会社を設立するとき資本金（有限会社300万円以上、株式会社1,000万円以上）を準備する必要がありましたので、1人1円の出資から設立できる合名会社や合資会社を選択する方が多くいらっしゃいました。しかし会社法改正により、最低資本金の制限が撤廃されたので、この方法を選択する意味はなくなりました。

　さて、起業家の皆さんが選択する会社の種類は、「株式会社」と「合同会社」に絞られてきました。それでは、これから「株式会社」と「合同会社」の特色を説明しますので、これを参考に、皆さんの事業の形態とあったほうを選択すると良いでしょう。

「合同会社」は、出資者が会社の経営を行うというシステムになっています。「出資者＝経営者」ということになるので、株式会社のように役員会や株主総会を行う必要がありません。つまり会社の運営を簡単に行うことができるという特色があります。

「合同会社」はSOHO、単独経営、家族経営など、出資者が経営を行う小さな事業形態に適した制度であると言えるでしょう。

　一方、株式会社は、出資者と経営者が別であるというシステムになっています。資金を集めやすい、将来株式を公開できるといったメリットがあります。これからドンドンと会社の規模を大きくしたい！　という起業家に適した制度であると言えるでしょう。

　事業を小規模に行いたい方は「合同会社」を、事業を大きくしたい方は「株

式会社」を、という切り分けをしましたが、会社法の改正で、株式会社は自らの考えで、取締役が1名でよい、監査役を置かなくてよいなど、会社の運営を簡単にできる機関を選択できるようになりました。

また、アメリカでは「合同会社」が多くの起業家に選択されているようですが、日本では、会社＝株式会社というイメージが定着し、歴史の浅い「合同会社」の社会的信用力はまだまだ低いと言わざるを得ません。「〇〇合同会社」という名刺をもらったら、ほとんどの方は、合同会社ってなんだろう… 怪しげな名前だな… と思ってしまうことでしょう。

したがって、合同会社（LLC）という名前が世の中に浸透するまでは、株式会社を選択し、できるだけ運営に手間がかからない会社組織にするというのが、起業家の方にとって最も良いやり方である、と私は考えています。

そのため、これからの説明にあたっては、株式会社を前提に話を進めていきます。

↘ 起業家はどの会社を選んだら良いか

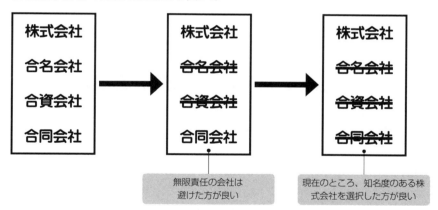

❻ 会社の組織を理解して設立をしよう

会社経営を選択された方は、皆さんが事業するための器＝「会社」の設立に取りかかります。会社の設立手続きは、登記などの手続きを代行する専門家（司

法書士）に「会社の名前」「本店の所在地」「株主や役員の構成」などを伝える
だけで、あとはお任せ！ という形で済ませることもできます。しかし、楽は
できると思いますが、本当にこれで良いのでしょうか。

　会社法の施行により、以前より自由に会社組織や運営の方法を選択できるよ
うになりました。例えば、取締役は私1人でいい、私とAさんの2人にしたい、
友人の税理士に監査役として会計をチェックしてもらいたい、など皆さんの希
望にあわせて、会社の組織を定めることができます。また、会社法では、公認
会計士、税理士の専門家が、取締役と共同して計算書類を作成する会計参与が
新設されました。会計参与は必要に応じて設置することができます。

　会社法を活用し、皆さんにとっての「理想の会社」を作りあげましょう。

➘ 会社組織の主なパターン（株式譲渡制限会社の場合）

●会社法施行前

| 株主総会 | + | 取締役会（3名以上） | + | 監査役 |

●会社法施行後

| 株主総会 | + | 取締役（1名以上） | + | 監査役（会計監査） |

| 株主総会 | + | 取締役会（3名以上） | + | 監査役（会計監査） |

| 株主総会 | + | 取締役（1名以上） | + | 監査役 |

| 株主総会 | + | 取締役会（3名以上） | + | 監査役 |

| 株主総会 | + | 取締役会（3名以上） | + | 監査役 | + | 会計参与 |

第2章　会社を作ろう

↘ 会社経営の方針に応じた会社組織を選択しよう

● 1人で会社を経営していく！

| 株主総会 ＋ 取締役 |

最もシンプルな会社組織です。会社法で可能になりました。取締役は
1人でもOKです。監査役もいりません。取締役会もありませんので、
会社の重要事項はすべて株主総会で決定します。1人でこじんまりと
会社を運営していく方向けの会社組織です。

● 会社を大きくしたい！

| 株主総会 ＋ 取締役会（取締役3名）＋ 監査役（会計監査） |

第三者から資本を受入れていない会社に最適な会社組織です。取締役
を3名以上選任し、取締役会を設置します。会社の重要事項は、株主
総会と取締役会で分担して決定します。これから他の役員の力を借り
て、会社を大きくしたいという方のための会社組織です。

● 第三者の資本を受け入れたい！

| 株主総会 ＋ 取締役会（取締役3名）＋ 監査役 |

第三者から資本を受け入れている会社に最適な会社組織です。取締役
を3名以上選任し、取締役会を設置します。会社の重要事項は、株主
総会と取締役会で分担して決定します。監査役は会社の業務と会計
が適正であるか監査を行います。第三者の資本や他の役員の力を借り
て、会社を大きくしたいという方のための会社組織です。

37

❼ 会社設立の流れを理解しよう

　会社の設立は、起業家の皆さんが「会社を作る！」と名乗りを上げることから始まります。「会社を作る！」と名乗りをあげた人のことを法律用語で発起人といいます。発起人の人数は、7人必要とされてきましたが、平成2年の商法改正により1人でも良いことになりました。ですから1人で起業をする方でも、以前のように頭を下げて知り合いや家族などに会社の発起人になってもらう必要はありません。

　会社の設立の方法には、発起人が株式を全部引き受ける「発起設立」と一部を募集する「募集設立」との2つがあります。

　以前は、「発起設立」の場合、裁判所の選任した検査役の検査が必要でしたので、株主の一部を募集する形にして、「募集設立」の手続きを使うのが一般的でした。しかし現在は、そのような規制が撤廃されましたので、募集設立より書類が少なくてすむ「発起設立」が主流になっています。これからの説明は、この手続きの簡単な「発起設立」を前提に進めていくことにします。

　発起人は、会社の名前や事業目的、本店の所在地、役員の数、監査役の有無などの「会社の組織や活動の内容」を定めた書類を作成します。この書類のことを専門用語で「定款」といいます。この定款は、会社の基本的なルールを定めているという意味で、会社にとっての憲法のような存在です。

　定款は、たいへん大切な書類なので、公証人の認証を受ける必要があります。定款はこの公証人の認証を受けることにより、はじめて定款としての効力を持ちます。公証人は、文書などの「公証」をする国家機関です。

　また、公証人の認証にかえて、「登記ねっと」「供託ねっと」を利用して電子認証を受けることもできます。定款の認証が済んだら、資本金を預けてある金融機関から「残高証明書」を発行してもらう、または通帳のコピーをとり、次のとおり設立手続きを進めていきます。

○取締役、監査役を選任し、就任の承諾を得る

○取締役は取締役会を開き、代表取締役を選任する

○取締役および監査役は、設立手続きについて調査し、調査書を作成する

第2章　会社を作ろう

　これらの手続きが済んだら、登記所の窓口に登記申請書を提出します。会社の設立の日は、登記の申請書を提出した日になります。提出書類に誤りなどがなければ、これでめでたく会社の設立！　ということになります。

↘ 会社設立までの流れ

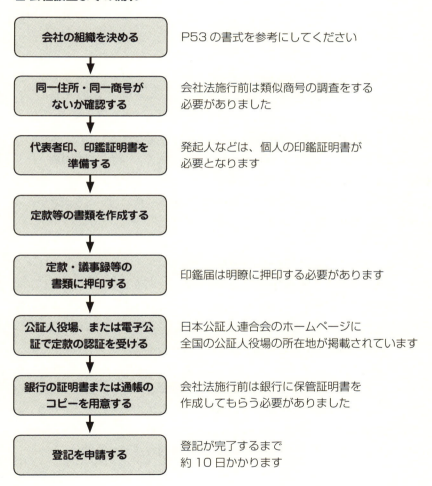

⑧ 定款作成のポイント１
「会社の商号」について

　会社の商号とは、会社の名前のことをいいます。会社法により商号の中に「株式会社」の文言を入れることが定められていますので、「○○○○株式会社」のように後ろ、あるいは「株式会社○○○○」のように前に、必ず入れなければなりません。

　会社法の施行前までは、「同一市区町村において、同一の営業のために、他人が登記した商号と同一の商号を登記できない」という規定がありました。例えば、「新宿区」に「笠原デザイン株式会社」というデザインや広告制作を行う会社があれば、あとから「新宿区」で「同じ会社名」で「同じ目的」の会社を設立することはできませんでした。そのため、商号を決める前に、事前に登記所でこの規定にひっかかる会社がないか調査すること（類似商号の調査）が必要でした。会社法ではこの規定が削除され、「同一住所における同一商号は登記できない」という規定になりましたので、同一住所に同一商号が無いかのみ調査すれば良いことになりました。

　しかし、このことは全く自由に商号をつけても良い、ということを意味するわけではありません。例えば、有名な会社の名前を商号として使用すれば、相手方から「不正の目的をもって、他の会社であると誤認されるおそれのある商号を使用した」として、侵害の停止や予防を請求されたり、不正競争防止法により、差止の請求や損害賠償の請求をされたりすることになるでしょう。

　また、以前はローマ字や符号などの使用は一切できませんでしたが、平成14年11月よりほとんどが使用できるようになりました。その範囲は法務大臣の告示により指定されています。次に掲載しましたので参考にしてください。

　「名は体を表す」と言います。起業する皆さんの個性や事業の魅力が表現され、覚えやすく、オリジナリティーのある良い名前を付けてくださいね。

第２章　会社を作ろう

商号の登記に使用できるローマ字その他の符号（法務省ホームページより転載）

（ア）ローマ字（大文字及び小文字）

（イ）アラビア数字

（ウ）「＆」（アンパサンド）、「´」（アポストロフィー）、「.」（コンマ）、「－」（ハ
　　　イフン）「.」（ピリオド）、「・」（中点）

---

⑨ 定款作成のポイント２
「事業の目的」について

　会社がどのような事業をするか……これを具体的に定めたものを「事業の目的」といいます。株主（会社のオーナー）と取締役（会社の経営者）の関係でいうと、株主は「事業の目的」を遂行するために取締役に経営を委任する、ということになります。この事業の目的は、一般的に使われている用語が用いてあり、内容が公序良俗に反していなければ問題はありません。

　会社法施行前は事業の目的に具体性があるか、という点の審査がありました。目的に具体性がないという理由で、会社の設立登記が遅れてしまうケースがかなりありましたが、会社法により類似商号規制が撤廃されたので、その審査はなくなりました。

　適格な目的を簡単に付けることができる裏技（？）がありますので紹介しましょう。それは、起業家の皆さんが目標としている会社、あこがれている会社の「事業の目的」を参考に自分の会社の「事業の目的」を付ける方法です。

　例えば、インターネットを使った事業を展開したいと考えているなら、楽天、ヤフーなどの「事業の目的」を参考にしてみましょう。

　会社の目的が記載された登記簿謄本（登記事項証明書）は、取り寄せたい会社の本店を管轄する登記所へ行き、約600円の手数料を支払えば、誰でも手に入れることができます。また財団法人民事法務協会の運営する登記情報システムに登録すると、インターネットで登記事項を確認することができます。

　この方法なら、適格な「事業の目的」を付けることができますし、なんだか

41

「あこがれの会社」に一歩近づいた気がしますよね。

ところで「事業の目的」を付けるにあたり注意をしておきたいことがあります。それは、遊興娯楽業のうち風俗関連営業、金融業などの業種が事業の目的に入っていると、日本政策金融公庫や信用保証協会など公的機関の融資が受けられなくなってしまうことです。将来やりたい事業を、あれもこれもと加えてしまう方がいらっしゃいますが、これらの業種を行う予定がないならば、外しておいたほうが良いでしょう。

⑩ 定款作成のポイント3
「事業年度」について

会社は年に一度一定の日を定め、いくら儲かったのか、財産や借金などの財政状況はどうかなど経営の成績をまとめ、株主に報告します。この経営成績をまとめる作業のことを「決算」といい、決算をする日のことを「決算日」といいます。また決算日の翌日から次の決算日までの期間を事業年度といいます。

事業年度は定款に次のように記載します。（3月末日決算の場合）

第××条

当会社の事業年度は、毎年4月1日から翌年3月31日までの年1期とする。

第××条

当会社の最初の事業年度は、当会社の設立の日から○○年3月31日までとする。

決算日というと、ほとんどの方は3月末日を思い浮かべることと思います。日本では役所などの国や地方公共団体の機関が3月末日を決算日としているため、上場会社をはじめ多くの会社が決算日を3月末日にしています。

決算日をみんなと同じ3月末日にしておくと、株式を公開している会社の場合、投資家などが同業他社と業績を比較するとき便利だ、などのメリットがありますが、株式を公開していない会社の場合、3月末日にするメリットは特に

ないと思います。

　たいへん低俗な話で申し訳ありませんが、会計事務所の立場からすると、ほとんどの会社が3月末日を決算日としているため、決算のまとめの作業をする4月から5月にかけては、猫の手も借りたいほどの忙しさです。忙し過ぎると丁寧に作業をしたいと思ってもその時間を確保するのが難しく、そして料金もどうしても高くなってしまいます。3月決算を避けて報酬を安くしてもらうのも1つの方法かもしれません。

　少し、話がそれてしまいました。それでは本題の起業家の皆さんが決算日をいつにしたらいいか、説明することにしましょう。

　まず気をつけた方が良いのが会社設立の日と決算日の関係です。例えば3月20日に設立した会社が3月決算を選択したとしましょう。1期目の事業年度は3月20日から3月31日、つまり会社を設立したらすぐ決算……ということになってしまいます。手数も煩わしいですし、会計事務所に決算を依頼している場合、決算の報酬も発生してしまいます。また資本金が1,000万円未満の会社は、設立当初2期間は消費税を納める必要がありませんが、そのメリットを十分に生かすことができません。

　3月20日が設立の日でしたら、できるだけ1期目が1年近い期間となる、1月や2月を決算月とするのが良いでしょう。

　次に気をつけたいのが、会社の繁忙期に決算日を設定しない、ということです。会社は決算日から2ヶ月以内に、決算書を作成し、株主総会を開催し、税務署に税務申告をしなければなりません。会社が忙しい時期をわざわざ選んでこんな作業をする必要はありませんね。

　また第8章で詳しく説明しますが、決算日には「棚卸し」といって会社に在庫として残っている商品を数える、あるいは決算日までの売上が正しく計上されているか、などの決算調整の作業を行います。会社が忙しい時期は、商品の数や売上の件数も多く、その作業が煩雑になってしまいます。閑散期であれば、数が少ないので簡単に作業をすることができます。決算月は繁忙期に設定しない！　と覚えておいてください。

　最後に事業年度の変更手続きについて説明しましょう。事業年度を変更するには登記所に行って手続きが必要だ、と勘違いされている方が意外なほど多く

43

いらっしゃいます。しかし事業年度の変更は登記が必要な事項ではありません。株主総会で決議するだけで変更することができます。

※平成25年1月1日以後に開始する事業年度から一定の売上または給与等の支払いがある法人は、設立当初2期間の消費税免除措置の適用がなくなりますのでご注意ください。

⑪ 定款作成のポイント4 「資本金の金額」について

　会社法の改正により、株式会社の最低資本金制度が撤廃されました。改正前は債権者の保護などの観点から、株式会社は1,000万円、有限会社は300万円の最低資本金制度が定められていましたが、撤廃により資本金1円でも会社ができるようになりました。

　資本金の金額が大きければ大きいほど、資金に余裕が生じ、会社の経営は安定します。反面、資本金の大きな会社は、税制面で大きな会社、つまり余裕がある会社として扱われ、税負担が大きくなるので注意しましょう。資本金の金額により税負担が重くなる主な税制を次ページの図にピックアップしました。

　資本金の金額を決めるとき、最初に考えるのは会社に必要な資金の額であることは当然ですが、税金のことも考慮して決める必要もあるでしょう。例えば、資本金が999万円の会社は設立後2年間にわたり、消費税を納める必要がありませんが、1,000万円の会社は、設立時から消費税を納めなければなりません。両者の資本金の差はたった1万円ですが、税負担に大きな差が生じます。資本金を1万円下げて節税をしましょう。

第 2 章 会社を作ろう

法人税	・資本金が 1 億円以下だと年 800 万円までの接待交際費は課税対象とならない ・資本金が 1 億円を超えると中小企業のための税率軽減が適用されない
消費税	・資本金が 1,000 万円未満だと会社設立 2 年目まで消費税を納めなくてよい ※一定の売上または給与等の支払いがあると、設立当初 2 期間の消費税免除措置の適用がなくなりますのでご注意ください
市県民税	・会社があるだけでかかる税金 (均等割) は、資本金の金額が大きいほど高くなる (東京都で従業員が 50 人以下のケース) 　　　資本金 1,000 万円以下　　　　　　年間 7 万円 　　　資本金 1,000 万円超　 1 億円以下　年間 18 万円 　　　以下省略 ・資本金が 1 億円を超えると中小企業のための税率軽減が適用されない
事業税	・資本金が 1 億円を超えると外形標準課税の制度が適用される

⑫ 定款作成のポイント5
「株主構成」について

　起業家の皆さんは、事業を立ち上げ、大きな会社に発展させて行きたい！ と、明日の仕事のことで頭がいっぱいのことと思います。でも血が滲むような苦労をして会社を発展させたら、株主から役員を退任させられた……こんなことにならないように、自分が株主としてどのくらいの権利を持っているか、株主の構成を決めるとき、将来のことを見越してしっかりと考えておきましょう。

　株主として権利を確保する上でポイントになる持株割合は、「過半数」、そして「3 分の 2」です。

　起業家の皆さんが過半数を確保していると、決算の承認、取締役や監査役の

45

報酬、取締役の選任を自分の意志で行うことができます。逆にもし確保していないと、報酬を決めるとき、いちいち株主にお伺いをたてる、いつ役員を首になるかわからない、といった立場になってしまいます。

　起業家の皆さんが3分の2を確保していると、定款の変更、会社の合併、事業の譲渡などの重要事項を皆さんの意志で決定することができます。逆にもし確保していないと、会社の目的や会社名を皆さんの意志に逆らって変更される、あるいは他の会社と合併されてしまう、といった立場になってしまいます。

　次ページの図のように過半数、3分の2という割合がポイントになりますので、株主構成を決めるとき、しっかりと考えてください。

　次に株主構成が税金に与える主なケースについて説明しましょう。

POINT1　使用人兼務役員になれない場合がある

　使用人の仕事を兼務する役員に支払う賞与は、原則として経費（損金）として扱うことができますが、5％超の株式を所有するなどの条件を満たすと、経費（損金）として扱うことができなくなってしまいます。

POINT2　従業員でも役員とみなされる場合がある

　従業員に支払う賞与は、原則として経費（損金）として扱うことができますが、経営に従事し、かつ5％超の株式を所有するなどの条件を満たすと、税務上、役員とみなされ経費（損金）として扱うことができなくなってしまいます。

※ 平成18年4月1日以後開始の事業年度からは、事前に税務署に届け出た役員賞与は、経費（損金）として扱うことができるようになりました。P226参照

第2章 会社を作ろう

↘ 主な株主総会の議決事項と持株割合

	採決可能な持株割合 （出資比率）	採決可能な内容
特別決議	3分の2以上	定款の変更
		減資
		事業譲渡・譲受・合併・解散などの組織再編案
		第三者割当増資
普通決議	過半数	取締役の選任・解任、監査役の選任
		取締役・監査役の役員給与の決定
		配当
その他	10分の1以上	会社の解散の請求
	100分の1以上又は 300株以上	株主提案権（取締役会設置会社）
	100分の3以上	会計の帳簿及び書類の閲覧又は謄写を求めることができる

⓭ 定款作成のポイント6
「役員構成」について

　会社法の施行により役員に関する制度が大きく変わりましたので、まずは中小会社における変更点から説明をすることにします。

　会社法の施行前は、会社の経営を行う取締役が3名以上、会社の会計監査を行う監査役が1名以上で会社組織を作る必要がありました。

47

会社法の施行により、会社を作る方の意志でいろいろな会社組織を選択できるようになりました。例えば、株式譲渡制限を設けている会社では、取締役1名、監査役0名というような小さな会社組織にすることができます。また監査役に業務監査の権限をもたせる、あるいは税理士や公認会計士が取締役と共同して決算書類を作成する会計参与を設置する、といった選択ができるようになりました。
　このように起業する皆さんの意志でいろいろな会社組織を選択できるようになったのは、たいへん良いことだと言えるでしょう。
　会社組織を選択する上で、気をつけておきたいことがあります。それは税金の問題です。次のように従業員へ支払うボーナス（賞与）は原則として経費になるのに対し、役員へ支払うボーナスは事前に税務署に届け出た場合以外は原則として経費になりません。

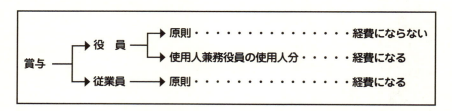

　起業家の皆さんのなかには、これから会社を一緒にやっていく人をできるだけ役員として処遇し、ともに経営者として事業を進めていきたい、という考えを持っている方も多いと思います。しかし会社の業績にたいへん貢献している営業部長を常務取締役として処遇したばかりに、賞与の金額が課税対象となり税務署にたくさんの税金を追徴された……、税金のことを考えると賞与の金額を減らさざるをえなくなった……このようなことは実際多く見受けられます。本人を処遇するために役員にしたのに、賞与を払いにくい状況になってしまう……これでは本末転倒ですね。
　従業員と役員で税制上の取り扱いが異なるところは、他にもありますので、第7章で詳しく説明することとします。

第2章　会社を作ろう

⑭ 定款作成のポイント7
「役員報酬の限度額」について

　取締役や監査役などに支払う報酬の金額は、定款や株主総会の決議で定める必要があります。これは役員が自らの報酬を決定できると、「お手盛り」になり株主の利益が損なわれるおそれがあるためです。

　定款や株主総会で定める金額は、各取締役に支払う報酬額を記載するのでなく、取締役全員に支払える限度額を記載するにとどめ、各取締役への支払額は取締役会の決議に委ねるのが一般的です。

　税務上、定款や株主総会で定めた限度額以上の報酬を支払うと、不相当に高額な報酬とされ、限度額を超えた金額は経費として取り扱うことができません。

　株主が経営者であるオーナー会社の場合、株主と経営者の間に緊張感がないため、限度額の変更を決議するのを忘れてしまうことがよくあります。限度額をオーバーした金額は、税金計算上の経費になりませんので、税金を追徴されることになりますので注意が必要です。このようなことにならないように、議事録をきちんと作成し保存することが大切です。

↘ 定款の規定

第××条（報酬）
取締役及び監査役の報酬等については、取締役の分と監査役の分に区分して、株主総会の決議によって定める。

49

↘ 株主総会の議事録（サンプル）

株主総会議事録

議長より、現在の取締役の報酬を月額××円以内とし、各人への配分は取締役会に一任し、監査役の報酬は月額××円とする旨の提案があり承認された。

↘ 取締役会の議事録（サンプル）

取締役会議事録

議長より、取締役の報酬を次のとおりとする旨の提案があり承認された。

　　取締役〇〇　　月額 ××円　　取締役〇〇　　　月額 ××円

　　取締役〇〇　　月額 ××円

---

⑮ 定款作成のポイント8
「株式譲渡制限」について

　株式を市場公開していない会社の場合、予期せぬ人への株式の譲渡を防止するため、株式の譲渡制限をしておくと良いでしょう。例えば株式を所有していた従業員が会社に良くない感情をもって退職したとしましょう。この譲渡制限がないと、この従業員は会社が望まない相手先（ライバル会社その他よからぬ人）に自由に売却できてしまいます。譲渡制限があれば、株式は取締役会又は株主総会の承諾した人にしか売却できなくなります。

　ただし、この株式譲渡制限の規定を設けただけでは、株主の相続や合併等により会社にとって好ましくない者に移転することを防ぐことはできません。会社法では、相続や合併で株式を取得した者に対して、会社が株式を売り渡すことを請求できる旨を定款に定めることができるようになりました。

第２章　会社を作ろう

株式の譲渡制限は定款に次のように記載します。

第××条（株式の譲渡制限）
当会社の発行する株式を譲渡するには、取締役会の承認を得なければ
ならない。

第××条（相続人等に対する株式の売渡し請求）
当会社は、相続その他の一般承継により当会社の株式を取得した者に
対し、当該株式を当会社に
売り渡すことを請求することができる。

会社法では、株式譲渡制限のある会社を非公開会社として、有限会社のような簡素な組織運営や柔軟な組織設計ができるようにしています。株式譲渡制限会社だけに認められている主な項目は次のとおりです。

○取締役の数が１名でもよい、監査役を設けなくてよい
○役員の任期を１０年にできる
○議決権や配当について株主ごとに異なる取り扱いをすることができる
○相続人等に対して株式の売渡し請求をすることができる

⓰ 会社の登記に関係する 書類の名前を覚えよう

　登記が完了したら、登記所から登記事項証明書、印鑑証明書の交付を受け、念のため内容を確認しましょう。これらの書類と定款は、税務署などに設立の届出をするとき、銀行に口座を開くときなどに使用しますので、名前を覚えておきましょう。

51

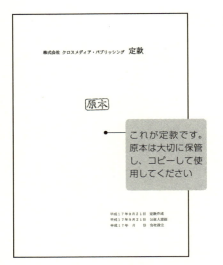

これが定款です。原本は大切に保管し、コピーして使用してください

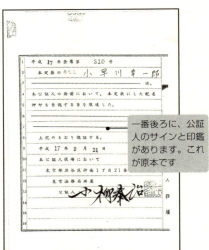

一番後ろに、公証人のサインと印鑑があります。これが原本です

登記所から交付される「登記事項証明書」です。電子化されていない登記所では、「登記簿謄本」といいます

第2章　会社を作ろう

⓱ 会社設立のための書式

　定款作成のポイントを一覧できる「会社概要表」は次の通りです。私の事務所では、この書式に記入しながら、たくさんの起業家の皆さんと会社の組織のありかたなど議論し、会社を作ってきました。コピーしてどうぞご利用ください。

会社概要について

①	商号(会社名)			
②	本店所在地			
③	事業目的	1		
		2		
		3		
		4		
		5		
		6. 前各号に付帯する一切の業務		
④	資本金		⑤	決算月	
⑥	取締役報酬限度額		⑦	監査役報酬限度額	
⑧	株式譲渡制限	有り　　無し	⑨	取締役の員数	

発起人・役員・監査役について

	氏名	発起人	代表者	取締役	監査役	出資額	株数	印鑑証明の枚数
①								
②								
③								
④								
⑤								
⑥								

＊発起人などに該当する場合は各欄に〇を記入してください
＊印鑑証明書は、発起人として1通、代表取締役はさらに2通必要となります。

⑱ 会社法の定款サンプル

■ 発起設立による非公開、非大会社で取締役会、監査役を設置する定款モデル

○○株式会社定款

第1章 総則

第1条（商号）
当会社は、○○株式会社と称する。**注1**

第2条（目的）
当会社は、次の事業を営むことを目的とする。
○○○○○○○○○○○○
前号に付帯する一切の業務

第3条（本店の所在地）
当会社は、本店を東京都○○区に置く。

第4条（公告方法）
当会社の公告は、○○に掲載して行う。**注2**

第5条（機関）
当会社には、取締役会、監査役を置く。**注3**

第2章 株式

第6条（発行可能株式の総数）
当会社の発行可能株式の総数は、○○○○株とする。

第7条（株券の不発行）
当会社の株式については、株券を発行しない。**注4**

第8条（株式の譲渡制限）
当会社の発行する株式を譲渡するには、取締役会の承認を得なければならない。**注5**

第9条（相続人等に対する株式の売渡し請求）
当会社は、相続その他の一般承継により当会社の株式を取得した者に対し、当該株式を当会社に売り渡すことを請求することができる。**注6**

第10条（株主名簿記載事項の記載の請求）
株式取得者が株主名簿記載事項を株主名簿に記載することを請求するには、当会社所定の書式による請求書に、その取得した株式の株主として株主名簿に記載された者又はその相続人その他の一般承継人及び株式取得者が署名又は記名押印し共同して請求しなければならない。
ただし、法務省令で定める場合には、株式取得者が単独で請求することができる。

第11条（基準日）
当会社は、毎事業年度の末日の株主名簿に記載又は記録された株主をもって、その事業年度に関する定時株主総会において権利を行使すべき株主とみなす。

第2章　会社を作ろう

第12条（株主の住所等の届出等）
当会社の株主、登録株式質権者又はその法定代理人若しくは代表者は、当会社所定の書式により、その氏名・住所及び印鑑を当会社に届けなければならない。届出事項等に変更を生じた場合も、同様とする。

②当会社に提出する書類には、前項により届け出た印鑑を用いなければならない。

第3章 株主総会
第13条（招集）
当会社の定時株主総会は、毎事業年度末日の翌日から3ヶ月以内に招集し、臨時株主総会は、必要に応じて招集する。

②株主総会は、法令に別段の定めがある場合を除くほか、取締役会の決議により社長がこれを招集する。社長に事故もしくは支障があるときは、あらかじめ定めた順位により他の取締役がこれを招集する。

③株主総会を招集するには、会日より1週間前までに、株主に対して招集通知を発するものとする。

第14条（招集手続の省略）
株主総会は、その総会において議決権を行使することができる株主全員の同意があるときは、会社法第298条第1項第3号又は4号に掲げる事項を定めた場合を除き、招集手続を経ずに開催することができる。

第15条（議長）
株主総会の議長は、社長がこれにあたり、社長に事故があるときは、あらかじめ取締役会の定めた順序により、他の取締役がこれに代わる。

第16条（決議の方法）
株主総会の決議は、法令又はこの定款に別段の定めがある場合のほか、出席した株主の議決権の過半数をもって行う。

第17条（議決権の代理行使）
株主又はその法定代理人は、当会社の議決権を有する株主又は親族を代理人として、議決権を行使することができる。ただし、この場合には、総会ごとに代理権を証する書面を提出しなければならない。

第4章 取締役、取締役会及び監査役
第18条（取締役の員数）
当会社の取締役は○名以内とする。**注7**

第19条（資格）
当会社の取締役は、当会社の株主の中から選任する。**注8**

②前項の規定にかかわらず、議決権を行使することができる株主の議決権の過半数をもって、株主以外の者から選任することを妨げない。

第20条（取締役の選任の方法）
当会社の取締役の選任は、株主総会において議決権を行使することができる株主の議決権の3分の1以上を有する株主が出席し、出席した当該株主の議決権の過半数をもって行う。

②取締役の選任については、累積投票によらない。

55

第21条（取締役等の任期）

取締役の任期は、選任後2年以内に終了する事業年度のうち最終のものに関する定時株主総会の終結の時までとする。**注9**

②任期満了前に退任した取締役の補欠として、又は増員により選任された取締役の任期は、前任者又は他の在任取締役の任期の残存期間と同一とする。

第22条（代表取締役及び役付取締役）

取締役会の決議により、取締役の中から、代表取締役1名を選定し、必要に応じて専務取締役、常務取締役各1名を選定することができる。

②代表取締役は、社長とする。

第23条（業務執行）

社長は会社の業務を統括し、専務取締役及び常務取締役は社長を補佐し、定められた事務を分掌処理し、日常業務の執行に当たる。

②社長に事故があるときは、取締役会において予め定めた順序により他の取締役が社長の業務を代行する。

第24条（取締役会の招集通知）

取締役会は、社長が招集し、会日の3日前までに各取締役に対して招集の通知を発するものとし、緊急の場合にはこれを短縮することができる。

②取締役全員の同意があるときは、招集の通知をしないで取締役会を開催することができる。

第25条（取締役会の決議）

取締役会の決議は、議決に加わることができる取締役の過半数が出席し、その過半数をもって行う。

第26条（取締役会の決議の省略）

取締役が取締役会の決議の目的である事項について提案をした場合において、当該提案につき決議に加わることができる取締役の全員が書面により同意の意思表示をしたときは、当該提案を可決する旨の取締役会の決議があったものとみなす。

第27条（監査役の設置、員数、権限及び選任の方法）

当会社の監査役は1名とする。

②監査役は会計に関する事項のみについて監査する権限を有し、業務について監査する権限を有しない。**注10**

③監査役の選任は、株主総会において議決権を行使することができる株主の議決権の3分の1以上を有する株主が出席し、出席した当該株主の議決権の過半数をもって行う。

第28条（監査役の任期）

監査役の任期は、選任後4年以内に終了する事業年度のうち最終のものに関する定時株主総会の終結の時までとする。**注11**

第29条（報酬）

取締役及び監査役の報酬等については、取締役の分と監査役の分に区分して、株主総会の決議によって定める。

第2章 会社を作ろう

第5章 計算

第30条（事業年度）
当会社の事業年度は、毎年○月○日から翌年○月○○日までの1年とする。

第31条（剰余金の配当）
剰余金の配当は、毎事業年度末日現在における株主名簿に記載された株主又は登録株式質権者に対して行なう。

第32条（剰余金の配当の除斥期間）
剰余金の配当は、支払提供の日から満3年を経過しても受領されないときは、当会社はその支払義務を免れるものとする。

第6章 附則

第33条（設立に際して出資される財産の最低額）
当会社の設立に際して出資される財産の最低額は、金○○○万円とする。**注12**

第34条（最初の事業年度）
当会社の最初の事業年度は、当会社設立の日から平成○○年○月○○日までとする。

第35条（設立時取締役及び設立時監査役）
当会社の設立時取締役及び設立時監査役は次のとおりとする。**注13**

　　設立時取締役　○○○○、○○○○、○○○○

　　設立時監査役　○○○○

第36条（発起人の氏名、住所、割当てを受ける設立時発行株式の数及びその払込金額）
発起人の氏名、住所、発起人が割当てを受ける設立時発行株式の数及びその払込金額は、次のとおりである。**注14**

○○県○○市○○町○丁目○番○号

　　○○○○　○○○株　金○○○万円

○○県○○市○○町○丁目○番○号

　　○○○○　○○○株　金○○○万円

以上○○○○○株式会社を設立するため、この定款を作成し、発起人が次に記名押印する。

平成○○年○○月○○日

発起人　○○○○

57

注1　類似商号規制は廃止。ただし不正競争防止法により注意が必要。

注2　公告は義務。官報、日刊新聞、電子公告から選択。記載しないと官報になる。

注3　非公開会社では取締役会、監査役、監査役会を置かない選択もできる。取締役一人でも可。

注4　任意的記載事項。株券を発行する場合には、定款に記載必須。

注5　譲渡制限のある会社を非公開会社という。

注6　非公開会社だけに認められた。事業承継などの対処に必要。

注7　取締役会設置会社は、3名以上必要。

注8　非公開会社は、株主に限定可能。

注9　非公開会社では、選任後10年以内の事業年度の定時総会まで任期伸張可能。会社の役員構成等により、慎重に検討必要。

注10　原則、業務監査及び会計監査。非公開会社で監査役会、会計監査人非設置会社でこの規程可能。

注11　非公開会社では、取締役と同様、選任後10年以内まで任期伸張可能。

注12　設立に際して出資される財産の価額又は、その最低額は定款の必須の記載事項。

注13　定款で定めない場合、発起人の全員の同意により決定。

注14　発起人の氏名又は名称及び住所は定款の必須の記載事項。発起人が割当てを受ける発行株式数及び払込金額は定款に定めるか、発起人の全員の同意により決定。

第3章

設立の届出をしよう

税金の種類と役所の名前を理解しよう

届出や申請をする書類の名前を押さえよう

届出書・申請書を入手しよう

社会保険の仕組みを理解する

社会保険に加入する手続きをしよう

労働保険の仕組みを理解する

労働保険に加入する手続きをしよう

1. 税金の届出をする

❶ 税金の種類と役所の名前を理解しよう

　会社の設立登記は無事終わりましたか？　会社設立ができたら、さっそく税務署など税金に関係する役所へ設立の届出を提出しましょう。税務署などの役所はサラリーマンなどの勤め人にはあまり縁がなかったと思いますが、起業をして会社を設立するとイヤでも？　関係を持たなくてはいけないところです。「税務署？　イヤだねえ……。うちの会社はできたばかりで儲かっていないから、関係ないだろう……。何か言ってくるまで放っておこう」このように思われる方もいらっしゃるかもしれません。

　しかし、会社をやっていく以上、税金の申告をしないわけにはいきません。税金の申告をきちんとしないと、税務署などの調査で追徴金をとられる、あるいは銀行などの金融機関も融資をしてくれない、といったことになってしまうからです。

　またきちんと届出をすれば、「税金が安くなる特典を受けられる」などのメリットもあります。会社にはどのような税金がかかるのか、しっかりと理解し、必要とされる届出書を決められた期限までに提出するようにしましょう。

　それでは、会社で納める税金の主な種類とその税金を管轄する役所について説明することにしましょう。

　まずは国に納める主な税金について説明します。この税金には、儲けにかかる「法人税」、消費に対して課税する「消費税」、給料などから天引きして納める「源泉所得税」などがあります。申告の窓口は税務署といわれる国の役所です。全国で約530カ所に設置されていますので、皆さんの会社の本店所在地を管轄する税務署がどこか、調べておきましょう。国税庁のホームページの「国税庁について」のページの「国税局・税務署の所在地・管轄」で所轄の税務署を調べることができます。

　次に都道府県に納める主な税金について説明します。この税金には、儲けにかかる「法人県民税」「法人事業税」などがあります。申告の窓口は県税事務

第3章　設立の届出をしよう

所といわれる都道府県の役所です。皆さんの会社の本店所在地を管轄する県税事務所がどこか、県庁などに問い合わせをして調べておきましょう。

　最後に市町村に納める主な税金について説明します。この税金には、儲けにかかる「法人市町村民税」、会社が所有する機械や備品などにかかる「償却資産税」などがあります。申告の窓口は、一般的には本店所在地を管轄する市役所となります。

　上記の説明の内容を表にすると次の通りになります。

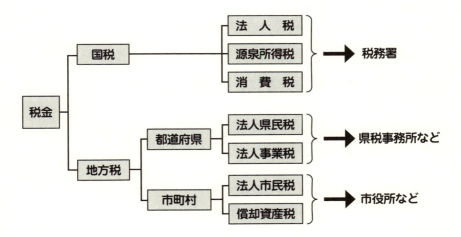

❷ 届出や申請をする書類の名前を押さえよう

　新設法人が各役所に提出する主な書類は次のとおりです。届出書の意味や記載方法は、あとで説明しますので、まずは書類の名前を押さえてください。

↘ 税務署に提出する書類
●**法人税に関する書類**　　法人設立届出書、青色申告の承認申請書、棚卸資産の評価方法の届出書、減価償却資産の償却方法の届出書

61

- ●**源泉所得税に関する書類**　　給与支払事務所等の開設届出書、源泉所得税
　　　　　　　　　　　　　　　　　の納期の特例の承認に関する申請書
- ●**消費税に関する書類**　　　　消費税の新設法人に該当する旨の届出書

↘**県税事務所に提出する書類**
- ●**法人県民税・法人事業税に関する書類**　　法人設立届出書

↘**市役所に提出する書類**
- ●**法人市民税に関する書類**　　法人設立届出書

❸ 届出書・申請書を入手しよう

　新設法人が税務署に届け出る書類は、皆さんの会社の本店所在地を所轄する税務署で入手することができます。

　税務署の担当部署は、法人課税部門または総務課です。

　私の事務所を所轄している四谷税務署では、入り口のところに用紙を入れた整理棚があり、法人税と源泉所得税の届出に必要な用紙一式が用意されています。受付窓口で「株式会社を設立したので、届出用紙一式をください！」と言っていただいても、係官が用紙を用意してくれると思います。

　なお消費税に関する届出書類は、必要な会社といらない会社がありますので、あとで説明することとします。

　県税事務所や市役所に提出する設立届は税務署へ提出する法人税の設立の届出と書式が統一されています。税務署で配布している設立届出書の1枚目は税務署用、2枚目は県税事務所用、3枚目は市役所用、4枚目が控え用と、4枚複写になっています。従って届出書を入手するために県税事務所や市役所へ足を運ぶ必要はありません。

　なお償却資産税については特に届出は必要とされていません。

第3章 設立の届出をしよう

税務署へ行って届出用紙を入手しよう

新設法人の届出書がセットされている

　届出書類は、国税庁のホームページ（http://www.nta.go.jp/）からもダウンロードできます。申告，納税手続の案内 をクリックすると税目別に届出書類が記載されていますので、必要な書類をクリックし、ダウンロードしてください。たくさん書類がある、似たような名前の書類がある、など目当ての書類が探しにくいので注意してください。

❹ 届出書類の書き方1
法人設立届出書（税務署）

重要度は？	★★★
どんな会社が出す？	全部の会社
いつまでに？	設立の日以後2ヶ月以内

　この書類は、税務署に会社ができたことを届け出る書類です。子供が生まれたときには市役所に「出生届」を提出しますよね。「法人設立届出書」は、この出生届の会社版の書類であると考えるとわかりやすいと思います。
　「法人設立届出書」は、定款などの書類を添付して提出することになっていますので、注意してください。現金出資で新規に設立された会社に必要な添付書

類は次のとおりとなります。合併や新設分割、現物出資で設立した場合は、パンフレットなどを参考にしてください。

○定款のコピー
○登記簿謄本（登記事項証明書）
○株主名簿
○設立時の貸借対照表
○設立趣意書

定款と登記簿謄本（登記事項証明書）については、**第2章⑯会社の登記に関係する書類の名前を覚えよう** を参考にしてください。

その他の書類の書式は次のとおりです。この書式を参考に作成してください。

設立趣意書

私こと山田太郎は20年間にわたり○○株式会社において経理業務に従事してまいりました。今般、その経験を生かし、起業家の経理業務をバックアップするための会社、マップス経理株式会社を設立することになりました。事業の計画は、別紙のとおりです。皆々様のご支援を心よりお願い申し上げます。

第3章 設立の届出をしよう

↘ 設立時の貸借対照表

貸 借 対 照 表

MAPS経理株式会社 ○○年6月1日現在

資 産 の 部		負 債 の 部	
普通預金	10,000,000		
		純 資 産 の 部	
		資本金	10,000,000
合計	10,000,000	合計	10,000,000

※日付は会社の設立日を記入します。資産の部は、資本金が普通預金に預け入れられているときは普通預金、というように、設立時の資本金の現況を記入します。

↘ 株主名簿

株 主 名 簿

マップス経理株式会社 ○○年6月1日現在

氏名	住所	株数	金額	役職名	役員・株主との関係
山田太郎	新宿区新宿 2-1-×	700	7,000,000	代表取締役	本人
山田洋子	新宿区新宿 2-1-×	100	1,000,000	専務取締役	代表者の妻
山田次郎	新宿区新宿 2-1-×	100	1,000,000	取締役	代表者の子
吉田次郎	豊島区大塚 3-1-×	100	1,000,000	なし	取引先

65

↘ 株主名簿 ↘ 法人設立届出書の書き方

記入事項はほとんど登記事項証明書、定款に書いてあるので手元に用意して記入を始めよう

本店所在地と同じ住所を書く

代表取締役の名前を書く

資本金が1000万円以上の会社は記入する

サラリーマンから起業した場合は、5に○をつける。個人事業を法人化した場合は、1に○をつける

現金を出資し、新設した場合は、1、2、3、5、6の書類を添付する

66

第３章　設立の届出をしよう

❺ 届出書類の書き方２
青色申告の承認申請書

重要度は？	★★★
どんな会社が出す？	青色申告の制度を使って節税をしたい会社
いつまでに？	設立の日以後３ヶ月を経過した日と第１期の事業年度終了の日とのいずれか早い日の前日

　法人税の申告方法には「青色申告」と「白色申告」の２つやり方があります。「青色申告」を一言で説明すると、税務署が「アメとムチ」を用意して、会社に適正な申告を促している制度であるということが言えます。

　アメは、青色申告者だけに認められた数々の特典です。P30で説明した欠損金が10年間にわたって繰越できるなどがその例です。一方「ムチ」は、きちんと記帳をすることです。法律には「所定の帳簿書類を備え付け、複式簿記の原則に従って整然かつ明瞭に記帳し決算をする。帳簿書類は７年間保存する」と、記帳の要件が定められています。この要件を読んで「あー難しそうだ。青色申告はやめておいた方がいい……」と思われた方もいらっしゃるでしょう。

　でも心配ご無用です。会計アプリを使って経理を行えば、先ほどの「難しそうな要件」はすべて満たすことができます。会計アプリの使い方は第６章で説明します。簿記を勉強したことのない方でもすぐにできるようになります。

　「ムチ」のことは忘れて、青色申告を申請して節税のメリットを受けましょう。

↘ 青色申告の主な特典

> **欠損金の繰越控除（翌期以降10年間）**
> **法人税額の特別控除**
> 　・中小企業者等が機械などを取得した場合（措置法42の6②③）
> 　・事業基盤強化設備を取得した場合（措置法42の7②③）

67

特別償却

- 中小企業者等が少額資産(30万円未満)を取得した場合(措置法67の5)
- 中小企業者等が機械などを取得した場合(措置法42の6①)

※ 欠損金の繰越控除は平成30年4月1日以後開始の事業年度からは10年間になりました。
※ 欠損金の生じた事業年度の帳簿書類保存期間は9年(平成30年4月1日以後開始事業年度においては10年となる)に延長されました。

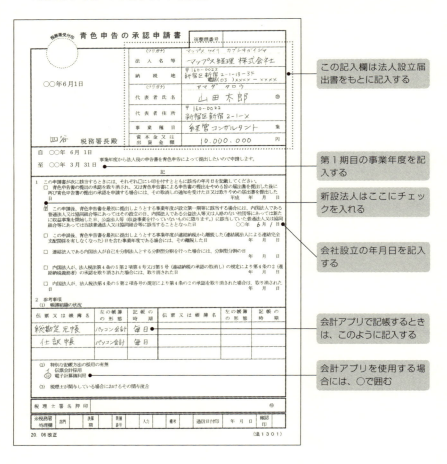

第3章　設立の届出をしよう

❻ 届出書類の書き方3
減価償却資産の償却方法の届出書

重要度は？	★☆☆
どんな会社が出す？	器具、備品などについて減価償却をあえて定額法で行いたい会社
いつまでに？	第1期の確定申告書の提出期限（原則として決算日から2ヶ月以内）

　減価償却の計算方法には、「定額法」と「定率法」などいくつかのやり方があります。どの償却方法を選ぶかは会社の意志で決めることができますが、「このパソコンは定額法、あのパソコンは定率法、または今期の上半期は定額法、下半期は定率法」というように好き勝手に選択することはできません。事前に税務署に届け出た減価償却の方法を使用する必要があります。「税務署に事前に届け出る」ときに使用するのが、この減価償却資産の償却方法の届出書です。

　経理に詳しくない方は、この文章を読んで「減価償却？　定額法？　定率法？　何のこと……」と思われたことでしょう。詳しい説明は第7章 P264 でしますのでそこを読んでください。ここでは届出書の提出に必要なことに絞って説明することとします。

　ポイントは2つです。

○定額法は毎年同じ金額を償却費として計上する方法で、定率法は最初は多く、年が経過するごとに少なく計上する方法である
○減価償却方法の届出書を提出しない場合は、「定率法」を選択したとみなされる

　この2つのポイントから導かれる結論は、資産の購入代金を早く経費に落としたい……と考える会社は、定率法のほうが良いわけですから、届出書を提出しなくてよい！　ということになります。

69

届出書を提出した方が良い会社は、資産の購入代金を急いで経費に落とす必要がない、つまり当面の節税対策を考えなくて良い会社であると言うことができます。

　ですから、資産を買ったらできるだけ早く経費にしたい……と考えているいわば普通の会社は、この届出書を提出する必要はありません。

　そういう意味で、私は重要度を★☆☆ としました。

❼ 届出書類の書き方4
棚卸資産の評価方法の届出書

重要度は？	★☆☆
どんな会社が出す？	棚卸資産の評価を最終仕入原価法以外でしたい会社
いつまでに？	第1期の確定申告書の提出期限（原則として決算日から2ヶ月以内）

　棚卸資産の評価方法には、次のような方法があります。

- **●原価法**　　個別法、先入先出法、後入先出法、総平均法、移動平均法、単純平均法、最終仕入原価法、売価還元法
- **●低価法**　　個別法、先入先出法、後入先出法、総平均法、移動平均法、単純平均法、最終仕入原価法、売価還元法

　評価方法は、減価償却資産の償却方法を選択するときと同様に、事前に税務署に届出をした方法を使用する必要があります。「事前に届け出る」ときに使用するのが、この「棚卸資産の評価方法の届出書」です。

　経理に詳しくない方は、減価償却のところと同様に、「棚卸資産？　評価方法？　何のこと……」と思われたことでしょう。詳しい説明は第7章P260でしますので、そこを読んでください。ここでは、届出書の提出に必要なことに絞って説明します。

第3章　設立の届出をしよう

ポイントは2つです。

○ 棚卸資産の評価方法の届出書を提出しない場合は「最終仕入原価法による原価法」を選択したとみなされる
○ 「最終仕入原価法による原価法」は、最後の仕入れ値で棚卸資産の評価をする方法で、評価に手間がかからないことから、多くの中小企業で採用されている

この2つのポイントから導かれる結論は、棚卸資産の評価を簡単にすませたい……と考えている、いわば普通の会社は、「最終仕入原価法による原価法」の方が良いわけですから、届出書を提出しなくて良い！ということになります。

そういう意味で、減価償却方法の届出書と同様に、私は重要度を★☆☆としました。

⑧ 届出書類の書き方5
給与支払事務所等の開設届出書

重要度は？	★★★
どんな会社が出す？	給与などの支払を行う会社
いつまでに？	給与の支払開始から1ヶ月以内

従業員、社員などに支払う給料や賞与、役員に支払う報酬、アルバイトやパートタイマーなどに支払う給料などのことを給与といいます。

給与を支払う会社は、すべて「給与支払事務所等の開設届出書」を所轄の税務署に提出する必要があります。大きな会社などでは、支店や営業所で給与の支払事務を行う場合があります。そのときは支払事務を行う支店や営業所ごとに、所轄税務署へこの届出書を提出します。

「うちの会社は従業員を1人も雇っていないよ。当分の間、社長一人で頑張るから、この届出書を出す必要がないでしょ……」と思われる方もいらっしゃる

71

ことでしょう。

　しかし、会社から社長へ支払う給料（役員報酬）は給与に該当しますから、「社長一人で頑張っている会社」もこの届出書を提出しなければなりませんので気をつけてください。

　給与を支払う会社がこの届出書を提出しなければならない理由は、給与を支払うとき、次の義務（源泉徴収義務）を課せられていることにあります。

　○給与を支払うとき、源泉所得税を天引きすること
　○天引きした源泉所得税を税務署に納めること

　いくら源泉所得税を天引きするのか、どうやって税務署に支払うのか、などのことは、**第7章⑪給料の計算をする** で詳しく説明します。ここでは、給与を支払う会社は、給与を支払うとき、源泉徴収をする義務があると覚えてください。

　税務署はこの届出書を提出した会社に源泉徴収に必要な書類を郵送したり、天引きの漏れや納付の漏れがないか厳しくチェックしたりすることになります。

第3章 設立の届出をしよう

↘ 給与支払事務所等の開設届出書の書き方

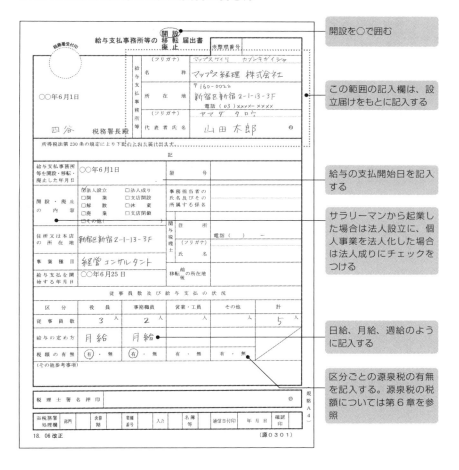

❾ 届出書類の書き方6
源泉所得税の納期の特例の 承認に関する申請書

重要度は？	★★☆
どんな会社が出す？	天引きした源泉税の支払いを年2回にしたい会社
いつまでに？	特例を受けようとする源泉税を徴収した月の前月中

　給与から源泉税を天引きした会社は、給与を支払った月の翌月10日までに、その源泉税を所轄の税務署に納付しなければなりません。ただし、給与の支払いを受ける人の人数が常時10人未満である会社は、納期限を次のように半年に1度に延ばすことが認められています。

　　○1月から6月分 → 7月10日　○7月から12月分 → 翌年1月20日

　この半年に1度に延ばす特例を受けるために提出するのが、この「源泉所得税の納期の特例の承認に関する申請書」です。この申請書を提出しても、すぐには納期限が延長されないので注意してください。申請が承認されるのは申請月の翌月末日です。申請月の翌々月の納付分からこの特例が適用されます。例えば、4月に申請した場合、納期限は次のとおりになります。

　　○4月に支払った給与の源泉税 → 5月10日　※延長されない
　　○5月に支払った給与の源泉税 → 7月10日　※延長される

　私は源泉税を毎月納付する予定の会社にもこの申請書を提出するように奨めています。理由は、翌月10日に源泉税を納められなかった場合でも、納期の延長の期限内に納付すれば、不納付加算税（5％）が課されないからです。いざという時に備えて、納期限を延ばしておきましょう。備えあれば憂いなし！ですね。

第3章 設立の届出をしよう

↘ 源泉所得税の納期の特例の承認に関する申請書兼納期の特例適用者に係る納期限の特例に関する届出書の書き方

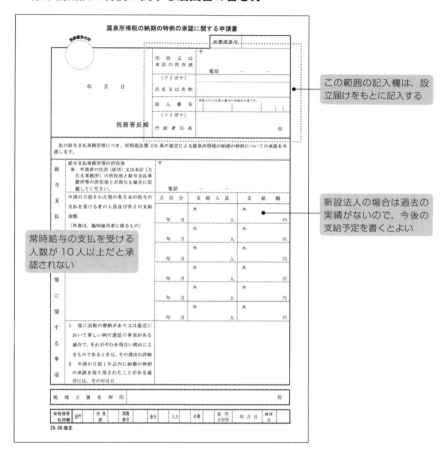

⑩ 届出書類の書き方7
消費税の新設法人に該当する旨の届出書

重要度は？	★★☆
どんな会社が出す？	資本金が 1,000 万円以上の会社
いつまでに？	会社を設立したら速やかに提出する

　皆さんがスーパーやコンビニなどのお店で買い物をすると、5％の消費税を商品代金とともに支払いますよね。この消費税がどこへ行くかというと、別にお店の懐に入ってしまうわけではありません。お店は、お客さんから受け取った消費税から仕入先などに支払った消費税を差し引いて、税務署に納付します。

　皆さんが設立した会社もお店と同じように、得意先などから受け取った消費税を税務署に納付するという立場になります。消費税の納税義務はいくつかの特例が設けられていて大変複雑な仕組みになっています。起業した皆さんが新設した会社の納税義務について説明することにしましょう。

　前々年の課税売上高が1,000万円以下の会社については消費税の納税義務が免除されるという特例が設けられています。起業した皆さんが新設した会社はどうなるでしょうか。前々年は会社がなかった……つまり前々年の売上高が0円なので納税義務はない！　ということになります。

　ここまでだと「新設法人は2年間納税義務なし」ということで話は単純なのですが、資本金が1,000万円以上の新設法人については、1期目と2期目の納税義務を免除しないという特例がさらに設けられています。

　新設法人の納税義務について整理をすると、資本金1,000万円未満の会社は、1期目と2期目について納税義務がなく、資本金1,000万円以上の会社は、1期目と2期目について納税義務があるということになります。（どちらの会社も3期目からは、前々年の課税売上高が1,000万円以下かどうかで納税義務の有無を判定します。）資本金1,000万円以上の会社が税務署に提出するのが、この「消費税の新設法人に該当する旨の届出書」です。

第3章 設立の届出をしよう

※平成25年1月1日以後に開始する事業年度から一定の売上または給与等の支払いがある法人は、設立当初2期間の消費税免除措置の適用がなくなりました。該当する場合は、「消費税課税事業者届出書」(特定期間用)を提出します。

↘ 消費税の新設法人に該当する旨の届出書の書き方

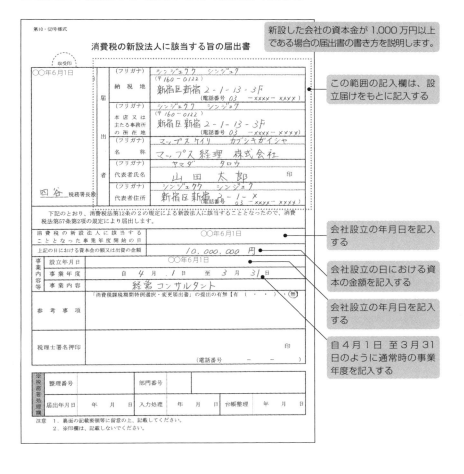

⓫ 届出書類の書き方8
消費税簡易課税制度選択届出書

重要度は？	★★☆
どんな会社が出す？	簡易課税制度で消費税の申告をしたい会社
いつまでに？	新設法人：設立事業年度の末日 その他の法人：選択する事業年度が始まるまで

　税務署に納める消費税の金額を売上高、業種ごとに定められた率（みなし仕入率）を使って計算する方法です。前々年の課税売上高が5,000万円以下の会社だけが選択することができます。詳しくはP184参照。

⓬ 届出書類の書き方9
消費税課税事業者届出書（基準期間用）

重要度は？	★★☆
どんな会社が出す？	前々年の課税売上高が1,000万円を超えた会社
いつまでに？	速やかに提出する

　前々年の課税売上高が1,000万円を超えたことにより、消費税の納税義務者になる会社が提出します。消費税の新設法人に該当する会社も第3期以降忘れずに提出しましょう。

第3章　設立の届出をしよう

⓭ 届出書類の書き方10
消費税課税事業者選択届出書

重要度は？	★★☆
どんな会社が出す？	免税事業者があえて課税事業者を選択する場合
いつまでに？	新設法人：設立事業年度の末日 その他の法人：選択する事業年度が始まるまで

　得意先などより受け取った消費税より仕入先などに支払った消費税が多い場合は、消費税の申告をして税務署から差額を還付してもらえます。免税事業者は消費税の申告ができませんので、還付を受けるためには、この届出書を提出して課税事業者になる必要があります。設備投資が多い場合や赤字が見込まれる場合は試算してみましょう。

⓮ 届出書類の書き方11
法人設立届出書（県税事務所）

重要度は？	★★★
どんな会社が出す？	全部の会社
いつまでに？	設立の日以後１ヶ月以内（埼玉県の場合）

　新しく設立した会社は、本店や事務所、事業所のある都道府県に対して、『法人設立届出書』を提出します。提出の窓口は、県税事務所、都税事務所など都道府県の税金を扱う出先機関となります。

　国税の届出書は、「本店所在地」を所轄する税務署だけに提出すれば良いのですが、県税の届出書は、本店や事務所、事業所ごとに、それぞれの所在地を管轄する県税事務所などに提出する必要があるので注意してください。

　法人設立届出書の様式は税務署に提出する様式と統一されていますので、こ

79

こでは書き方の説明を省略します。なお添付書類は、「定款の写し」と「登記簿謄本（登記事項証明書）」の2点だけになります。

⓯ 届出書類の書き方12
法人設立届出書（市役所）

重要度は？	★★★
どんな会社が出す？	全部の会社
いつまでに？	設立の日以後30日以内（さいたま市の場合）

　新しく設立した会社は、本店や事務所、事業所のある市町村に対して、『法人設立届出書』を提出します。提出の窓口は、一般的には市町村の役場となります。なお東京23区の場合、区役所への提出は不要です。市町村への届出は、県税と同様に、本店や事務所、事業所ごとに、それぞれの所在地を管轄する市役所などに提出する必要があるので注意してください。様式は国税と統一されているので説明を省略します。

第3章 設立の届出をしよう

2. 社会保険の届出をする

❶ 社会保険の仕組みを理解する

　社会保険には、主にサラリーマンを対象にした「健康保険・厚生年金保険」という制度と自営業の方を対象とした「国民健康保険・国民年金保険」という制度があります。

　現在、会社に勤めている方は、「健康保険・厚生年金保険」に加入され、すでに起業の準備のために会社を辞めた方、あるいは個人で事業を行っている方は、「国民健康保険・国民年金保険」に加入されていることと思います。

　それでは、起業のために会社を設立したあと、皆さんはどちらの社会保険制度に加入するのでしょうか。答えは「健康保険・厚生年金保険」です。皆さんの会社は「健康保険・厚生年金保険」の適用事業所となり、起業家の皆さんは会社から役員報酬をもらうサラリーマンという立場になるからです。

　※ 社会保険の制度は頻繁に改正されます。最新の情報をHPなどでご確認ください。

❷ すべての会社は 社会保険に加入する義務がある

「健康保険・厚生年金保険」に加入義務のある適用事業所を見てみましょう。

（1）法人事業所で常時従業員（事業主のみの場合を含む）を使用するもの

（2）常時5人以上の従業員が働いている事務所、工場、商店等の個人事業所

　　　ただし、5人以上の個人事業所であってもサービス業の一部（クリーニング業、飲食店、ビル清掃業等）や農業、漁業等はその限りではありません

　　　　　　　　　　　　　　　　　　　　　　　日本年金機構ホームページより

81

このようにすべての法人に加入が義務づけられているにもかかわらず、少し前まで、「健康保険、厚生年金保険」の適用事業所にならない会社があり、その会社に勤めている人が「国民健康保険、国民年金保険」に加入しているケースがたくさんありました。

「健康保険、厚生年金保険」に加入すると社会保険料の約50％を負担しなければならないので、その負担をきらって社会保険に加入しない会社があったのです。実際、社会保険の負担は次の表のとおり大変重いものです。

会社を設立された起業家の皆さんのなかには、「まだ事業の見通しもたたないので、従業員を雇わず俺1人でやっていくから、しばらくは国民年金保険、国民健康保険でいいよ……」。このように思われる方もいらっしゃるでしょう。

最近では社会保険庁が法律に従わないで未加入の会社を強制的に加入させ、社会保険料を2年間遡って追徴するという事態になっています。私は、これからの時代は、会社を設立したら「健康保険、厚生年金保険」に加入する、社会保険の会社負担は会社経営上のコストとみる、このように考えたほうが良いと思います。

↘ 社会保険の会社負担額の目安（平成28年3月時点）

社員の年収	健康保険料 1,000分の49.8	年金保険料 1,000分の89.14	合計
300万円	15万円	27万円	42万円
500万円	25万円	45万円	70万円
800万円	40万円	71万円	111万円
1,000万円	50万円	82万円	139万円

※料率は地域、年により変わります。HP等でご確認ください。

第3章　設立の届出をしよう

❸ 社会保険に加入する人の範囲を 理解しよう

　会社で働いている役員（社長を含む）と従業員は全員、社会保険に加入しなければなりません。本人が「入りたくない！」といっても、加入の義務があることに注意してください。またパートタイマーやアルバイトについても次の2点の条件を満たす場合は、被保険者として扱うことが妥当とされていますので注意してください。

　○ 1日または1週間の所定労働時間が一般社員の概ね4分の3以上
　○ 1ヶ月の所定労働日数が一般社員の概ね4分の3以上
　　※平成27年度の取り扱い

↘ 社会保険に加入する人の範囲

摘要	健康保険	厚生年金
役員	○	○
社員	○	○
パート（常用）	○	○
パート（非常用）	×	×

❹ 社会保険に加入する手続きをしよう

　厚生年金の窓口は、会社の本店所在地を管轄する年金事務所（日本年金機構）となります。また、健康保険の窓口は、全国健康保険協会（協会けんぽ）になります。

　強制適用になった事業所は、「新規適用届」と「被保険者資格取得届」を提出する必要があります。「被保険者資格取得届」は、所轄の日本年金機構、あ

るいは協会けんぽのホームページからダウンロードして入手できます。

　所定事項を記入し、基礎年金番号通知書などの必要書類を添えて、強制適用になった日から5日以内に提出しましょう。

　日本年金機構、協会けんぽの内容審査にとおると、「被保険者資格取得確認および標準報酬決定通知書」が交付され、加入手続きは完了となります。

↘「被保険者資格取得届」の書き方

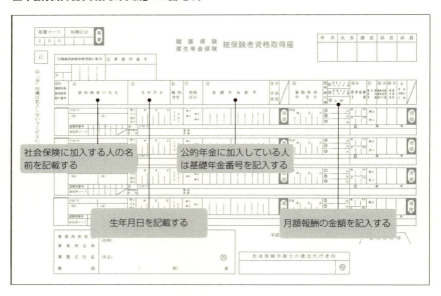

第3章　設立の届出をしよう

3. 労働保険の届出をする

❶ 労働保険の仕組みを理解する

　会社に勤めている方が、業務上の事由又は通勤によって、負傷したり病気になった場合には、治療にかかった費用を国に対して保険給付の請求をすることができます。この保険制度のことを労災保険といいます。病気や怪我の治療費は健康保険や国民健康保険で負担してもらう……と思われる方が多いと思いますが、業務上の事由又は通勤による負傷や病気の治療費は、健康保険や国民健康保険の給付対象とならず、労災保険の給付対象となりますので、ここで覚えておきましょう。

　また会社に勤めている方が、失業した場合には、失業保険の給付を国に対して請求することができます。この保険制度のことを雇用保険といいます。会社勤めの経験のある方にとってはお馴染みの制度だと思います。この労災保険と雇用保険を総称して労働保険といいます。

❷ 労働者を雇用したら　労働保険に加入する義務がある

　社長1人で運営している会社は労働保険の加入義務がありませんが、労働者（社員やアルバイト、パートさんなど）を雇用した場合は、労働保険の加入義務が生じます。

　労災保険料の会社負担額は、給与・賞与などの賃金の総額に1,000分の3を乗じた金額です。雇用保険料は雇用保険の対象となる労働者の賃金総額に1,000分の13.5を乗じた金額です。ただし、雇用保険料は労働者が1,000分の5を負担することになっているので、結局、会社の負担額は、1,000分の8.5ということになります。

85

↘ 労働保険料の会社負担額の目安（平成 27 年度時点）

社員の年収	労災保険 1,000 分の 3	雇用保険 1,000 分の 8.5	合計
300 万円	0.9 万円	2.5 万円	3.4 万円
500 万円	1.5 万円	4.2 万円	5.7 万円
1,000 万円	3.0 万円	8.5 万円	11.5 万円

※料率は事業の種類、年により変わります。HP等でご確認ください。

❸ 労働保険に加入する人の範囲を理解しよう

労働保険の対象となる人は、労働者（役員は除かれます）です。労災保険と雇用保険とでは、労働者の範囲が若干異なりますので、詳しく見てみましょう。

労災保険	雇用保険
常用、日雇、パート、アルバイトなど、名称及び雇用形態にかかわらず、賃金を受け取るものすべてが対象となる	雇用される労働者は原則として対象となるが、臨時内職的に雇用されるパートタイマーなどについては対象とならない

（注）：パートタイマーのうち次の要件のすべてを満たしている者は雇用保険の対象となりますので注意してください。

- 31 日以上引き続き雇用されることが見込まれる者
- 1 週間の所定労働時間が 20 時間以上であること
  ※詳しくは厚生労働省のHP等でご確認ください。

会社の労働保険の加入義務について整理をすると、とにかく人を雇ったら労災保険に加入する、社員や長期のパートタイマーなど（上記の注の条件を満たす者）を雇ったら雇用保険に加入する、ということになります。

平成 17 年 11 月からは、労災保険未加入の会社で労災事故が発生した場合、遡って保険料が徴収されるほか、労災保険の給付金（労働者の治療費）の 100% または 40% が徴収されることになりましたので、注意が必要です。

社会保険と同様に、労働者を雇用したら「労働保険」に加入する、労働保険の会社負担は会社経営上のコストとみる、このように考えるようにしましょう。

労働保険に加入する人の範囲

摘要	労災保険	雇用保険
役員	×	×
社員	○	○
パート（長期）	○	○
パート（臨時）	○	×

❹ 労働保険に加入する手続きをしよう

社会保険と労働保険の加入義務のまとめ

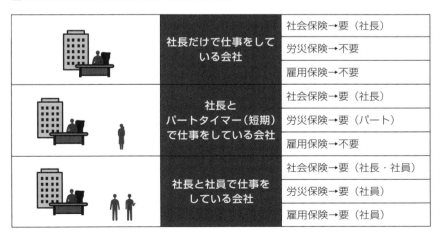

労災保険の窓口は事業所所在地を所轄する労働基準監督署になります。一方、雇用保険の窓口は、事業所所在地を所轄する職業安定所（ハローワーク）になります。

　会社が労働保険の適用事業所となったときは、まず「保険関係成立届」という書類を労働基準監督署に提出します。次に「雇用保険適用事業所設置届」と「雇用保険被保険者資格取得届」を職業安定所へ提出します。

　書類の書き方、添付書類などは、各地の労働局のホームページに掲載されていますので参考にしてください。（東京労働局ホームページ http://www.roudoukyoku.go.jp/）

第4章

経理のいろはを学ぶ

書類の整理と保存を学ぼう

請求書と領収書の作り方を学ぼう

帳簿の付け方を学ぼう

現金出納帳を付けてみよう

預金出納帳を付けてみよう

得意先元帳を付けてみよう

仕入先元帳を付けてみよう

仕訳伝票を付けてみよう

総勘定元帳を付けてみよう

試算表を作成してみよう

貸借対照表と損益計算書を作成してみよう

1. 書類の整理と保存を学ぼう

❶ 書類を受け取ったらすぐに分別しよう

　営業が始まると、会社は見積書や請求書、領収書、税務署への申告書などさまざまな書類を作成します。また得意先や仕入先などの取引先からは請求書や見積書など、さまざまな書類が送られてきます。

「書類の整理は時間ができたらしよう……」などと思い、書類をとりあえず机の上に積んでおく方がいらっしゃいます。起業をしたばかりの皆さんは、毎日、営業などで大忙しでしょうから、それはそれでしかたがない面もあるかもしれません。でも、机の上の書類の山はあっという間に高くなり、その書類のボリュームにきっと圧倒されてしまうことでしょう。

　書類が山積みになると、ろくなことにはなりません。まず大切な書類とどうでもよい書類がごちゃ混ぜになっているのですから、大切な書類を紛失してしまうおそれがあります。また書類がなんの秩序もなく積み上げられているのですから、見たい書類を探しあてるのに、たいへんな時間がかかってしまいます。

　時間ができたら片付ける……といっても、起業家の皆さんに「片付ける時間ができる」ことはあるのでしょうか。事業がうまくいっても、うまくいかなくても、常に忙しいのが小さな会社の社長の宿命です。「片付ける時間ができることはない！」と最初から割り切って、日頃から書類を整理する習慣をつけておきましょう。

　書類を作成したり受け取ったりしたら、その場で「大切な書類」「暫く保管する書類」「いらない書類」の3つに区分けをします。「大切な書類」については、紛失しないよう、探しやすいよう、一定のルールに従ってファイリングをします。「暫く保管する書類」については、3月末まで保管、6月末まで保管など、書類の保管期間を書いたファイルボックスをいくつか作成しておき、そのファイルボックスに書類の保管期間に応じて入れるようにします。「いらない書類」については、ゴミ箱に捨ててしまいましょう。

　書類の区分ができたところで、経理に関係する大切な書類のファイリング方

第4章　経理のいろはを学ぶ

法について、詳しく見ていくことにしましょう。

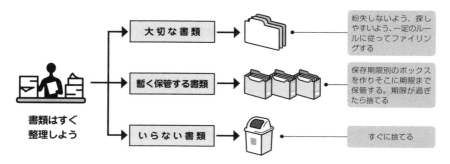

❷ 領収書のファイリングのしかた

　領収書は、お金の支払を受けた会社などが「確かに受け取った」ことを証明するために、支払をした会社などに発行する書類です。コンビニやスーパーで買い物をしたとき受け取るレシートも領収書の一種ですから、皆さんの日常生活でもお馴染みの書類だと思います。

　領収書は支払を受けた側の会社が発行する書類ですから、会社のお金がどのように使われたかを客観的に証明できる書類であるということができます。

　税務署は会社の税金申告について調査するとき、不正な支出や帳簿の記載に誤りがないか確認するため、会社の支払い状況と領収書を照らし合わせながら確認をしていきます。また会社の監査役は、株主に代わって取締役が会社で不正な行為をしていないか領収書をもとに確認をします。

　このように領収書はたいへん大切な書類であることから、次のページのようにスクラップブックなどに、日付順に貼り付けて保存しましょう。下から、少しずつずらして貼っていくのがポイントです。こうしておけば、かさばらず、探しやすく、しかも紛失することもなくなります。

　なお領収書を受け取るとき、気を付けたいことがあります。それは日付や宛名、金額、発行者の住所、会社名の記載、発行者の押印、印紙の貼付と消印など領収書の記載内容に不備がないかしっかりと確認することです。特に宛名が「上様」になっていないか確認をしましょう。「上様」あての領収書では領収書

を発行した会社が誰からお金を受け取ったのかわからないので、領収書としての機能を果たすことができません。税務署は原則として「上様」の領収書を認めてくれませんので注意が必要です。印紙税については、領収書の発行のところで詳しく説明します。

↘ 領収書を受け取ったら記載内容を確認しよう

↘ 領収書の整理と保存のしかた

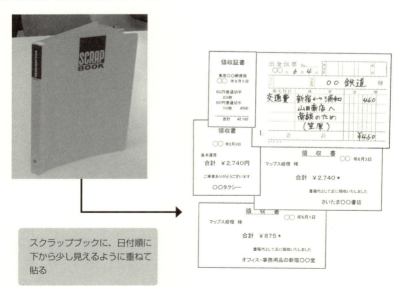

❸ 請求書のファイリングのしかた

　仕入先との取引方法には、代金の支払い時期からみると、商品引渡しと同時に代金を支払う「現金取引」と、商品引き渡しの後に支払うことを約束して行う「信用取引」があります。会社間では、現金問屋など特別な商売の形態を除くと、ほとんどが信用取引で行われています。

　お金をもらわないで商品を渡してしまう信用取引は、信用取引の名のとおり、取引先との間の信頼関係があるからこそ成り立つ取引のやり方です。従ってどんなに大きな仕事をしていても、どんなに立派なオフィスを構えていても、仕入先などへ約束の期日に支払のできない会社は、信用できない会社であるとされ、商売に支障が生じてしまいます。

　仕入先から送付された請求書を紛失するなどの理由により、支払ミスが起きないよう請求書を管理しましょう。送られてきた請求書は、すぐに「書類刺し」や「ファイルボックス」などの「未払い請求書置き場」に入れて、支払日まで大切に保管します。支払日が10日、月末のように複数ある場合は、支払日ごとに「未払い請求書置き場」を作成すると良いでしょう。

　支払が済んだら、請求書は仕入先ごとに作成したファイルに綴じ込み保存します。普段あまり取引を行わない仕入先からの請求書は、その他の取引先用のファイルを作成し綴じ込むと良いでしょう。このような方法で請求書を整理し保存すると、支払ミスの心配がありませんし、過去の仕入先との取引をチェックするときにも、サッとファイルを取り出すだけで目的の請求書をすぐに見つけることができます。

↘ 請求書の整理と保存の流れ

❹ 申告書や定款のファイリングのしかた

　経理に関係する書類には、今まで説明した請求書や領収書のほか、次のようなものがあります。いずれも大切な書類なので、「探しやすいよう」「紛失しないよう」にファイリングし大切に保管しましょう。

● **税金に関係する書類**

　　各種の届出書・申請書や確定申告書、法定調書合計表、償却資産申告書など、税務署や県税事務所、市役所などに提出した書類の会社控え

● **社会保険に関係する書類**

　　各種の届出書や算定基礎届、月額変更届など、社会保険事務所に提出した書類の会社控え

● **労働保険に関係する書類**

　　各種の届出書・申請書や労働保険概算・確定保険料申告書など、労働基準監督署や職業安定所に提出した書類の会社控え

● **会社運営に関係する書類**

　　定款、登記事項証明書、株主名簿、取締役会や株主総会の議事録

　それでは税金に関係する書類のファイリング方法について説明することにしましょう。まずは書類を収納するための「ファイルボックス」、書類の仕切りを作るための「インデックス」を準備してください。

　準備ができたら「ファイルボックス」の見出しラベルに「税金関係書類」と記入します。インデックスには「届出書・申請書」「○○年度申告書等」と記入しファイルに綴じ込みます。早速、税金に関係する書類を綴じ込んでいきましょう。

　まずは、「届出書・申請書」のインデックスの後ろに、第2章で説明した会社設立届出書などの届出書や申請書を綴じ込みます。今後、新たな申請や届出のために届出書や申請書を提出した場合にも、その控えをここに綴じ込んでいくこととします。

　次に、「○○年度申告書等」のインデックスの後ろに、その次の年度に提出

した確定申告、法定調書合計表、償却資産申告書などの税金に関係する書類を綴じ込みます。○○年度の書類については、「○○年度申告書等」のインデックスの後ろに綴じ込むこととし、以後同じ要領で綴じ込んでいくこととします。

　将来、ファイルボックスがいっぱいになったら、もっとも古い年度の申告書等を別のファイルに移動します。「届出書・申請書」は移動しません。このファイルに綴じ込んでおきます。届出書・申請書などの書類は、その効力が将来にわたっているので、いつでも探しやすい状態にしておきたいからです。

　社会保険や労働保険に関係する書類については、税金に関係する書類と同じ要領で、ファイリングをします。

　会社運営に関係する書類は、「定款・定款変更議事録」「株主名簿」「○○年度議事録等」のインデックスを作り、その区分に従って綴じ込んでいきます。「定款・定款変更議事録」のところには、定款と定款変更を伴う株主総会の議事録を綴じ込みます。「株主名簿」のところには、株主名簿、株主の異動にともなう取締役会や株主総会の議事録、株式の売買契約書などの関係書類を綴じ込みます。「○○年度議事録等」のところには、その年度におけるその他の取締役会や株主総会の議事録を綴じ込みます。なおファイルが将来いっぱいになったら、もっとも古い年度の議事録等を移動します。「定款・定款変更議事録」「株主名簿」については、このファイルに残しておきます。

⬇ 税金関係書類の整理と保存の流れ

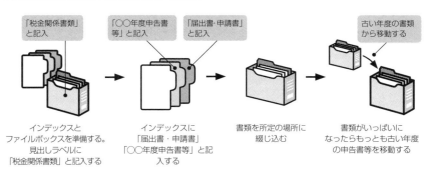

2. 請求書と領収書の作り方を学ぼう

❶ あらぬ疑いをかけられぬために…

　会社がイヤでも付き合わなければならない役所があります。ほとんどの会社の経営者は、その役所の名前を聞いただけで、暗い気持ちになるでしょう。会社を始めて3年くらいたつと、呼んでもいないのに（？）その役所はやってきます。その役所の係官は、皆さんの会社の内容に疑いの目をもって、帳簿や通帳、請求書などから会社のお金の動きを徹底的に調べていきます。

　ここまで説明するとほとんどの方はピンと来ていると思いますが、その役所の名前は税務署です。なぜ請求書と領収書の発行のところで、税務署の話題を書いたかというと、皆さんの会社は税務署から「脱税をしているのではないか」あるいは「税金を少なく払っているのではないか」と疑いの目を向けられている存在であることを認識していただきたかったからです。

　税務署の調査でもっとも重点的に調べることは、「売上の除外」という手口の不正がおこなわれていないか、ということです。「売上の除外」は、会社の売上の一部を帳簿に計上しないで、税金を免れる手口です。例えば、表向きの請求書、領収書のほかに裏（脱税用）の請求書、領収書を用意する、現金で売り上げた分を帳簿に計上しない、架空名義の銀行口座に振り込ませる……などの方法で「売上を除外」するわけです。

「うちはそんな悪いことはしないから大丈夫。売上は全部帳簿に計上しているよ」……こう思われる方がほとんどでしょうが、税務署は簡単に信じてくれません。ちょっとした領収書や請求書の取り扱いミスから、あらぬ疑いをかけられることもあります。例えば、書き損じた領収書の控えを領収書綴りから破り捨ててしまうと、税務署は、都合の悪い売上（つまり帳簿に載せていない売上）の存在を隠すために破り捨てた……と疑ってかかるわけです。1度疑われると、身の潔白を証明するために大変な労力をかけなければなりません。

　李下に冠を正さず……といいます。税務署から疑いをかけられない領収書や請求書の発行の方法を学んでおきましょう。

96

第4章　経理のいろはを学ぶ

❷ 請求書・領収書発行の作成ルール

　税務署から疑いをかけられないように領収書や請求書を発行するポイント
は、「控えを残す」「連番を入れる」「書き損じを捨てない」「再発行する場合は
明記する」の4点です。

　税務署から疑いをかけられないため……という観点で説明をしてきました
が、これらのことは、請求書や領収書の発行を担当する社員の不正の芽を摘む、
つまり内部牽制の観点からも大変重要です。それでは発行のポイントについて
みていきましょう。

POINT1　控えを残す

　領収書や請求書は得意先などに渡してしまうものです。控えを残しておかな
いと、どのような領収書や請求書を発行したのか、わからなくなってしまいま
す。市販の領収書や請求書を使用する場合は複写式の控えが残せるものを選び
ましょう。ExcelやWordで作成する場合は、控えも同時に印刷し、割印を押
しておくようにしましょう。

POINT2　連番を入れる

　領収書や請求書に「連番」（発行順に振る連続した番号）を入れることで、
税務署の会社に対する信頼度はたいへん高くなります。発行する領収書や請求
書と同じ番号を控えに振ると更に信頼度は高まります。「連番」を振るには、
ナンバーリング機を使用します。

POINT3　書き損じを捨てない

　複写式の控えが残せる領収書や請求書を使用する場合、書き損じた領収書や
請求書は、控えにホチキスなどで止めて保存するようにしましょう。破棄した
り、控えごと破り捨てたりしてはいけません。不正使用したと疑われてしまい
ます。

97

POINT4　再発行をする場合は明記する

　領収書や請求書を再発行する場合には、最初に発行した領収書や請求書は得意先などから返してもらい、控えにホチキスなどで止めて保存します。再発行する領収書や請求書には「再発行」と、控えには「〇〇年〇月〇日 NO××発行分の再発行、金額訂正のため」のように再発行の事情を記入しておきましょう。事情を書いておかないと、再発行の請求書や領収書が新たな売上や入金にかかるものであると疑われてしまいます。

● 控えを残す

● 連番を入れる

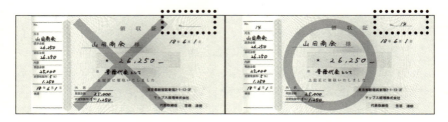

● 書き損じを捨てない

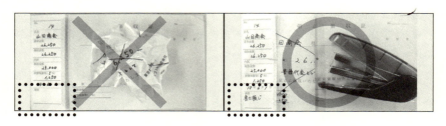

●再発行をする場合明記する

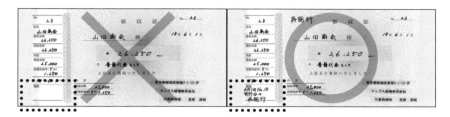

❸ 領収書を作ろう

　領収書の発行方法について説明しましょう。得意先などから売上代金を集金したとき、「代金を受領した」証拠として受け渡しする書類が領収書です。領収書は現金や小切手、手形で集金したときには得意先に必ず渡す必要があります。ただし銀行振込で入金があった場合には、振込書が代金支払いの証拠となるので、これから説明する印紙税を節約し、かつ発行の手間を省くため受け渡しが省略されることが多くなりました。

　領収書は文房具店などで売っている「市販の領収書」を使っても良いですし、ExcelやWordでひな型を作りプリンターで印刷しても良いでしょう。どちらの場合でも、控えを確実に残せるようにすることが大切です。市販の領収書の場合は「複写式」のものを選びましょう。プリンターで印刷する場合は、領収書のひな型と控えを同時に印刷できるフォームにしましょう。

　受領金額が5万円以上の領収書は印紙税の課税対象となります。印紙税は受取金額に応じて税額が定められていて、収入印紙という証紙を領収書に貼付し消印することによって納税する仕組みになっています。

　収入印紙は、郵便局やコンビニ、タバコ屋さんなどの「収入印紙売渡所」で販売していますので、必要に応じて購入しましょう。消印とは次のように印紙の上にかけて印を押すことをいいます。この消印は印紙の再利用を防ぐために行なうもので、消印をしないと、印紙税を納付したことになりませんので注意してください。

　印紙を貼らなくても領収書が無効になることはありませんが、税務署の調査

で貼っていないことがわかると、本来の印紙税の額の３倍に相当する過怠税が徴収されることになります。

　領収書は得意先に渡してしまうから、税務署が調査に来てもわからないだろう……このように思われる方がいらっしゃるかもしれませんが、税務署の目は節穴ではありません。収入印紙の購入状況と領収書の発行控えを詳細に照らし合わせ、貼付漏れがないかチェックしていきます。誤魔化せない……と思った方がいいでしょう。また印紙の貼っていない領収書を発行しているようだと、得意先の信頼を得ることができません。

↘印紙税額一覧表（抜粋）

売上代金にかかる金銭または有価証券の受取書にかかる印紙税

受取金額	印紙税額	受取金額	印紙税額
５万円未満	非課税	500万円以下	1,000円
100万円以下	200円	1,000万円以下	2,000円
200万円以下	400円	2,000万円以下	4,000円
300万円以下	600円	3,000万円以下	6,000円

注：3,000万円超の金額は省略しました

↘領収書に添付した収入印紙は消印をする

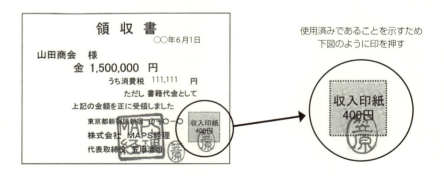

　印紙税の課税対象となる領収書は、「金銭または有価証券（小切手や手形のこと）の受取書」とされていますので、「クレジットカードで売上代金を受け取っ

たとき」や「買掛金などと相殺したとき」に発行する領収書は収入印紙を貼る必要はありません。このような印紙税の課税対象とならない領収書に収入印紙を貼っている会社が意外なほど多くありますので注意してください。無駄な税金です。

　領収書に受取金額を記載するとき、消費税の金額を区分表示すると、印紙税を節税することができます。例えば商品代金 49,000 円、消費税額 3,920 円、受領金額 52,920 円の売上代金を得意先から集金したとしましょう。次の図の左側のように領収書を作成した場合は、消費税が区分表示されていないので、税額判定の金額は 52,920 円とされ、課税対象となってしまいます。しかし右側のように領収書を作成すると、消費税が区分表示されているので、税額判定は本体価額の 49,000 円とされ、課税対象となりません。ちょっとした領収書の書き方の違いで印紙税を節約できます。覚えておきましょう。

↘ 消費税を区分表示して節税をしよう

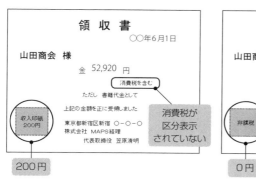
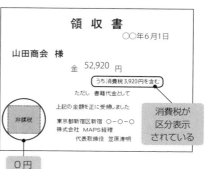

● 印紙税の節税のポイント

・売上代金をクレジットカードで受け取ったときに発行する領収書は、収入印紙を貼付する必要がない
・売上代金を買掛金と相殺したときに発行する領収書は、収入印紙を貼付する必

要がない

・消費税の金額を区分表示すると税抜金額で印紙税を納めることができる

❹ 請求書を作ろう

　得意先へ商品を掛け売りしたとき、代金を請求するため発行する書類が請求書です。掛け売りの場合、得意先との間で締め日と請求日を事前に取り決めることと思います。締め日が来ましたら、納品書の控えをもとに請求書を作成しましょう。請求書は領収書と同様に、文房具店などで売っている市販のものを使っても良いですし、Excel や Word でひな型を作りプリンターで印刷しても良いでしょう。

　ただし、皆さんの会社が卸売業や製造業など大量の製品や商品を掛け売りする業種を営んでいる場合には、販売管理を行うソフトを利用して請求書を発行したほうが良いでしょう。小規模企業向けの販売管理ソフトはそれほど値段が高くないですし、導入も簡単です。販売管理ソフトを利用する1番のメリットは、請求書発行にかかる時間を大きく短縮できるという点です。でも実は、販売管理ソフトを使うメリットはこれだけではなく、次のようなこともできますので大いに活用してみてください。

　　○得意先別・担当者別・商品別の売上高、月次の推移、前年同月との対比といった経営に必要なデータを簡単に取り出すことができる
　　○販売管理ソフトと会計ソフトを連動させて売上の仕訳と売掛金回収の仕訳を自動作成できる（同じメーカーでソフトを揃えた場合の特典です）

　私の事務所のお客さんが使用しているソフトは次のとおりです。機能的にも価格的にも問題のないソフトだと思います。どのソフトがいいんだろうとお悩みでしたら、無料体験版を入手すると良いでしょう。百聞は一見にしかず！実際にソフトを使って判断して下さい。最新情報や無料体験版の入手方法はメーカーのホームページをご覧下さい。

第4章　経理のいろはを学ぶ

○奉行J　販売編　　初期登録費用 21,600 円
　　　　　　　　　　　年間利用料 43,200 円（利用型の例）
　　　　　　　　　　　（http://www.obc.co.jp/）
○弥生販売スタンダード　定価 42,120 円
　　　　　　　　　　　　（http://www.yayoi-kk.co.jp/）
○売上じまん　定価 73,440 円（http://pca.jp/）

　なお、請求書は領収書の場合と異なり、印紙税における課税文書ではありません。ので、収入印紙を貼付する必要はありません。

103

3. 帳簿の付け方を学ぼう

① 帳簿を付けよう

　ここからは帳簿の付け方について説明します。「帳簿を付ける」と聞いて、皆さんはどんなイメージを思い浮かべられますか。たぶんこんなイメージではないでしょうか。

「めんどくさいね」

「帳簿を付ける暇があるなら営業に行って1件でも契約をとりたいよ」

「帳簿を付けるには簿記が必要だろ？　学生のとき習ったけど、貸方とか借方とかわかんないよ」

　帳簿付けは会社でしないで、会計事務所に全部やってもらえばいい……このように考える方もいらっしゃるでしょう。でも帳簿付けは本当に「後ろ向きな」「会社の儲けにつながらない」仕事なのでしょうか。

　帳簿を付けないと、どのくらい売上があるのか、経費がかかっているのかなど会社の経営状況をタイムリーに把握することができません。また会社にどんな財産がいくらあるのか、あるいは借金や未払いのお金がいくらあるのか、といった会社の財政状況についてもタイムリーに把握することができません。

　経営者が経営状況や財政状況をつかんでいない状況は大海原を羅針盤なしに航海するようなものでしょう。例えば、通帳にお金がたくさんあるだけで、会社が儲かっていると思いこみ、設備投資に走ってしまう……、逆に通帳にお金がないだけで、会社が儲かっていないと思いこみリストラに走ってしまう……などの経営判断の誤りが起きてしまいます。

　会社の置かれている状況をタイムリーに把握するために帳簿を付ける、素早く手を打つことでもっと儲かる会社に変えていく……このように帳簿付けをアグレッシブに考えたいものです。

　少し前まで帳簿付けは手書きで行われていました。手書きの時代の帳簿付けは、同じことをいろんな帳簿に書き写したり、残高や合計を何度も計算したりするなど地味で根気のいる仕事でした。また貸方や借方といった簿記特有の考

第4章　経理のいろはを学ぶ

え方を勉強する必要がありました。今はパソコンを使った帳簿付けが主流です。簡単に、しかも簿記を本格的に勉強しなくても帳簿付けができるようになりました。パソコンの性能と会計アプリの使い勝手は、驚くほど進化しています。また値段も驚くほど安くなっています。せっかく今の時代に起業したのですから、パソコンや会計アプリといった文明の利器を使わない理由はありません。これからパソコン会計時代の帳簿付けの方法を説明していくことにしましょう。

　帳簿を付ける……帳簿付けがまったくはじめての方は、いったい「どんなこと」を付けるのだろう、そしていったい「どんな帳簿」を付けるのだろう、と思われるでしょう。そこで、まずは帳簿に「どんなこと」を付けるのかについて説明します。「どんな帳簿」を付けるのかについては次の項で説明します。

　帳簿に付けるのは、「簿記における取引」です。簿記における取引は、簿記の教科書によると次のように定義づけられています。

❷「どんなことを帳簿に付けるのか」を理解しよう

簿記における取引は、会社の資産・負債・資本に増減をもたらす事実をいう。一般的に「取引」といわれるものであっても、例えば商談が成立し契約を取り交わしただけの状態では、会社の資産に増減をもたらさないので簿記上の取引にはならない。商品を引き渡したり、代金を受領したりしたときに初めて簿記上の取引になる。一方、一般的には「取引」といわれないものであっても、簿記上の取引になるものがある。例えば火災や盗難で商品が滅失した場合は、会社の資産が減少したので、簿記上の取引になる。

　この文章を読んでも、ほとんどの方の頭の中は「？？？」でしょう。一応私も簿記の1級の資格を持っていますが、同様です。それでも大丈夫です。ご安心ください。簿記における取引は無限といって良いほどさまざまな取引があるのですが、小さな会社で行われる取引に限って考えると、意外なほどシンプルに定義づけることができるからです。帳簿を付けること、つまり簿記における

105

取引は、「現金の出入り」「預金通帳の出入り」「得意先に請求する」「仕入先からの請求される」の4つのケースにかかる取引です。皆さんが帳簿をつける取引は、この4つのケースで99％をカバーされます。難しい定義の解釈はいずれ簿記学校で勉強していただくことにして、この4つのケースを帳簿に付ける！　と覚えてしまってください。それではこの4つのケースについて具体的に見ていくことにしましょう。この他の取引については、**第7章 経理と税金のポイント21**で説明しますので、そこで押さえてくさい。

●ケース1　現金の出入り

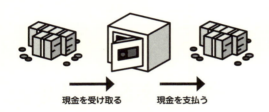

諸経費を支払う、売上代金を受け取るなど、会社の現金が出入りする都度、その動きを帳簿に付けます。

●ケース2　預金通帳の出入り

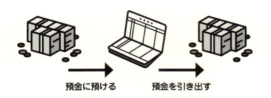

預金口座から現金を引き出す、公共料金が引き落とされる、得意先から売上代金が振り込まれるなど、会社の預金口座が出入りする都度、その動きを帳簿に付けます。

●ケース3　得意先に請求する

得意先に売上代金を請求する都度、その動きを帳簿に付けます。

● ケース4　仕入先から請求される

仕入先から仕入代金が請求される都度、その動きを帳簿に付けます。

❸ 帳簿付けの流れを理解しよう

　どのような取引を帳簿に付けるのかは理解していただけましたか。これから前項で説明をした取引を、どのような帳簿に付けるのか、そしてどのように集計をして会社の経営状況や財政状況を明らかにするのかについて説明をします。
　説明の中にさまざまな専門用語が登場しますが、ここで登場する専門用語はどれも小さな会社を経営していく上で知っておく必要のあるものばかりです。経理を担当する方も、そして経営者の方もここでしっかりと押さえておきましょう。

STEP1　補助簿を付ける

　前項で説明した4つのケースの動きは、まず簿記の専門用語で補助簿といわれる帳簿に取引が行われる都度、動きや残高を記帳します。現金の出入りを付ける帳簿を現金出納帳、預金の出入りを付ける帳簿を預金出納帳、得意先との取引を付ける帳簿を得意先元帳、仕入先との取引を付ける帳簿を仕入先元帳といいます。
　これらの帳簿は簿記の教科書では補助簿、つまりこれから説明をする仕訳伝票や総勘定元帳を補完する役割をもった帳簿であるとされていますが、経理の現場では現金や預金の動き、得意先や仕入先との取引を記録し一覧できる帳簿として大変重要視されています。補助簿は皆さんが子供の頃につけた「お小遣い帳」のように一覧性があり、また直感的に理解しやすいフォームです。詳しい説明は ④現金出納帳を付けてみよう、⑤預金出納帳を付けてみよう、⑥得意先元帳を付けてみよう、⑦仕入先元帳を付けてみよう を参照してください。

STEP2　仕訳伝票を付ける

　次に補助簿に記帳された取引は、仕訳という形式に書き換えをします。皆さんに仕訳を理解していただくためには、簿記の世界特有の考え方をどうしても理解していただく必要があります。借方、貸方、勘定科目、また資産、負債、資本、収益、費用といった簿記の専門用語とともに理解しておきましょう。

　仕訳した取引は仕訳伝票といわれる帳簿に記入します。仕訳伝票は、仕訳を記入するためのフォームで振替伝票と呼ばれることもあります。また現金の出金取引にかかる仕訳を記入するための専用フォームを出金伝票、入金取引にかかる仕訳を記入するための専用フォームを入金伝票といいます。詳しい説明は⑧仕訳伝票を付けてみよう を参照してください。

STEP3　総勘定元帳を付ける

　仕訳伝票に記入した取引は総勘定元帳に転記します。総勘定元帳は勘定科目ごとに取引や残高をまとめた帳簿です。さきほど説明をした補助簿は預金口座ごと、得意先ごと、仕入先ごとに作成しますが、総勘定元帳は、売上高、仕入高、現金、普通預金……のように勘定科目ごとに作成をします。簿記の記帳の流れのなかで欠くことのできない帳簿であることから主要簿といわれています。詳しい説明は⑨総勘定元帳を付けてみよう を参照してください。

STEP4　試算表を作成する

　総勘定元帳で勘定科目ごとに集計された取引金額や残高は、試算表という集計表に転記します。この試算表は会社で行われた取引を勘定科目ごとに取引金額や残高を一覧できる集計表で、会社の現況を確認したり、記帳に誤りがないか確認したりすることができる大変重要な集計表です。

　試算表からは貸借対照表、損益計算書を簡単に作成することができます。貸借対照表は資産や負債、資本の勘定科目の残高をまとめた集計表で会社の財政状況を一覧することができます。損益計算書は収益や費用の勘定科目の残高をまとめた集計表で会社の経営成績を一覧することができます。詳しい説明は⑩試算表を作成してみよう を参照してください。

108

第4章　経理のいろはを学ぶ

↘ 帳簿付けの流れ

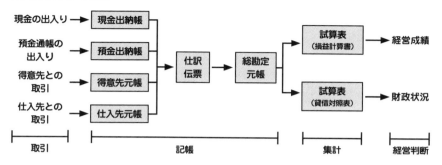

　取引の事例と記入用フォームを用意しました。小さな会社で行われる取引は、この事例でほとんど網羅されています。従ってこれだけ帳簿付けができれば日常の実務はできるようになります。昔から「習うより慣れよ！」といいますよね。記入用フォームに取引事例を書き込み、記帳の練習をしてマスターしましょう。

↘ 取引事例

預金に預ける！　→　預金出納帳に付ける
　　6月8日　資本金の20万円を普通預金に預け入れた

預金をおろす！　→　預金出納帳と現金出納帳に付ける
　　6月8日　普通預金から現金5万円を引き出した

商品を仕入れる！　→　仕入先元帳に付ける
　　6月8日　小野商店からL型パソコン10台(@3万円)を仕入れた

商品を売る！　→　得意先元帳に付ける
　　6月8日　山田商店へL型パソコン10台(@5万円)を売り上げた

現金で経費を払う！　→　現金出納帳に付ける
　　6月20日　浦和駅から大宮駅までの電車賃380円を支払った

109

現金で経費を払う！　→　現金出納帳に付ける
　　6月25日　東京書店で経理の本を1500円で購入した

預金に振り込まれる！　→　預金出納帳と得意先元帳に付ける
　　6月30日　普通預金に山田商店から売上代金50万円が振り込まれた

預金から振り込む！　→　預金出納帳と仕入先元帳に付ける
　　6月30日　普通預金から小野商店へ仕入代金30万円を振り込んだ

❹ 現金出納帳を付けてみよう

「現金出納帳」は、次のようなフォームの帳簿で、日付、摘要、入金や出金、残高の金額を書くようになっています。経理の帳簿の特徴なのですが、金額欄は3列になっています。一番左側の列に受け取った金額（収入金額）を、真ん中の列に支払った金額（支払金額）を、一番右側の列に現金の残高（差引残高）を記入します。差引残高の金額を帳簿上で計算した残高ということから「帳簿残高」といいます。この「帳簿残高」は、もちろん実際の現金の金額と一致します。

　摘要欄は、どのような取引がおこなわれたかを記入するスペースです。例えば電車賃を支払った場合には、「○○駅から○○駅　電車賃」というように記入します。

6/8　　普通預金から現金5万円を引き出した
6/20　浦和駅から大宮駅までの電車賃380円を支払った
6/25　東京書店で経理の本を1,500円で購入した

第4章　経理のいろはを学ぶ

↘ 現金出納帳の作成にチャレンジしよう（下の出納帳に記入してください）

現 金 出 納 帳

日付	摘　　要	収入金額	支払金額	差引残高

●記入結果

現 金 出 納 帳

日付	摘　　要	収入金額	支払金額	差引残高
○○.6.8	普通預金より現金引き出し	50,000	0	50,000
○○.6.20	浦和駅から大宮駅　電車賃		380	49,620
○○.6.25	東京書店で経理の本購入		1,500	48,120
				48,120
				48,120

❺ 預金出納帳を付けてみよう

「預金出納帳」は、次のようなフォームの帳簿で、日付、摘要、預け入れ金額や引き出し金額、残高の金額を書くようになっています。左側の収入金額の欄には預け入れ金額を、真ん中の支払金額の欄には引き出し金額を、1番右の差引残高の欄には残高の金額を計算して記入します。先ほど説明をした「現金出納帳」とほとんど同じフォームです。「預金出納帳」は預金の口座ごとに作成します。普通預金の口座の動きは普通預金通帳の動きと一致しますので、預金出納帳の帳簿付けは通帳の内容を書き写す作業だ！ と思って良いでしょう。それでは次の取引を預金出納帳につけてみましょう。

111

6/8	資本金の20万円を通帳に預け入れた
6/8	普通預金から現金5万円を引き出した
6/30	得意先山田商店から売上代金50万円が振り込まれた
6/30	仕入先小野商店へ仕入代金30万円を振り込んだ

↘ 預金出納帳の作成にチャレンジしよう（下の出納帳に記入してください）

預 金 出 納 帳

銀行名　××銀行　　支店名　××支店　種類　普通預金　口座番号　××

日付	摘　要	収入金額	支払金額	差引残高

● 記入結果

預 金 出 納 帳

銀行名　××銀行　　支店名　××支店　種類　普通預金　口座番号　××

日付	摘　要	収入金額	支払金額	差引残高
○○.6.8	資本金を預け入れた	200,000	0	200,000
○○.6.8	現金引き出し		50,000	150,000
○○.6.30	山田商会より売上代金入金	500,000	0	650,000
○○.6.30	小野商会へ仕入代金支払		300,000	350,000
				350,000

❻ 得意先元帳（売掛帳）を付けてみよう

　得意先との取引は「得意先元帳」と呼ばれる帳簿に付けます。得意先に対する掛け売りを記録する帳簿であることから「売掛帳」ともいわれています。フォームは次のとおりで、日付や商品名、数量、単価、売上金額、回収金額、差引残高を書くようになっています。得意先ごとに作成し、売上や回収といっ

第4章　経理のいろはを学ぶ

た動きを発生順に記入していきます。差引残高の金額は未回収の売上高、つまり掛けの金額となります。

| 6/8 | 山田商店へＬ型パソコン10台（@5万円）売り上げた |
| 6/30 | 普通預金に売上代金が50万円振り込まれた |

↘ 得意先元帳の作成にチャレンジしよう（下の元帳に記入してください）

得 意 先 元 帳

得意先名　山田商店　　住所　　××市××町　　取引条件　　20日締め　当月末日　銀行振込

日付	商品名	数量	単価	売上金額	回収金額	差引残高

●記入結果

得 意 先 元 帳

得意先名　山田商会　　住所　　××市××町　　取引条件　　20日締め　当月末日　銀行振込

日付	商品名	数量	単価	売上金額	回収金額	差引残高
○○.6.8	Ｌ型パソコン	10	50,000	500,000	0	500,000
○○.6.30	振込入金				500,000	0
						0

❼ 仕入先元帳（買掛帳）を付けてみよう

　仕入先との取引は「仕入先元帳」と呼ばれる帳簿に付けます。仕入先との掛け仕入れを記入する帳簿であることから「買掛帳」ともいわれています。フォームは得意先元帳と同様で、仕入先ごとに作成し、仕入や支払といった動きを発生順に記入していきます。差引残高の金額は未払の仕入高、つまり掛けの金額

113

となります。

　金額欄は、左側に支払金額、真ん中に仕入金額になっていることが多いのですが、市販のフォームによっては、左側に仕入金額、右側に支払金額になっている場合があります。仕入や支払の金額を記入するとき、また差引残高の計算をするとき注意してください。

6/8　　小野商店からＬ型パソコン10台 (@3万円) 仕入れた

6/30　　普通預金から仕入代金30万円を振り込んだ

↘ 仕入先元帳の作成にチャレンジしよう（下の元帳に記入してください）

仕 入 先 元 帳

仕入先名　小野商店　　住所　　××市××町　　取引条件　　20日締め　当月末日　銀行振込

日付	商品名	数量	単価	支払金額	仕入金額	差引残高

● 記入結果

仕 入 先 元 帳

仕入先名　小野商会　　住所　　××市××町　　取引条件　　20日締め　当月末日　銀行振込

日付	商品名	数量	単価	支払金額	仕入金額	差引残高
○○ 6.8	Ｌ型パソコン	10	30,000		300,000	300,000
○○ 6.30	普通預金より振込			300,000	0	0
						0
						0

114

❽ 仕訳伝票を付けてみよう

　仕訳は会社で行われた取引を簿記の考え方に従った形式に書き換える作業です。簿記の考え方に従って書き換えるためには、借方、貸方、勘定科目、資産、負債……など、あのわけのわからない簿記特有の専門用語の意味を理解しなければなりません。

　日本語で書かれた文章を英語に翻訳するには、英語の文法やアルファベットを勉強する必要があるように、また手計算で行っていた集計作業を Excel で行うには、Excel の関数や計算ルールを勉強する必要があるように、帳簿付けをするためにはどうしても理解しておくことが必要です。ここではパソコン会計を使った帳簿付けに必要とされる簿記の考え方に絞って説明します。しっかりと押さえておきましょう。

STEP1　資産・負債・資本・収益・費用という言葉の意味を理解しよう

　簿記では会社の取引を資産、負債、資本、収益、費用という5つの言葉に置き換えて記録をします。まずはこの5つの言葉の意味を理解しましょう。

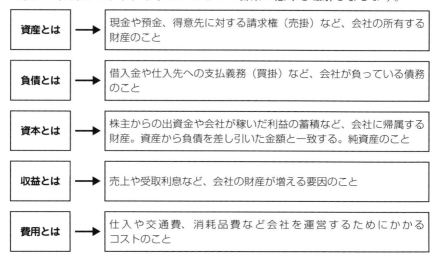

　この5つの言葉の意味はたいへん概念的なので、明快に理解することは難し

いと思いますが、ここではイメージだけでも掴んでいただければ良いと思います。これから前項で取り上げた取引事例を仕訳にしていきます。この作業を通じてより深く理解していただくことができますのでご安心ください。

STEP2　勘定科目を理解しよう

　勘定科目は、さきほど説明した資産、負債、資本、収益、費用という5つの区分をさらに細かく区分するために用いられる名称であると理解していただければよいでしょう。5つの区分をさらに勘定科目に分類する理由は、分類した方が貸借対照表や損益計算書に会社の財政状況や経営成績を詳しく表示できることにあります。「費用が1,000万円かかった」というだけより「仕入が400万円、給与が300万円、家賃が200万円、広告に100万円かかった」というほうが会社の内容をよく知ることができますよね。5つの区分を勘定科目に区分することで、貸借対照表や損益計算書に会社の財政状況や経営成績のより詳しい情報が表示されることになるのです。

　会社の帳簿付けで使う勘定科目はP164に掲載した勘定科目一覧表で確認してください。ここでは、取引事例を仕訳するときに使用する勘定科目を紹介します。

硬貨や紙幣などのお金	→ 「**現金**」勘定（資産）
銀行の普通預金口座のお金	→ 「**普通預金**」勘定（資産）
電車賃などの交通費	→ 「**交通費**」勘定（費用）
書籍や新聞の購入費用	→ 「**新聞図書費**」勘定（費用）
得意先に対して請求する権利	→ 「**売掛金**」勘定（資産）
仕入先に対して支払う義務	→ 「**買掛金**」勘定（負債）
商品の売上げ	→ 「**売上高**」勘定（収益）
商品の仕入れ	→ 「**仕入高**」勘定（費用）

STEP3　補助簿の内容を簿記の言葉で表現しよう

　簿記では取引を資産や負債、資本の増減、収益と費用の発生という形で表現します。たとえば、「東京書店で経理の本を1,500円で購入した」という取引

116

第4章　経理のいろはを学ぶ

を簿記の言葉で表現すると、本を買うために現金を支払った、つまり「現金が減少」し、「費用が発生」したということになります。

　さきほどの事例の取引を簿記の言葉に直してみましょう。

↘ 現金出納帳の内容を簿記の言葉に置き換えよう

| 普通預金から現金5万円を引き出した | → | 普通預金が減って手持ちの現金が増えました。簿記ではこの取引を**資産（現金）が増加**し、**資産（普通預金）が減少**したと表現します。 |

| 浦和駅から大宮駅までの電車賃380円を支払った | → | 電車賃を支払ったので現金が減りました。簿記ではこの取引を**資産（現金）が減少**し、**費用（交通費）が増加**したと表現します。 |

| 東京書店で経理の本を1,500円で購入した | → | 書籍代を支払ったので現金が減りました。簿記ではこの取引を**資産（現金）が減少**し、**費用（新聞図書費）が増加**したと表現します。 |

↘ 預金出納帳の内容を簿記の言葉に置き換えよう

| 資本金の20万円を通帳に預け入れた | → | 出資金を受け入れたので普通預金が増えました。簿記ではこの取引を**資産（普通預金）が増加**し、**資本（資本金）も増加**したと表現します。 |

| 普通預金から現金5万円を引き出した | → | 普通預金が減って手持ちの現金が増えました。簿記ではこの取引を**資産（現金）が増加**し、**資産（普通預金）が減少**したと表現します。 |

| 得意先山田商店から売上代金50万円が振り込まれた | → | 得意先に請求する権利が減って普通預金が増えました。簿記ではこの取引を**資産（普通預金）が増加**し、**資産（売掛金）が減少**したと表現します。 |

| 仕入先小野商店へ仕入代金30万円を振り込んだ | → | 仕入先に支払う義務が減って普通預金も減りました。簿記ではこの取引を**資産（普通預金）が減少**し、**負債（買掛金）も減少**したと表現します。 |

117

↘ **得意先元帳の内容を簿記の言葉に置き換えよう**

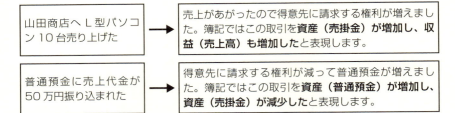

↘ **仕入先元帳の内容を簿記の言葉に置き換えよう**

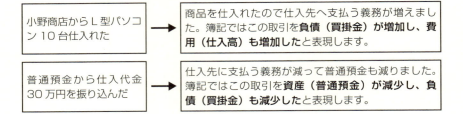

STEP4　仕訳の考え方を理解しよう

　ここまでご理解いただければ仕訳伝票をつけられるようになるまであともう少しです。それでは仕訳伝票のフォームと勘定科目、借方、貸方という簿記の専門用語について見ていくことにしましょう。

　簿記では、取引を仕訳という形式で記録をします。仕訳は、取引を原因と結果という2つの側面に区分して記録する、簿記独特の方法です。借方は、仕訳の左側の記録場所です。貸方は仕訳の右側の記録場所です。借方、貸方の定義は、さまざまな簿記の教科書で解説されていますが、解説の内容はたいへん難解で、結局のところ仕訳の左側が借方、右側が貸方という結論になります。ですから 理屈抜きで仕訳の左側が借方、右側が貸方と覚えてしまってください。

　資産と費用は「借方」に分類される項目です。これらの項目が増加した場合は、「借方」に記入し、減少した場合は「貸方」に記入します。

　一方、負債・資本・収益は「貸方」に分類される項目です。これらの項目が増加した場合は、「貸方」に記入し、減少した場合は「借方」に記入します。

仕訳を記入するフォームが仕訳伝票です。左側に借方の勘定科目と金額、右側に貸方の勘定科目と金額を記入するようになっています。

STEP5　仕訳をしてみよう

STEP4で取引事例を資産や負債などの増減に置き換えてあるので、皆さんはもう取引を仕訳することができるはずです。さっそく取引事例を仕訳してみましょう。

はじめての方は、現金や預金を受け取ったら左側（借方）、支払ったら右側（貸方）に書く……まずはこれだけを覚えてしまいましょう。ほとんどの取引は、現金と預金の受取りと支払いに関連していますので、これを覚えればほとんどの仕訳はできる！　ということになります。

6月8日　資本金の20万円を普通預金に預け入れた

資産（普通預金）が増加した
資本（資本金）が増加した

→

（借方）　　　　　　（貸方）
普通預金 200,000　資本金 200,000

6月8日　普通預金から現金5万円を引き出した

資産（現金）が増加した
資産（普通預金）が減少した

→

（借方）　　　　　　（貸方）
現金 50,000　普通預金 50,000

6月8日　小野商店からL型パソコン10台（@3万円）を仕入れた

費用（仕入高）が発生した
負債（買掛金）が増加した

→

（借方）　　　　　　（貸方）
仕入高 300,000　買掛金 300,000

6月8日　山田商店へL型パソコン10台（@5万円）を売り上げた

資産（売掛金）が増加した
収益（売上高）が発生した

→

（借方）　　　　　　（貸方）
売掛金 500,000　売上高 500,000

6月20日　浦和駅から大宮駅までの電車賃380円を支払った

費用（交通費）が発生した
資産（現金）が減少した

→

（借方）　　　　　　（貸方）
交通費 380　現金 380

6月25日　東京書店で経理の本を1500円で購入した

費用（新聞図書費）が発生した
資産（現金）が減少した

→

（借方）　　　　　　（貸方）
新聞図書費 1,500　現金 1,500

6月30日　普通預金に山田商店から売上代金50万円が振り込まれた

資産（普通預金）が増加した
資産（売掛金）が減少した

→

（借方）　　　　　　（貸方）
普通預金 500,000　売掛金 500,000

6月30日　普通預金から小野商店へ仕入代金30万円を振り込んだ

負債（買掛金）が減少した
資産（普通預金）が減少した

→

（借方）　　　　　　（貸方）
買掛金 300,000　普通預金 300,000

第4章　経理のいろはを学ぶ

↘ 仕訳伝票の作成にチャレンジしよう！（下の伝票に記入してください）

仕　訳　伝　票

年　　月　　日

借　方		摘　要	貸　方	
勘定科目	金　額		勘定科目	金　額
合計			合計	

仕　訳　伝　票

年　　月　　日

借　方		摘　要	貸　方	
勘定科目	金　額		勘定科目	金　額
合計			合計	

仕　訳　伝　票

年　　月　　日

借　方		摘　要	貸　方	
勘定科目	金　額		勘定科目	金　額
合計			合計	

仕　訳　伝　票

年　　月　　日

借　方		摘　要	貸　方	
勘定科目	金　額		勘定科目	金　額
合計			合計	

● 記入結果を確認しよう

仕 訳 伝 票

○○年 6月 8日

借 方		摘 要	貸 方	
勘定科目	金 額		勘定科目	金 額
現　　　金	50,000	普通預金から現金引き出し	普 通 預 金	50,000
普 通 預 金	200,000	資本金を普通預金に預け入れ	資　本　金	200,000
売　掛　金	500,000	山田商店へL型パソコン掛け売り	売　上　高	500,000
仕　入　高	300,000	小野商店からL型パソコン掛け仕入	買　掛　金	300,000
合計	1,050,000		合計	1,050,000

仕 訳 伝 票

○○年 6月 20日

借 方		摘 要	貸 方	
勘定科目	金 額		勘定科目	金 額
交　通　費	380	浦和駅から大宮駅までの電車賃支払い	現　　　金	380
合計	380		合計	380

仕 訳 伝 票

○○年 6月 25日

借 方		摘 要	貸 方	
勘定科目	金 額		勘定科目	金 額
新聞図書費	1,500	東京書店で経理の本購入	現　　　金	1,500
合計	1,500		合計	1,500

仕 訳 伝 票

○○年 6月 30日

借 方		摘 要	貸 方	
勘定科目	金 額		勘定科目	金 額
普 通 預 金	500,000	山田商店より売掛金振込入金	売　掛　金	500,000
買　掛　金	300,000	小野商店へ買掛金振込払い	普 通 預 金	300,000
合計	800,000		合計	800,000

第4章　経理のいろはを学ぶ

❾ 総勘定元帳を付けてみよう

　総勘定元帳の説明に入る前にここまでの帳簿付けの流れを復習しましょう。
会社で行われた取引はまず現金出納帳、預金出納帳、得意先元帳、仕入先元帳
といった補助簿に記入します。次に簿記の考え方に従った形式、つまり資産・
負債・資本・収益・費用の増減に書き換えます。そして勘定科目に分類した上
で、仕訳伝票の借方欄、貸方欄に記入をします。

　ここまでの流れは理解いただけたでしょうか。それではこの項の本題、総勘
定元帳の説明に入ることにしましょう。総勘定元帳は一言をもって評すれば勘
定科目ごとに取引をまとめた帳簿ということができます。総勘定元帳のフォー
ムは④〜⑦で説明した補助簿、つまり現金出納帳や預金出納帳、得意先元帳、
仕入先元帳とほとんど同じです。両者の相違点は補助簿が預金口座や得意先、
仕入先ごとに帳簿を作成するのに対し、総勘定元帳は勘定科目ごとに作成する
だけです。

　総勘定元帳の記入は仕訳伝票の記載内容を参考に行います。仕訳伝票は取引
を総勘定元帳に記入するための指示書のような書類で、総勘定元帳を記入する
のに必要事項が全部記載されています。記入の作業はいうなれば仕訳伝票の指
示に従ってその内容を総勘定元帳に転記することだ、ということができます。

　総勘定元帳の記入は仕訳伝票の作成に比べると本当に簡単です。さっそく6
月20日の仕訳伝票の内容を総勘定元帳に記入してみましょう。

　まずは仕訳伝票から指示内容を読み取ります。

123

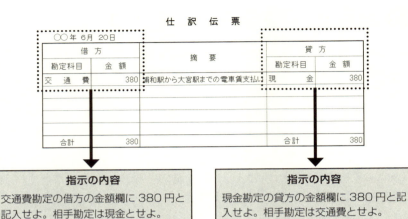

　次に総勘定元帳に取引を指示内容に従って記入します。なお貸方金額欄と差引残高欄の間の欄には、差引残高の金額が借方である場合には「借」を、貸方である場合には「貸」と記入します。現金勘定を例にとって説明しましょう。現金勘定は 6/8 に借方 50,000 円、6/20 に貸方 380 円の取引がありましたので、差引残高は借方の金額であると言うことができます。従って「借」と記入します。

総勘定元帳（現金勘定）

日付	相手勘定	摘　要	借方金額	貸方金額	貸・借	差引残高
○○.6.8	普通預金	普通預金から現金引き出し	50,000		借	50,000
○○.6.20	交通費	浦和－大宮電車賃支払い		380	借	49,620

貸方の指示内容に従って記入する

総勘定元帳（交通費勘定）

日付	相手勘定	摘　要	借方金額	貸方金額	貸・借	差引残高
○○.6.20	現金	浦和－大宮電車賃支払い	380		借	380

借方の指示内容に従って記入する

　総勘定元帳の記入は、仕訳伝票の内容を転記する単純作業であることがおわ

かりいただけたと思います。総勘定元帳は毎月末に締め切り作業を行います。締め切り作業は次のとおりの手順で行います。

STEP1　差引残高を記入する

摘要欄に次月繰越と記入し、月末における差引残高の金額を「借方に残高のある勘定科目は貸方の金額欄」に、「貸方に残高のある勘定科目は借方の金額欄」に記入します。

STEP2　合計線を引く

合計線（1本線）を貸方と借方の金額欄に引きます。

STEP3　合計金額を記入する

借方と貸方の金額欄を合計します。金額が一致することを確認します。

STEP4　締め切り線を引く

合計金額の下に締め切り線（二重線）を引きます。

STEP5　前月繰越を記入する

摘要欄に前月繰越と記入し、月末における差引残高の金額を「借方に残高のある勘定科目は借方の金額欄」に、「貸方に残高のある勘定科目は貸方の金額欄」に記入します。

この帳簿の締め切り作業には、差引残高の計算に誤りがないか検算する大切な役割があります。簿記独特の検算方法ですがここでしっかり押さえておきましょう。

　それでは前項の仕訳伝票の内容を総勘定元帳に転記し、月次締め切り作業を行いましょう。頭でわかったつもりでいても、いざ実際にやってみるとできないのが帳簿付けです。記入用フォームを用意しましたので、鉛筆と電卓を用意して、実際に書き入れてみましょう。帳簿付けは、手を動かすことではじめて身につけることができます！

第4章　経理のいろはを学ぶ

⬎ 総勘定元帳の作成にチャレンジしよう！（下の元帳に記入してください）

総勘定元帳（現金勘定）

日付	相手勘定	摘　要	借方金額	貸方金額	貸・借	差引残高

総勘定元帳（普通預金勘定）

日付	相手勘定	摘　要	借方金額	貸方金額	貸・借	差引残高

総勘定元帳（売掛金勘定）

日付	相手勘定	摘　要	借方金額	貸方金額	貸・借	差引残高

総勘定元帳（買掛金勘定）

日付	相手勘定	摘　要	借方金額	貸方金額	貸・借	差引残高

総勘定元帳（資本金勘定）

日付	相手勘定	摘　要	借方金額	貸方金額	貸・借	差引残高

総勘定元帳（売上高勘定）

日付	相手勘定	摘　要	借方金額	貸方金額	貸・借	差引残高

総勘定元帳（仕入高勘定）

日付	相手勘定	摘　要	借方金額	貸方金額	貸・借	差引残高

総勘定元帳（交通費勘定）

日付	相手勘定	摘　要	借方金額	貸方金額	貸・借	差引残高

総勘定元帳（新聞図書費勘定）

日付	相手勘定	摘　要	借方金額	貸方金額	貸・借	差引残高

第4章　経理のいろはを学ぶ

　記入は終わりましたか。締め切りの仕方、繰越金額の記入は正しくできていますか。また借方・貸方の記入も正しくできていますか。間違いやすいところなのでもう一度チェックしてください。チェックが終わったら、次に掲載した答えと一致しているか確認しましょう。

総勘定元帳（現金勘定）

日付	相手勘定	摘　要	借方金額	貸方金額	貸・借	差引残高
○○.6.8	普通預金	普通預金から現金引き出し	50,000		借	50,000
○○.6.20	交通費	浦和－大宮電車賃支払い		380	借	49,620
○○.6.25	新聞図書費	東京書店で経理の本購入		1,500	借	48,120
○○.6.30		次月繰越		48,120		
			50,000	50,000		
○○.7.1		前月繰越	48,120		借	48,120

総勘定元帳（普通預金勘定）

日付	相手勘定	摘　要	借方金額	貸方金額	貸・借	差引残高
○○.6.8	資本金	資本金を普通預金預け入れ	200,000		借	200,000
○○.6.8	現金	普通預金から現金引き出し		50,000	借	150,000
○○.6.30	売掛金	山田商店より売掛金入金	500,000		借	650,000
○○.6.30	買掛金	小野商店へ買掛金支払い		300,000	借	350,000
○○.6.30		次月繰越		350,000		
			700,000	700,000		
○○.7.1		前月繰越	350,000		借	350,000

総勘定元帳（売掛金勘定）

日付	相手勘定	摘　要	借方金額	貸方金額	貸・借	差引残高
○○.6.8	売上高	山田商店へL型パソコン売上	500,000		借	500,000
○○.6.30	普通預金	山田商店より売掛金入金		500,000		0
○○.6.30		次月繰越	0			
			500,000	500,000		
○○.7.1		前月繰越		0	借	0

総勘定元帳（買掛金勘定）

日付	相手勘定	摘　要	借方金額	貸方金額	貸・借	差引残高
○○.6.8	仕入高	小野商店よりL型パソコン仕入		300,000	貸	300,000
○○.6.30	普通預金	小野商店へ買掛金支払い	300,000			0
○○.6.30		次月繰越	0			
			300,000	300,000		
○○.7.1		前月繰越		0	貸	0

129

総勘定元帳（資本金勘定）

日付	相手勘定	摘要	借方金額	貸方金額	貸・借	差引残高
○○.6.8	普通預金	資本金預け入れ		200,000	貸	200,000
○○.6.30		次月繰越	200,000			
			200,000	200,000		
○○.7.1		前月繰越		200,000	貸	200,000

総勘定元帳（売上高勘定）

日付	相手勘定	摘要	借方金額	貸方金額	貸・借	差引残高
○○.6.8	売掛金	山田商店へL型パソコン売上		500,000	貸	500,000
○○.6.30		次月繰越	500,000			
			500,000	500,000		
○○.7.1		前月繰越		500,000	貸	500,000

総勘定元帳（仕入高勘定）

日付	相手勘定	摘要	借方金額	貸方金額	貸・借	差引残高
○○.6.8	買掛金	小野商店よりL型パソコン仕入	300,000		借	300,000
○○.6.30		次月繰越		300,000		
			300,000	300,000		
○○.7.1		前月繰越	300,000		借	300,000

総勘定元帳（交通費勘定）

日付	相手勘定	摘要	借方金額	貸方金額	貸・借	差引残高
○○.6.20	現金	浦和−大宮電車賃支払い	380		借	380
○○.6.30		次月繰越		380		
			380	380		
○○.7.1		前月繰越	380		借	380

総勘定元帳（新聞図書費勘定）

日付	相手勘定	摘要	借方金額	貸方金額	貸・借	差引残高
○○.6.25	現金	東京書店で経理の本購入	1,500		借	1,500
○○.6.30		次月繰越		1,500		
			1,500	1,500		
○○.7.1		前月繰越	1,500		借	1,500

第4章　経理のいろはを学ぶ

⓾ 試算表を作成してみよう

　総勘定元帳の締め切り作業がおわったら、いよいよ試算表作成の作業にとり
かかりましょう。試算表の作成作業は今までの帳簿付けの結果を取り纏める作
業である！　といっても良いでしょう。いうなれば帳簿付けの締めの作業です。

　試算表は総勘定元帳の残高を一覧にした表です。試算表のフォームは次の図
のとおり、真ん中の列に勘定科目を、その左側の列に借方の差引残高を、右側
の列に貸方の差引残高を記入するようになっています。試算表は各勘定科目の
残高が一覧となっているので、現金や普通預金の残高がいくらあるのか、資本
金や借入金の残高はどのくらいか、売上はいくらあがっているのか、仕入や交
通費などの費用はいくらかかっているのか、などの情報を簡単に読み取ること
ができます。これらの情報は会社経営をするのに不可欠なことばかりですね。
試算表は経営情報の宝庫である！　といっても良いでしょう。

　試算表の作成は、総勘定元帳から差引残高を転記するだけなので、難しい作
業ではありません。仕訳伝票から総勘定元帳を作成するのと同様にとても簡単
な作業です。前項で作成した現金と資本金の総勘定元帳の数字を試算表に転記
してみましょう。まずは現金勘定の総勘定元帳をみてください。差引残高は借
方で 48,120 円となっています。試算表の現金勘定の左側（借方）の金額欄に
48,120 円と記入します。次に資本金勘定の総勘定元帳をみてください。差引残
高は貸方で 200,000 円となっています。試算表の資本金勘定の右側（貸方）の
金額欄に 200,000 円と記入します。

131

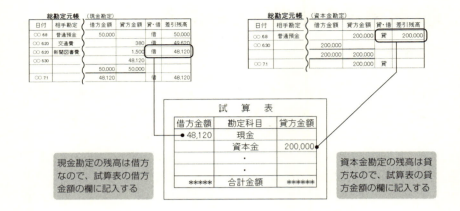

　この要領で、すべての勘定科目の金額を転記します。なお勘定科目は、資産 → 負債 → 資本 → 収益 → 費用の順番で記載するルールになっていますので覚えておきましょう。金額の転記が終わったら、借方欄、貸方欄の金額を合計します。合計金額は必ず一致します。もし一致しなかったら、総勘定元帳の作成や試算表への転記作業のどこかにミスがあるはずです。もういちど見直しをして、どこにミスがあるのか探してください。

　それでは、前項の総勘定元帳の内容を試算表に転記してみましょう。総勘定元帳のところと同様に記入用フォームを用意しました。実際に書き入れることで、試算表作成をマスターしましょう。

第4章　経理のいろはを学ぶ

↘ 試算表の作成にチャレンジしよう！

試　算　表

借方金額	勘定科目	貸方金額
	現金	
	普通預金	
	売掛金	
	買掛金	
	資本金	
	売上高	
	仕入高	
	交通費	
	新聞図書費	
	合計金額	

　記入は終わりましたか。勘定科目の差引残高が借方のときは借方金額欄に、貸方のときは貸方金額欄に記入していますか。合計金額は一致していますか。間違えやすいところなのでもう一度チェックしてください。チェックが終わったら、次に掲載した答えと一致しているか確認しましょう。

133

試 算 表

借方金額	勘定科目	貸方金額
48,120	現金	
350,000	普通預金	
0	売掛金	
	買掛金	0
	資本金	200,000
	売上高	500,000
300,000	仕入高	
380	交通費	
1,500	新聞図書費	
700,000	合計金額	700,000

⑪ 貸借対照表と損益計算書を 作成してみよう

　いよいよ「経理のいろはを学ぶ」の最後の項目になりました。ここで何のために帳簿を付けるのか、つまり帳簿付けの目的についてもう一度確認しておきましょう。帳簿を付ける目的は、タイムリーに会社の財政状況や経営成績を把握することにあります。これから作成方法を学ぶ貸借対照表と損益計算書はまさに財政状況と経営成績を表した書類です。帳簿付けの目的を達成するためにも、ここで貸借対照表と損益計算書の見方や作成方法をしっかりとマスターしておきましょう。

　貸借対照表は資産と負債・資本のバランスをまとめた書類で、会社の財政状況を読み取ることができます。損益計算書は売上などの収益から仕入や交通費などの費用を差し引いて利益を計算する書類で、会社の経営成績を読み取ることができます。

　貸借対照表と損益計算書は、このように会社経営を行っていく上で欠かせない情報が記載された書類ですが、経理が苦手な社長さんにとっては、ただ数

第4章　経理のいろはを学ぶ

字がならんでいるだけの不可解な書類に見えるようです。実際、私のところにもたくさんの社長さんから「貸借対照表と損益計算書の見方がわからない」という相談があります。また「決算書がすぐわかる……」という手の本をいろいろ読んでみたけど、一瞬わかった気になっただけで、実はよくわからないという話もよく聞きます。

「貸借対照表と損益計算書を理解することができる方法を教えてほしい……」このような相談を受けると、私はいつも簡単な取引事例をもとに、社長さんと一緒に貸借対照表と損益計算書を作成することにしています。貸借対照表には会社の財政状況を表すと同時に会社の利益を財産の状態から計算する機能があります。損益計算書には会社の経営状況を表すと同時に会社の利益を損益の状況から計算する機能があります。貸借対照表と損益計算書を理解する上で大切なことは、まず利益計算の考え方を理解することにあります。

　まずは簡単な取引事例における利益を皆さんの自己流のやり方で計算してみましょう。その利益の金額と貸借対照表と損益計算書から導き出された利益が一致したとき、本当の意味で貸借対照表と損益計算書が理解できるようになります。なんだ！　こんな意味だったのか、と思うはずです。

　次の事例をもとに貸借対照表と損益計算書を作成してみましょう。

↘ 事例

> 現金20万円を出資して会社を設立しました。10万円で商品を仕入れたところ、すぐに40万円で売却できました。

　まずは「自己流」、つまり「自然体」で利益を計算してみましょう。10万円で仕入れた商品が40万円で売れたのですから、40万円から10万円を差し引いた30万円が利益の金額となります。ほとんどの方はこの方法で利益を計算したと思います。

　それでは損益計算書の利益計算の方法について説明しましょう。貸借対照表より先に損益計算書の利益計算の方法を説明するのは、なんと言っても損益計算書の利益計算の考え方のほうが簡単に理解できるからです。「自己流」「自然

135

体」に利益を計算するのと同じ方法です。

　売上（収益）から仕入や交通費などの費用を差し引いて利益を計算する、これが損益計算書における利益計算の方法です。損益計算書の利益計算の方法を算式で表すと収益 − 費用 ＝ 利益となります。損益計算書では、この数式を収益 ＝ 費用 + 利益と置き換え、次の図のように、左側に費用と利益の金額、右側に収益の金額を記入する形式で表示します。さきほどの事例から損益計算書を作成すると次のようになります。売上から費用を差し引いて利益を計算する……拍子抜けするほど簡単な利益計算の仕組みです。

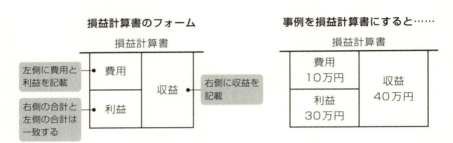

　次に貸借対照表の利益計算の方法について説明しましょう。貸借対照表では財産の状況から利益を計算します。
　ここで話題を切り替えて、2つの質問をしたいと思います。

質問1　商売をして儲かると財産は増えますか・・・YES／NO
質問2　商売をして損すると財産は減りますか・・・YES／NO

　質問1と質問2の答えはもちろん両方とも YES ですよね。ここさえ押さえられれば、貸借対照表の利益計算の仕組みは理解できたのも同然です。商売で儲かると財産が増える、商売で損すると財産が減る、貸借対照表の利益計算の方法は、ここに注目して利益を計算する方法だからです。
　先ほどの事例の現金の動きを確認しておきましょう。

第4章　経理のいろはを学ぶ

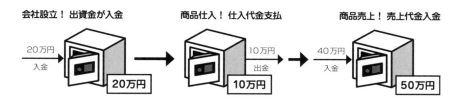

　株主の出資金が、商品の売買（商売）をしたことで、20万円から50万円に増えました。増えた30万円が利益ということになります。貸借対照表では金庫のお金（資産）から株主からの出資金（資本）を差し引いて商売であげた利益を計算します。

　貸借対照表の利益計算の方法を算式で表すと資産 − 負債 − 資本 ＝ 利益となります。貸借対照表では、この数式を資産 ＝ 負債 ＋ 資本 ＋ 利益と置き換え、次の図のように、左側に資産、右側に負債、資本、利益の金額を記入する形式で表示します。さきほどの事例から貸借対照表を作成すると次のようになります。

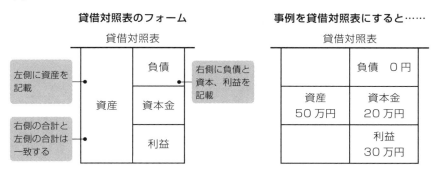

　損益計算書と貸借対照表で利益を計算する仕組みはご理解いただけたでしょうか。さてここからは前項で作成した試算表から貸借対照表と損益計算書を作成する作業について説明をします。実を言うと、これから説明する試算表から貸借対照表と損益計算書を作成する作業はとても簡単です。試算表を2つに分解するだけの作業だからです。

　長々と説明を読ませたあとで何だ！　と言われてしまいそうですが、皆さんに基本原理を理解いただくために説明してきたわけですから、ご理解ください。

それではさっそく、試算表を分解して貸借対照表と損益計算書を作成してみましょう。試算表の借方、つまり左側には資産と費用の勘定科目が記載されています。資産の勘定科目は貸借対照表に、費用の勘定科目は損益計算書に転記しましょう。試算表の貸方、つまり右側には負債と資本、収益の勘定科目が記載されています。負債と資本の勘定科目は貸借対照表に、収益の勘定科目は損益計算書に転記しましょう。右側は右側に、左側は左側に転記する、作業はこれだけです。簡単でしょう。ここでわかるように試算表には貸借対照表と損益計算書を作成するための準備書類としての役割もあるのです。

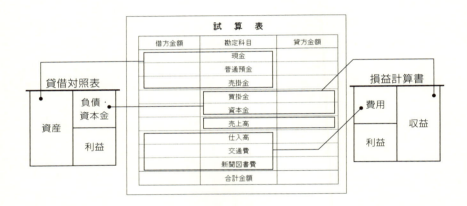

それでは、前項の試算表から貸借対照表と損益計算書を作成してみましょう。前項と同様に記入用フォームを用意しました。実際に記入することで、貸借対照表と損益計算書の作成をマスターすることができます！

第4章　経理のいろはを学ぶ

■ 決算書の作成にチャレンジしよう！

貸借対照表			
借　方		貸　方	
勘定科目	金額	勘定科目	金額
合計金額		合計金額	

損益計算書			
借　方		貸　方	
勘定科目	金額	勘定科目	金額
合計金額		合計金額	

　記入は終わりましたか。転記に間違えはありませんか。貸方と借方の差額が利益の金額です。貸借対照表と損益計算書の利益の金額は一致していますか。合計金額は計算しましたか。チェックがすんだら、次に掲載した答えと一致しているか確認しましょう。

貸借対照表			
借　方		貸　方	
勘定科目	金額	勘定科目	金額
現金	48,120	買掛金	0
普通預金	350,000	資本金	200,000
売掛金	0	利益	198,120
合計金額	398,120	合計金額	398,120

損益計算書			
借　方		貸　方	
勘定科目	金額	勘定科目	金額
仕入高	300,000	売上高	500,000
交通費	380		
新聞図書費	1,500		
利益	198,120		
合計金額	500,000	合計金額	500,000

139

第 5 章

IT時代の経理事務

起業したら経理から逃れられない

会社で行うべき経理事務とは

ITを活用して経理事務をこなす!

IT時代の会計事務所の選び方

❶ 起業したら経理から逃れられない

　本書を手にとっていただいている皆さんは、資本金を集め、会社を設立し、取引先への挨拶を済ませ、起業家への第一歩を踏み出されていることと思います。起業家である皆さんの頭の中は、将来の会社のこと、営業のことでいっぱいでしょうか。会社がスタートすると同時に、やるべき経理事務も山のように発生してきます。起業される社長さんのほとんどは、営業畑、技術畑の出身で、経理事務はわからない、苦手という方が多いのではないでしょうか。

　サラリーマンの時代であれば、会社に経理部や総務部といった事務を行う専門の部署があり、そこで知らないうちに事務をこなしていてくれています。営業、技術の道にまっしぐらであっても、経理事務に無頓着であっても、全く問題はなかったことでしょう。

　しかし起業をすると、そのように無頓着では済まされません。自分自身の経理事務の知識が少ない状況でも、経理部や総務部といった組織が無い状況でも、管理部門にかけられる予算が少ない状況でも、なんとかこなしていかなければならないのです。

　決算は年に一度、必ずやってきます。会社を立ちあげるのに夢中で、経理事務を放っておくと、そのとき、大変な思いをすることになるでしょう。決算の間際になって駆け込んだ会計事務所に、一年間の資料をダンボールに詰め込んで渡しても、決してうまくはいきません。資料を受け取る側の私（会計事務所の経営者）がいうのですから、間違いはありません。起業をしたら経理事務から逃れることはできない……と腹をくくっていただいた方が良いでしょう。

❷ 会社で行うべき経理事務とは

　それではまずは、会社で行うべき主な経理事務について具体的に説明していくことにしましょう。

⑴日々のお金の動きにかかる経理事務

　会社が動き出すと、交通費の支払、事務消耗品の購入、切手や葉書の購入と

第5章　IT時代の経理事務

いった諸経費の支払が発生しますね。また銀行の預金通帳にも、得意先からの売上代金の振込があったり、仕入先への仕入代金の振り込み払いがあったりと、入出金の動きが発生しますね。

これらの日々のお金の動きについては、次の経理事務を行う必要があります。

・お金の動きを現金出納帳や預金出納帳に記帳する
・領収書や請求書といった出金の根拠となる書類（証憑書類）を整理し、保管する

(2)売上にかかる経理事務

得意先への商品の販売に伴い、次の経理事務が発生します。これらの事務は営業事務と呼ばれています。

・商品の納品時に納品書を発行し、売上を得意先元帳に記帳します。
　また商品の出庫を商品台帳に記帳します。
　そして納品書の控えを保管します。
・締め日に一ヶ月間の取引をまとめ、得意先に請求書を発行します。
　そして請求書の控えを保管します。
・支払日に得意先からの入金を確認します。入金があった場合は、得意先元帳に入金額を記帳します。期限までに入金がなかった得意先には、再請求書を発行するなどの督促を行います。

(3)月末の支払いにかかる経理事務

月末などの支払日には次の支払い義務があります。

仕入先などへの支払は、仕入の都度に支払うのでは無く、締日を定め、月末などの支払日にまとめて支払います。

・商品の仕入時に納品書をもとに仕入先元帳に記帳し、納品書を整理保管します。
　また入庫した商品の数量等を商品台帳に記帳します。
・仕入先などから郵送されてきた請求書の内容が、納品書の内容と一致している

143

かを確認します。また各社の請求書をとりまとめ支払一覧表を作成します。

・支払一覧表をもとに振込依頼書を作成し、銀行口座から支払を行います。請求書、振込依頼書を整理保管し、支払内容を預金出納帳、仕入先元帳に記帳します。

　仕入先への支払の他にも、家賃や公共料金、顧問料などもまとめて支払います。これらの支払によって、現金出納帳、普通預金出納帳への記入が必要になります。

　少し前までは小切手や現金で支払われることが多かったのですが、最近はほとんどが銀行振込になりました。小切手を切ったり、現金を用意したりといった経理事務がなくなり、ずいぶんと事務負担が軽減されました。

(4)給与計算にかかる経理事務

　まだ起業したばかりで、自分（社長自身）とアルバイトで切り盛りしている会社の経営者の皆さんは、この給与計算事務はまだ関係がないと思われた方も多いのではないでしょうか。

　しかし、社長に報酬を支払っても、アルバイトに給与を支払っても、給与計算にかかる経理事務は発生しますので注意が必要です。給料を支払うという意味においては、社長（役員）も、アルバイトも、パートも、社員と同じ扱いとなり、給与計算にかかる経理事務は発生するのです。

・給料を支払う前に、給料の支払いを受けるもの（役員、社員、パート、アルバイトなど）に「給与所得者の扶養控除等（異動）申告書」を配布し、扶養者や配偶者のなどの状況を記入してもらいます。

・「給与所得者の扶養控除等（異動）申告書」の記載内容に基づき、源泉税額を計算します。また厚生年金や健康保険、雇用保険などの本人負担分の計算をします。

・毎月の給与計算において、次の書類を作成します。

・給与明細書を作成し、給与受給者に渡します。

・賃金台帳・源泉徴収簿（給与受給者毎に各月の給料の支払明細を記載する書類）に記入します。

第5章　IT時代の経理事務

・給与支給控除一覧表（月毎に給与受給者の支払明細を記載する書類）を作成します。

・給与から天引きした源泉所得税について、源泉税納付書（給与所得・退職所得等の所得税徴収高計算書）を作成し、原則として翌月10日までに納付します。
また天引きした住民税がある場合には、各市町村に原則として翌月10日までに納付します。

・毎年7月には社会保険に関する事務（算定基礎届の作成など）を行います

・毎年12月には所得税に関する事務（年末調整など）を行います

・毎年1月には住民税に関する事務（給与支払報告書の作成など）を行います。

❸ ＩＴを活用して経理事務をこなす！

　前項に記載したのはあくまでも主な経理事務だけです。これだけでも読むだけでウンザリするほどのボリュームだと思います。

　起業時からある程度の規模があり、財政的に余裕がある会社では、経理や総務の専任者を雇用することもできることでしょう。また会計事務所や専門業者に経理部門そのものをアウトソーシングすることもできることでしょう。

　しかしながら、失礼ながら本書を読んでいただいている起業家の皆さんの会社ではそのような余裕がない方も多いことでしょうから、創意と工夫を重ね、乗り切っていくしかありません。乗り切るためのポイントはどこにあるでしょうか？

　答えは経理事務用のアプリなどのＩＴの活用です。最近の経理事務用のアプリは使い勝手も工夫されているので、経理を専門的に勉強したことがない方でも、ある程度のレベルの経理事務ができるようになっているのです。

　私のような中高年の世代（本書執筆時に60歳）は、キーボードについてアレルギーがある方が多く、どうしても手書きに走ってしまいがちです。

　子供のころからスマホやゲームに親しんだ現代っ子は、逆に手書きが苦手です。中高年の世代の起業家は、この点、特に気をつけなければなりません。若い世代にとっては「手書きは楽、キーボードは苦手」ではないのです。

145

さきほど説明した経理事務について、アプリの活用方法を具体的にみていくことにしましょう。

(1)日々のお金の動きにかかる経理事務

　現金や預金の出納帳は文具店などで販売されています。この出納帳は家計簿のような様式で、直感的に作成することができます。経理の知識がなくても作成できるので、これらを利用してしまうケースも多いのですが、次の理由から会計ソフトを利用することをお薦めします。

　・会計アプリでは残高等を自動計算してくれる
　→手書きの場合は電卓、ソロバンで計算
　・会計アプリの出納帳入力を活用
　→帳簿入力の機能が用意されている会計アプリを選択すれば、手書きと同
　　じ要領で入力することができます。

(2)売上や仕入にかかる経理事務

　請求書の用紙、得意先元帳、仕入先元帳、商品受払帳などは文具店などで販売されています。これらを利用して手書きで行うことも可能ですが、次の理由から販売仕入管理アプリを利用することをお薦めします。

　・プリンターで印字された請求書を発行できる
　→今の時代、ほとんどの請求書はプリンターで印字されています。手書きの請求
　　書でダメということではありませんが、得意先の印象は印字されているもの
　　方が良いようです。
　・販売仕入管理アプリでは帳簿が自動作成される
　→請求書の作成と同時に、得意先元帳や商品台帳が自動的に作成でき、また商品
　　の納入を入力すると、仕入先元帳や商品台帳も自動的に作成できます。事務
　　負担を大幅に軽減することができます。

第5章　IT時代の経理事務

⑶給与計算にかかる経理事務

　給与明細書、賃金台帳などは文具店などで販売されています。これらを利用して 手書きで行うことも可能ですが、次の理由から給与計算アプリを利用することをお薦めします。

・プリンターで印字された給与明細書を発行できる

→今の時代、ほとんどの給与明細書はプリンターで印字されています。手書きの明細書でダメということではありませんが、社員さんの印象は印字されているもの方が良いようです。

・源泉税の計算等が自動計算される

→面倒な源泉税の計算や支給額の計算が自動計算できます。また給与計算と同時に、賃金台帳、源泉徴収簿、給与支給控除一覧表が自動的に作成でき、事務負担を大幅に軽減することができます。

❹　IT時代の会計事務所の選び方

　会社は決算日から2ヶ月以内に決算内容をとりまとめ、税務署に法人税の申告書を提出しなければなりません。起業したての会社では、次のようなやり方（言うなればダンボール経理）で、決算書や申告書を作成しているケースが多いのではないでしょうか。

・申告期限が近づいてくると、ダンボールに領収書や請求書、通帳などの経理資料を詰めて会計事務所に引き渡します。3月決算の会社を例に説明すると、申告書の提出期限は5月末になりますので、連休中に箱詰めをし、連休明けに会計事務所に渡す、といったイメージです。

・会計事務所では、まずダンボールに詰められた資料を整理します。不足資料があれば会社に請求し、資料だけでわからないことがあれば会社に問い合わせを行います。

・会計事務所では資料の整理と平行して、会計事務所の会計アプリ（会計ソフト）

147

に取引を入力します。
・ある程度、取りまとめが完了したら、会社と会計事務所で打ちあわせを行い、決算内容の確認を行います。
・会計事務所で、会計事務所の会計アプリ（ソフト）で、仕訳帳や総勘定元帳などの会計帳簿を作成します。また決算書や税務申告書を作成します。

ダンボールの資料のみで経理を依頼するケースのフロー

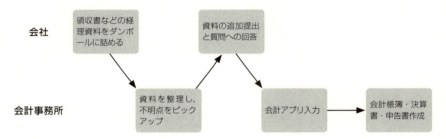

　会社の事業規模が小さく、取引が単純で件数が少ないうちは、このやり方でもできないことはありません。

　しかし、企業規模が大きくなるのに伴い、取引が複雑化し、件数が多くなってきます。そうすると会計事務所サイドで、経理資料の整理や分析に時間がかかるようになり、また会社への質問の件数も多くなります。会社サイドでも質問に答えるのに手間がかかるようになってしまいます。

　決算日から申告書の提出までの期間は2カ月しかありません。このように期間も限られたなか、たくさんの「質問→回答」が必要な方法では、会社においても、会計事務所においても負担が大きくなり、いずれうまくいかなくなってしまうはずです。

　またこの方法は、会社では帳簿付けを一切おこなわず、会計事務所に委託するやり方です。この方法を採用している社長さんはたぶん次のような考え方を持っているのだと思います。「経理は専門家にまかせた方がいい。昔から餅は餅屋に……と言うだろ」

　確かにそのような考え方もあるとは思いますが……でもこのやり方では、大切な自分の会社のお金の管理を人任せにすることになってしまいます。お金の

動きの管理ができない会社はどんぶり勘定となってしまい会社を発展させることができません。また、決算までどのくらい利益が出ているのか、売上や経費がどのくらいかかっているのか全くわからないのでは、大海原を羅針盤なしに航海するようなものです。

そこで会社の事業規模が大きくなってくると、会社サイドにおいて現金や預金の出納帳や売上や仕入の集計表し、会計事務所に資料を渡す、という流れに移行するのが大切になってきます。

これらの帳簿や集計表は、手書きのメモ程度のケースもありますし、市販の出納帳などに手書きし、Excelでフォームを作って作成している場合もあります。

また最近、増えてきたのは、前項で説明をした会計アプリ、販売仕入管理アプリ、給与計算アプリを会社で導入し、これらのソフトを使って経理資料を作成し会計事務所に渡す、というやり方です。

会社である程度整理して経理を依頼するケースのフロー

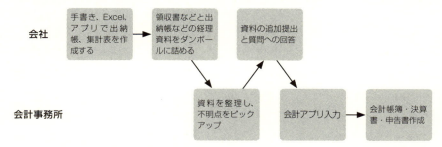

ダンボールの資料のみで経理を依頼するケースに比べると、出納帳や集計表で経理の動きが整理されているので、会計事務所サイドにおける不明点が大幅に減少するので、スムーズに決算書や申告書の作成ができるようになります。

特に会社において、会計アプリ、販売仕入管理アプリ、給与計算アプリを使用しているケースでは、計算ミス等がなく、また会計事務所サイドで作業に必要な資料も整っているので、とてもスムーズになります。また前項で説明したとおり、会社における入力も大変簡単です。このようなことから、多くの会社でこのやり方が取り入れられています。

この方法は多くの会社で採用されていることから証明されているとおり、大変合理的なフローです。しかし、もっと合理的なフローがあるのです。このフローをじっくりと眺めてみてください。きっと大きな無駄が潜んでいるのが見えてくることでしょう。それは、会計アプリへの入力が、会社サイドと会計事務所サイドで二重に行われていることです。一つの取引をまず会社で「会社の会計アプリ」に入力し、その入力内容を会計事務所で「会計事務所の会計アプリ」に入力する、まさに二重作業、無駄な作業ですね。
　会社で入力した会計データを、会計事務所で使い回すことができれば、二重作業が解消できます。その結果、会計事務所の事務作業が減少するので、決算が早くおわり、また会計事務所へ支払う報酬も安くなることでしょう。
　フローにすると次のとおりになります。ずいぶんとすっきりしましたね。

↘ 会計データを使い回すケースのフロー

　長々と説明してきましたが、本項のテーマ、「ＩＴ時代の会計事務所の選び方」の結論はここにあります。つまり、現在のようなＩＴ時代においては、会計アプリを使いこなせる会計事務所を選択することが大切になるということです。
　会計事務所を選択するときには、会計事務所の税に関する知識の深さ、社長と税理士・公認会計士との相性、信頼関係など、他にも大切なことがあると思いますが、「会計アプリを使いこなせる会計事務所」という点も考慮に入れると良いでしょう。
　ＩＴに強い会計事務所であれば、会社で導入した会計アプリ、販売仕入管理アプリ、給与計算アプリの設定や使用方法についてのアドバイスもしてくれることと思います。

第6章

会計アプリは必要なのか?

帳簿付けには会計アプリを使おう!

会計アプリ選びのチェックポイント

インストールして会社情報を設定しよう

消費税の設定をしよう

5つの入力項目を理解しよう

仕訳入力画面を使ってみよう

帳簿入力画面を使ってみよう

❶ 帳簿付けには会計アプリを使おう！

　第4章では帳簿付けの方法から貸借対照表・損益計算書の作成までの流れや考え方について学んでいただきました。ここからはいよいよ帳簿付けの実務的な説明に入ります。小さな会社で実際に行われている帳簿付けのパターンを紹介しながら、それぞれの方法のメリット・デメリットについて説明をしていきたいと思います。

↘パターン1　会計事務所に全部任せる

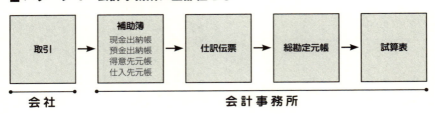

　会社では帳簿付けを一切行わず、会計事務所に委託するやり方です。この方法を採用している社長さんはたぶん「経理は専門家に任せた方がいい。昔から餅は餅屋に……と言うだろ」といった考え方を持っているのだと思います。
　確かにそのような考え方もあるとは思いますが……でもこのやり方では、大切な自分の会社のお金の管理を人任せにすることになってしまいます。お金の動きの管理ができない会社は、どんぶり勘定となってしまい会社を発展させることができません。

↘パターン2　補助簿だけを会社で作成する

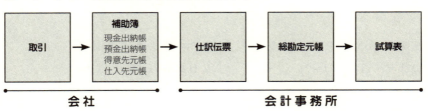

補助簿の記入だけを会社で行い、仕訳伝票から試算表の作成までの作業を会計事務所に委託するやり方です。このやり方は経理を専門に担当する人がいない会社で多く取り入れられています。補助簿は家計簿のように簡単につけられるので、経理を専門に担当しない人(簿記がわからない人)でもつけることができます。補助簿を会社でつけることによって、現金や預金、得意先、仕入先との取引といった重要な動きを自分で管理でき、パターン1のようにどんぶり勘定にはなりません。

ただし、補助簿を会計事務所に渡す、会計事務所でコンピュータに入力する、会計事務所から試算表が届く……というように何段階もの作業を必要とするので、試算表が出来上がるまでかなりの時間がかかってしまいます。従って、月が変わったらすぐに試算表で数字をチェックしたい、ということまでは対応できません。また会計事務所に記帳の報酬を支払わなくてはなりません。

▶パターン3　会計アプリを使って会社で全部作成する

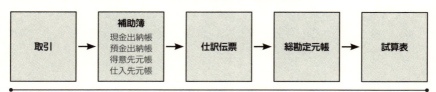

会計アプリを使って、補助簿から試算表の作成までを会社で行うやり方です。パソコンやアプリの値段が下がり、なおかつ使いやすくなっているので、このやり方で帳簿付けをする会社がとても増えてきました。10年ほど前までは、パソコンに40万円、プリンターに10万円、アプリに20万円、つまり合計で70万円もかかりましたが、今ではパソコンに10万円、プリンターに2万円、アプリに5万円、つまり合計で17万円といったところでしょうか。もちろんパソコンとプリンターはワープロ、インターネット、メールなど他の業務にも使用できます。

会計アプリに取引を入力すると、コンピュータがあっという間に転記や集計を行い、総勘定元帳から試算表まで自動的に作成してしまいます。パターン2

のように、試算表が会計事務所から届くのを待つ必要はありません。月次決算、さらに発展させて日次決算をすることもできます。また費用面でも、月々の会計事務所へ支払う記帳代行料を節約することができます。

「すぐに試算表を見ることができて、費用も節約できるのはわかった。でもうちの会社には仕訳をできる人がいないから、会計アプリを使って帳簿付けをすることはできない」と思っている方もいらっしゃることと思います。しかしその心配は無用です。会計アプリには補助簿を付ける要領で取引を入力できる方法が用意されているからです。その方法は⑦帳簿の入力画面を使ってみよう のところで説明します。参考にしてください。

　会社で実際に行われている帳簿付けのパターンを３つ紹介しましたが、もうどのパターンが良いのかお気付きですよね。経営にスピードとコスト削減が必要とされる今、帳簿付けに会計アプリを使う会社が主流となっています。会計アプリを使って帳簿付けをするのは常識である、といっても過言ではない時代になりました。ここからの説明は、会計アプリを使って帳簿付けをすることを前提に、仕訳がわからない方でもできるよう、できるだけわかりやすく、実務的に行っていくことにします。

❷ 会計アプリ選びのチェックポイント

　量販店の業務用アプリ売り場には、さまざまなメーカーの会計アプリがたくさん並んでいます。大切な経理業務に使う、これから毎日お付き合いするアプリを選ぶのですから、どれを選んだら良いのか、本当に迷ってしまうことでしょう。

　値段もいろいろです。千円台のものから数十万円のものまであります。値段は安い方が良いのに決まっていますが、安物買いの銭失い、にはなりたくないですね。そこで、まずチェックしたいのが会計アプリの機能です。実務上よく使われる機能をピックアップしました。本書でもこれらの機能を活用した経理のやり方を紹介しています。

第6章　会計アプリは必要なのか？

POINT1　補助科目を設定できる

　勘定科目の子科目が設定できる機能です。この機能を使うと預金を口座別に管理をする、売掛金を得意先別に管理するなど、勘定科目の明細管理を簡単にすることができます。

POINT2　帳簿入力できる

　補助簿を付ける要領で入力ができる機能です。現金出納帳などの補助簿は仕訳や簿記の知識がなくても付けることができます。つまりこの機能を使うと、仕訳や簿記に自信がない方でも会計アプリの入力ができる……ということになります。経理を専門に担当する人がいない会社には必須の機能です。

POINT3　帳票を Excel に転送できる

　試算表や総勘定元帳などの帳票を会計アプリから Excel に転送する機能です。Excel で帳票を見やすい形式に変更したり、会計アプリの機能にない集計表や帳票を作成したりすることができます。

POINT4　部門別計算ができる

　売上や経費を部門ごとに集計し、損益を計算する機能です。支店別、地域別、担当者別など、詳細な損益管理をすることができます。

POINT5　消費税の計算ができる

　消費税の集計や申告書の作成ができる機能です。決算のとき、消費税の申告のための資料を作成する必要がなくなります。

POINT6　フィンテックに対応している

　銀行の口座データを取り込んで、仕訳を自動的に作成することができる機能です。仕訳の入力の手間を大幅に軽減することができます。

POINT7　クラウドに対応している

　クラウドに対応していれば、会社と会計事務所でデータを一元化できます。

155

会社の会計データを会計事務所にリアルタイムで確認してもらったり、訂正してもらうことも可能になります。

　各メーカーでは、会計アプリのデモ版を無料で配布しています。デモ版は機能や使用期間などに一部制限がかけられていますが、取引の入力など基本的な機能は使用することができます。購入前にデモ版を入手し、使い勝手や機能を自分の手で確かめてみましょう。買ってから失敗した！　ということは避けたいものです。各メーカーのホームページにはデモ版配布の情報が掲載されていますのでチェックしてみると良いでしょう。

　私の税理士事務所では様々な会計アプリを使ってきました。ここでは実際に使ったことのある主要会計アプリについて、値段や使い勝手について説明をしたいと思います。価格は税抜で、メーカーHPに記載されているものです。

●勘定奉行・・・株式会社オービックビジネスコンサルタント　http://www.obc.co.jp/

　勘定奉行の名前は歌舞伎役者の出演するＴＶＣＭで一躍有名になりました。価格は 80,000 円（Ｊシステム）からとやや高めです。きっちりと作り込まれた大変信頼性のあるアプリです。奉行シリーズには、個別原価管理編、奉行ＬＡＮＰＡＣＫ、カスタマイズができる奉行新ＥＲＰなどの高度なシステムが用意されていますので、会社の発展に応じて、会計システムをバージョンアップしていくことができます。

●経理じまんDX・・・ピー・シー・エー株式会社　　http://www.pca.co.jp/

　ＰＣＡ会計は東証二部に上場している老舗メーカーが制作しています。価格は 70,000 円からとなっています。歴史があるだけに大変使い勝手の良いアプリです。勘定奉行と同様に、ＬＡＮ対応製品やカスタマイズができる PCA Dream21/PCA クラウドなどの高度なシステムが用意されています。

●弥生会計・・・弥生株式会社　http://www.yayoi-kk.co.jp/

　小規模会社向けの会計アプリです。価格はスタンダード版が 39,000 円となっています。スタンダード版には部門計算の機能がありませんので注意してくだ

さい。ビジュアル面で初心者にもわかりやすいナビゲータ画面が用意されています。

❸ インストールして会社情報を 設定しよう

　会計アプリを購入したら、さっそくパソコンにインストールしましょう。インストールの作業はとても簡単です。皆さんの行う作業は、パッケージに同梱されているディスクをパソコンに挿入し、案内画面に従って会社名や住所などを入力するだけです。細かな設定作業などはアプリが自動的に行います。

　インストールが完了しましたら、会計アプリを起動して、会社情報を登録しましょう。この作業が終われば、取引を入力することができます！

　まずは会社の定款、登記事項証明書(登記簿謄本)を手元に用意してください。会社情報の登録に必要な会社名や本店所在地、代表者名、事業年度などの事項は、これらの書類に記載されています。手際よく入力できるよう、次に掲載した表(会社情報記入表)に書き出しておきましょう。

　ここで難しいのは事業年度の記入です。詳しく見ていくことにしましょう。まずは次の例を参考に、皆さんの会社の定款と登記事項証明書(登記簿謄本)の事業年度について書いてあるところを探してください。

定款

第10条　当会社の事業年度は 毎年 4 月 1 日から翌年 3 月 31 日 までの年1期
　　　　とする。

第11条　当会社の最初の事業年度は
　　　　当会社設立の日から平成 30 年 3 月 31 日 までとする。

登記事項証明書 (登記簿謄本)

　　会社成立の年月日　　　　平成 29 年 6 月 1 日

157

第1期の事業年度をみてみましょう。第1期の事業年度は定款と登記事項証明書(登記簿謄本)を見ないとわかりませんので注意してください。まずは定款の「当会社の最初の事業年度は……」という条項を見てください。そこに第1期の事業年度が「会社設立の日から○○年○月○日までとする」と定められています。「会社設立の日」は定款に記載されません。登記事項証明書(登記簿謄本)の「会社成立の年月日」のところに記載されています。

　さきほどの例で第1期の事業年度を確認してみましょう。第1期の事業年度は定款の第11条に「会社設立の日から平成30年3月31日まで」とすると定められています。会社設立の日は、登記事項証明書(登記簿謄本)に平成29年6月1日と記載されています。従って第1期(会社設立年度)の事業年度は平成29年6月1日から平成30年3月31日まで、ということになります。

　次に第2期以降(通常の年度)の事業年度をみてみましょう。定款の「当会社の事業年度は……」という条項を見てください。そこに第2期以降(通常の年度)が「毎年4月1日から翌年3月31日までとする」と定められていますね。従って「毎年4月1日から翌年3月31日まで」が第2期以降の事業年度となります。

会社情報記入表			
会　　　社　　　名			
本　店　所　在　地	郵　便　番　号		
	住　　　　　所		
	電　話　番　号		
代　　　表　　　者	役　　　　　職		
	氏　　　　　名		
資　　　本　　　金			
事　　業　　年　　度	第　一　期	自　年　月　日	至　年　月　日
	第　二　期　以　降	自　年　月　日	至　年　月　日

❹ 消費税の設定をしよう

　会社情報の設定が終わったら、次に消費税に関する設定を行います。会計アプリには消費税を自動集計し、税務署へ提出する申告書まで作成する機能がついています。この機能を活用すれば、消費税の申告資料の作成に時間をとられることはありません。つまり消費税の楽々申告が可能になるわけです。
　さっそく、会計アプリの消費税の設定画面を見てみましょう。ここで正しく設定することが「楽々申告」するための第一歩となります。

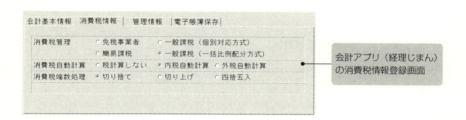

会計アプリ（経理じまん）の消費税情報登録画面

　専門的な言葉が並んでいるので、きっと戸惑われていることでしょう。ありがちなのは、「どうしたら良いのかわからないから、最初の設定通りにしておく……」という会社です。このような会社は正しく消費税が集計できないので、せっかくの会計アプリの機能が宝の持ち腐れとなってしまいます。このようなことにならないように、皆さんの会社の消費税の情報を正しく設定するようにしましょう。

↘設定項目１　消費税管理

免税事業者・・・	消費税の申告や納付をしなくて良い会社
一般課税・・・・	消費税の申告や納付をする会社で、納付する税金を得意先や仕入先と実際にやりとりした税額をもとに計算する会社
簡易課税・・・・	消費税の申告や納付をする会社で、納付する税金を、売上高に業種ごとに定められた率（みなし仕入率）を使って計算する会社

今まで説明してきたことを参考に、皆さんの会社は消費税の申告が必要なのか、また簡易課税制度を選択しているのか、ということをチェックしてください。
　なお一般課税の選択肢は、個別対応方式と一括比例配分方式に分かれていますが、この選択が必要なのは、住宅や土地の賃料、貸付金利など消費税が非課税となる売上の占める割合が全売上の5％を超える会社です。非課税の売上が5％を超えない会社はどちらを選択しても消費税の計算に影響はありません。

※ 平成24年4月1日以後に開始する課税期間から、非課税の売上が5％を超えなくても課税売上が5億円超の場合には、個別対応方式、または一括比例配分方式のいずれかにより行うことになりました。

↘設定項目2　消費税自動計算

```
税計算しない・・・・仕訳するとき消費税を手入力する方法
内税自動計算・・・・消費税を自動計算する。金額は税込み金額を入力する
外税自動計算・・・・消費税を自動計算する。金額は税抜き金額を入力する
```

　ここでは、自動計算を選択しましょう。自動計算を選択すると、消費税入力の手間を省くことができますし、試算表を税込金額でも税抜金額でも見ることができるようになるからです。

● 税計算しないを選択すると……

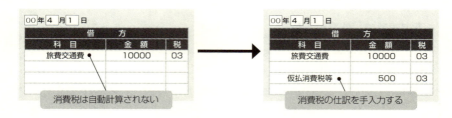

160

第6章 会計アプリは必要なのか？

● 内税自動計算を選択すると……

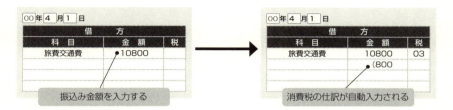

● 外税自動計算を選択すると……

↘ 設定項目3　消費税端数処理

　ここでは消費税を自動計算するときの端数処理の方法について選択します。税込金額1,300円の取引を内税自動計算で入力するケースで説明しましょう。どの処理方法を選択しても構いませんが、切り捨て処理を選択する会社が一般的です。

　　○切り捨て処理の場合　→　1300 ÷ 108 × 8 = 96.2　→　96
　　　　消費税は96円
　　○切り上げ処理の場合　→　1300 ÷ 108 × 8 = 96.2　→　97
　　　　消費税は97円
　　○四捨五入処理の場合　→　1300 ÷ 108 × 8 = 96.2　→　96
　　　　消費税は96円

❺ 5つの入力項目を理解しよう

　会計アプリを使った帳簿付けは簡単です。皆さんがやることは取引を仕訳伝票または帳簿入力の画面に打ち込むだけです。総勘定元帳や試算表、貸借対照表、損益計算書などの帳票は、パソコンが自動計算して作成しますので、皆さんが転記や集計をして作成する必要はありません。

　また勘定科目に補助科目を付けることで、補助簿も自動作成することができます。普通預金の勘定科目に口座ごとの補助科目を設定すると預金出納帳が、売掛金の勘定科目に得意先ごとの補助科目を設定すると得意先元帳が、買掛金の勘定科目に仕入先ごとの補助科目を設定すると仕入先元帳が、会計アプリで自動作成できます。

　取引の入力は、仕訳伝票の入力画面と帳簿の入力画面のどちらからでも行うことができます。仕訳はちょっと苦手……という方は、補助簿を付ける要領で入力ができる帳簿入力画面を使用すると良いでしょう。

　会計アプリに入力するのは、日付、借方の勘定科目と金額、貸方の勘定科目と金額、摘要、消費税の税区分です。まずは入力をする項目について確認をしておきましょう。

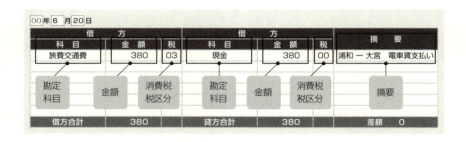

↘入力項目1　日付

　取引が行われた日のことをいいます。具体的には現金や預金の入出金があった日、商品を仕入れた日や売り上げた日などです。

第6章 会計アプリは必要なのか？

↘入力項目2 勘定科目

　取引を分類するために用いられる名称のことをいいます。会社で行われた取引は、勘定科目ごとに分類集計され、総勘定元帳や貸借対照表、損益計算書に記載されます。

　会計アプリには約150個の勘定科目が事前に登録されています。150の勘定科目から仕訳を入力する都度選ぶのは大変だ……簿記の初心者の方は、このよう思われるでしょうが、日常的に使う勘定科目は限られていますので安心してください。まずは次のページの日常的に使用する勘定科目一覧表に記載した66の勘定科目を押さえておけばよいでしょう。**第7章 経理と税金のポイント21**では、さまざまな取引の仕訳例を紹介しますので、参考にしてください。

↘入力項目3 金額

　取引の金額のことをいいます。

↘入力項目4 摘要

　取引の内容をわかりやすく簡潔に記入します。

↘入力項目5 消費税の税区分

　一般課税方式で納める消費税を計算する会社は仕訳を入力する都度、取引に応じた税区分を正しく入力する必要があります。主な税区分は次のとおりです。

略称	摘要	内容
課売	課税売上（8％）	・消費税の課税対象となる売上など
課仕	課税仕入（8％）	・消費税の課税対象となる仕入や費用、物品の購入
非売	非課税売上	・消費税において非課税とされる住宅の貸し付け、預貯金や貸付金の利子などの受取り
対象外	消費税に関係のない取引	・消費税の課税の対象範囲に含まれない取引 ・非課税とされる仕入や費用など

　仕訳するたびに税区分を判定し入力するのは大変だ！と思われたことでしょう。しかし税区分は勘定科目によってほとんど決まってきます。また会計 アプリには仕訳を入力するとその勘定科目に応じた税区分が自動的に表示される機能があるので、税区分をいちいち手入力することはありません。例外的な税

163

区分の適用される取引を入力するときだけ、手入力すればよいのです。

　下の勘定科目一覧表に勘定科目ごとの原則的な税区分と例外的な税区分の適用される取引を記載しましたので、入力の参考にしてください。

↘ 勘定科目一覧表

● 資産

勘定科目		内容	消費税	
科目名	コード		税区分	例外的な税区分の適用される取引
現金		紙幣や硬貨などのお金、郵便小為替	対象外	
小口現金		少額の支払いのための現金	対象外	
当座預金		銀行に預け入れた当座預金	対象外	
普通預金		銀行に預け入れた普通預金	対象外	
売掛金		得意先に掛け売りしたときの代金を請求する権利	対象外	
商品		在庫商品	対象外	
貯蔵品		まとめて購入した消耗品などで期末に在庫になっているもの	対象外	
前払費用		家賃など翌事業年度の諸経費で支払済みの支出	対象外	
前払金		商品の仕入や諸経費の前渡金、手付金	対象外	
短期貸付金		貸付金で1年以内に返済の予定されているもの	対象外	
立替金		一時的に立て替えた金額	対象外	
仮払金		内容や金額が未確定の支出を仮計上する科目	対象外	
仮払消費税		支払った消費税を計上する（税抜き経理の時使用する）	対象外	
建物		店舗、事務所の建物	課仕	
建物付属設備		建物の空調設備、給排水設備	課仕	
構築物		駐車場のアスファルト、広告塔、緑化設備	課仕	
車両運搬具		車やオートバイの購入費	課仕	
工具器具部品		パソコンや机、コピー機など10万円以上の物品購入費	課仕	
リース資産		リースにより取得した資産	課仕	
土地		土地の購入代	対象外	
減価償却累計額		間接的に減価償却する場合の資産減少額	対象外	
ソフトウェア		会計ソフトなど10万円以上のソフト購入費	課仕	
敷金		事務所や駐車場を賃借する場合の敷金	対象外	
長期前払費用		信用保証協会の保証料、20万円以上の礼金及び更新料	対象外	事務所、店舗の礼金など→課仕

● 負債・資本

勘定科目		内容	消費税	
科目名	コード		税区分	例外的な税区分の適用される取引
買掛金		仕入先から掛けで仕入れたときの代金を支払う義務	対象外	

第 6 章　会計アプリは必要なのか？

勘定科目		内容	消費税	
科目名	コード		税区分	例外的な税区分の適用される取引
短期借入金		銀行などからの借入金 (返済期限 1 年以内)	対象外	
未払金		電話代、光熱費、クレジットカード払いの経費で決算時に未払いのもの	対象外	
リース債務		リースによる債務	対象外	
前受金		得意先から預った手付金、前渡金	対象外	
仮受金		内容や金額が未確定な入金を仮計上する科目	対象外	
仮受消費税		受け取った消費税を計上する (税抜き経理の時使用する)	対象外	
預り金		源泉税など、会社が他から預かった金額を計上する科目	対象外	
未払法人税等		決算により支出する法人税、住民税、事業税	対象外	
長期借入金		銀行などからの借入金 (返済期限 1 年超)	対象外	
資本金		株主からの出資金	対象外	

● 収益

勘定科目		内容	消費税	
科目名	コード		税区分	例外的な税区分の適用される取引
売上高		得意先への売上など会社の本業の収益	課売	住宅や土地の貸し付け→非売
受取利息		銀行預金などの利子	非売	
雑収入		会社の本業以外の収益	課売	還付加算金や消費税差額→対象外

● 費用

勘定科目		内容	消費税	
科目名	コード		税区分	例外的な税区分の適用される取引
仕入高		商品の仕入代金、仕入にともなう運賃など付随費用	課仕	商品の輸入→輸入消費税
外注費		売上高の原価となる外注費、業務委託料	課仕	
役員報酬		役員に支払う報酬	対象外	通勤手当→課仕
給与手当		正社員に支払う給料	対象外	通勤手当→課仕
賞与		従業員に支払うボーナス	対象外	
雑給		アルバイトやパートに支払う給料	対象外	通勤手当→課仕
法定福利費		厚生年金や健康保険、雇用保険、労災保険などの会社負担	対象外	
福利厚生費		慶弔や慰安など従業員の福利厚生のための支出	課仕	慶弔見舞金→対象外
消耗品費		少額 (10 万円未満) の物品の購入をするための支出	課仕	
事務用品費		文具など事務に使う少額の物品を購入するための支出	課仕	
地代家賃		事務所や店舗、駐車場を賃借するための支出	課仕	住宅家賃・青空駐車場・地代→対象外
賃借料		リース料、レンタル料など物品を賃借するための支出	課仕	
保険料		生命保険や損害保険の保険料	対象外	
修繕費		備品や車両、建物など、会社の資産を修繕するための支出	課仕	

165

勘定科目		内容	消費税	
科目名	コード		税区分	例外的な税区分の適用される取引
租税公課		印紙税や自動車税、固定資産税など税金の支払い	対象外	
減価償却費		工具器具備品、ソフトウエアなど固定資産の償却費	対象外	
旅費交通費		電車賃やバス代、タクシー代などの交通費	課仕	海外の交通費・国際線運賃→対象外
通信費		電話代や切手代、インターネット利用料などの通信費	課仕	国際郵便・電話→対象外
水道光熱費		電気代や水道代、ガス代などの水道光熱費	課仕	
支払手数料		振込手数料などの手数料を支払ったときに使用する科目	課仕	国等が徴収する行政手数料→対象外
荷造包装費		商品を荷造りや包装するための支出	課仕	
運賃		商品を発送するための運送代	課仕	国際運賃→対象外
広告宣伝費		ちらし作成費や看板代など広告や宣伝のための支出	課仕	
接待交際費		得意先などを接待するための支出	課仕	慶弔見舞金・商品券→対象外
会議費		打ち合わせや会議のための会場費・飲食代	課仕	
新聞図書費		新聞購読料、参考書籍代、雑誌代	課仕	
雑費		少額で他の勘定科目にあてはまらない支出	課仕	
支払利息		借入金の利息	対象外	
雑損失		現金不足金	対象外	
法人税、住民税及び事業税		法人税、法人住民税、事業税、預金利息の源泉税	対象外	

❻ 仕訳入力画面を使ってみよう

　会計アプリを起動して、仕訳伝票に P120 の取引を入力してみましょう。仕訳伝票の入力はとても簡単です。手書きで仕訳伝票を書くのと同じ要領で入力ができます。

「普通預金」「売掛金」「買掛金」に補助科目を設定した後、仕訳伝票の入力画面に仕訳を入力してみましょう。

第6章　会計アプリは必要なのか？

↘ 仕訳伝票の入力画面に仕訳を入力する

00 年 6 月 8 日							
借 方 科 目 借 方 補 助	借 方 金 額	税	貸 方 科 目 借 方 補 助	貸 方 金 額	税	摘　　要	
現金	50000	00	普通預金 　　A銀行／浦和	50000	00	普通預金から現金引き出し	
借方合計	50000		貸方合計	50000		差額　0	

借方科目を入力する　借方金額を入力する　貸方科目を入力する　補助科目を入力する　貸方金額を入力する　摘要を入力する

　入力結果は次の通りです。正しく入力ができたら、総勘定元帳と試算表を印刷し、前章で作成したものと一致しているか確認しましょう。

●6月8日の取引の入力結果

00 年 6 月 8 日						
借 方 科 目 借 方 補 助	借 方 金 額	税	貸 方 科 目 借 方 補 助	貸 方 金 額	税	摘　　要
現金	50000	00	普通預金 　　A銀行／浦和	50000	00	普通預金から現金引き出し
普通預金 　　A銀行／浦和	200000	00	資本金	200000	00	資 本 金 を 普 通 預 金 に 預け入れ
売掛金 　　山田商店	500000	00	売上高	500000 (37037)	B3	山田商店へL型パソコン掛売り
商品仕入高	300000 (22222	Q3	買掛金	300000	00	小野商店からL型パソコン掛仕入れ
借方合計	50000		貸方合計	1050000		差額　0

167

●6月20日の取引の入力結果

00年6月20日							
借方科目 借方補助	借方金額	税	貸方科目 借方補助	貸方金額	税	摘　要	
旅費交通費	380 (28	03	現金	380	00	浦和一大宮　電車賃支払い	
借方合計	380		貸方合計	0		差額　0	

●6月25日の取引の入力結果

00年6月25日							
借方科目 借方補助	借方金額	税	貸方科目 借方補助	貸方金額	税	摘　要	
新聞図書費	1500 (111	03	現金	1500	00	東京書店で経理の本購入	
借方合計	1500		貸方合計	1500		差額　0	

●6月30日の取引の入力結果

00年6月30日							
借方科目 借方補助	借方金額	税	貸方科目 借方補助	貸方金額	税	摘　要	
普通預金	500000	00	売掛金	500000	00	山田商店より売掛金振込入金	
買掛金	300000	00	普通預金	300000	00	小野商店へ買掛金振込払い	
借方合計	1500		貸方合計	1500		差額　0	

第6章　会計アプリは必要なのか？

❼　帳簿入力画面を使ってみよう

　会計アプリを起動して、現金出納帳、預金出納帳、売掛帳、買掛帳にP120の取引を入力してみましょう。帳簿入力はとても簡単です。家計簿やお小遣い帳を書く要領でスイスイと入力ができます。入力をするとすぐに残高が計算されるので、通帳などの残高と照合し、入力ミスがないか確認することができます。「預金から現金を引き出した」というような預金出納帳と現金出納帳から入力できる取引は、1つの帳簿に入力すると、もうひとつの帳簿に自動的に転記されますので、二重に入力しないよう、注意してください。「預金出納帳」→「現金出納帳」→「売掛帳」→「買掛帳」というように入力をする順番を決めておくとよいでしょう。

　仕訳伝票の入力と同じ操作で、会計アプリを起動し、「普通預金」「売掛金」「買掛金」に補助科目を設定しましょう。

➘ 預金出納帳の入力画面に入力する

　引き出し金額は左側の引き出し欄に、預け入れ金額は右側の預け入れ欄に入力します。会計アプリによっては左右が逆になっている場合がありますので注意してください。

預金通帳入力

勘定科目　普通預金　　補助科目　Ａ銀行／浦和

00 年 6 月 1 日～ 00 年 3 月 31 日

日 付 伝票番号	税	貸 方 科 目 借 方 補 助	税	摘　　要	引き出し	預け入れ	残　高
6 月　8 日 1	00	資本金	00	資本金を普通預金に預け入れ		200000	200000
6 月　8 日 2	00	普通預金	00	普通預金から現金引き出し	50000		150000
6 月 30 日 3	00	売掛金 　　　　山田商店	00	山田商店より売掛金入金		500000	650000
6 月 30 日 3	00	買掛金 　　　　小野商店	00	小野商店へ買掛金支払い	300000		350000

169

↘ 現金出納帳の入力画面に入力する

支払金額は右側の出金欄に、入金金額は左側の入金欄に記入します。現金出納帳の入力画面を起動すると、すでに「6月8日の普通預金から現金引き出し50,000」の取引が預金出納帳から自動的に転記されています。二重に入力しないよう注意してください。

現金出納帳入力

勘定科目　　現金

00年6月1日～00年3月31日

日付 伝票番号	税	貸方科目 借方補助	税	摘要	入金	出金	残高
6月8日 2	00	普通預金 A銀行／浦和	00	普通預金から現金引き出し	50000		50000
6月20日 2	00	旅費交通費	Q3	浦和一大宮　電車賃支払い		380 (28	49620
6月25日 3	00	新聞図書費	Q3	東京書店で経理の本購入		1500 (111	48120

↘ 売掛帳の入力画面に入力する

売上は左側の売上欄に、売掛金の回収は右側の受入欄に記入します。売掛帳の入力画面を起動すると、すでに「6月30日の山田商店より売掛金が普通預金に入金 500,000」の取引が預金出納帳から自動的に転記されています。二重に入力しないよう注意してください。

売掛帳入力

勘定科目　　売掛金　　補助科目　　山田商店

00年6月1日～00年3月31日

日付 伝票番号	税	貸方科目 借方補助	税	摘要	売上	受入	残高
6月8日 3	00	売上金	B3	山田商店へL型パソコン 売上	500000 (37037		500000
6月30日 7	00	普通預金 A銀行／浦和	00	山田商店より売掛金入金		500000	0

第6章　会計アプリは必要なのか？

↘ 買掛帳の入力画面から入力する

　仕入は左側の仕入欄に、買掛金の支払は右側の支払欄に記入します。会計アプリによっては左右が逆になっている場合がありますので注意してください。買掛帳の入力画面を起動すると、すでに「6月30日の小野商店へ買掛金を普通預金から支払 300,000」の取引が預金出納帳から自動的に転記されています。二重に入力しないよう注意してください。

買掛帳入力							

勘定科目　買掛金　　補助科目　小野商店

00年6月1日～00年3月31日

日付 伝票番号	税	貸方科目 借方補助	税	摘　要	仕入	支払	残　高
6月 8日 4	00	商品仕入高	03	小野商店からL型パソコン掛け仕入	300000 (22222		300000
6月30日 8	00	普通預金 A銀行／浦和	00	小野商店へ買掛金支払い		300000	0

171

第 7 章

経理と税金のポイント 21

現金を支払う・受け取る

預金を引き出す・預け入れる

商品を売上げる・代金を回収する

商品を仕入れる・代金を支払う

交通費や出張旅費を精算する

広告・宣伝／公共料金／手数料

給与計算／賞与計算

税金／社会保険料

備品の購入

お店や事務所を借りる

お金を借りる・返す

❶ 現金を支払う・受け取る

硬貨や紙幣などのお金は現金勘定を使用して経理処理をします。また郵便小為替（郵便局で販売している金券）や他人振り出しの小切手（得意先から集金した小切手）などもこの現金勘定で経理します。

↘ 経理処理のポイント

現金は手提げ金庫などに保管し、出入りを現金出納帳に記帳します。現金出納帳の残高と実際の現金の残高が一致しているか確認するようにしましょう。残高は一致しなければいけませんが、釣り銭の間違えなどの理由により、過不足が生じる場合があります。過不足の金額は、原因を徹底的に調べますが、それでも不明の場合は現金過不足として収益または費用として経理処理をします。実際の現金が帳簿残高より多かった場合は雑収入勘定、少なかった場合は雑損失勘定で経理処理をします。

●実際の現金が100円多かった時の仕訳

（借方）現 金　100　　　（貸方）雑収入 100

●実際の現金が150円少なかった時の仕訳

（借方）雑損失 150　　　（貸方）現 金　150

↘ 消費税の税区分

現金の過不足にともなって発生する「雑収入」「雑損失」は、対象外の取引です。

↘ 税務署はここをチェックする

税務署は実際の現金残高と帳簿の残高が一致しているか、について重大な関心を持っています。税務調査の現場では、金庫の現金を実際に数えて帳簿の残高と確認することも行われています。なぜ税務署が現金の残高に関心を持っているかというと、現金売上を除外する、架空の領収書（もらってきた領収書など）を経費処理するなど、現金の出入りに関係する脱税の手口が多く見られる

からです。

　小売りや飲食店等の現金商売を営んでいる会社は、税務署から疑われている……という認識をもって現金の管理を行う必要があります。何も悪いことをしていないのに、管理が杜撰なために脱税を疑われてしまう……このようなことにはなりたくないですね。

↘こうすればもっと簡単に経理ができる

　郵便料金や事務用品、日用品の購入など日々の少額な支払に備えるため、事務所のスタッフなどに少額の現金を預けている場合があります。この現金の出入りを次のように帳簿付けをしているケースが多いと思います。

　このやり方では、お金の動きを「出納帳」と「会計アプリ」の両方に記入することになり、無駄な作業が発生してしまいます。次のようにすると会計アプリに入力する時間を節約することができるので、無駄な作業を少なくすることができます。

- 小口現金という勘定科目を設け、本来の現金と区分する
- 小口現金の出納帳を Excel で作る。Excel の関数を利用して、勘定科目ごとに使った金額が計算されるようにする
- 会計アプリの入力を取引ごとにしないで、合計金額で行うようにする

小 口 現 金 出 納 帳　　○○ 年 6月分

日付	摘要	入金	出金					残高
			消耗品費	事務用品費	福利厚生費	新聞図書費	雑費	
	前月繰越							0
6/8	現金を預かった	20,000						20,000
6/9	新聞代を支払った					2,500		17,500
6/10	○○商店で洗剤購入		380					17,120
6/11	○○商店で電池購入		540					16,580
6/12	○○商店でボールペン購入			120				16,460
6/13	○○商店でファイル購入			180				16,280
6/20	○○書店で経理の本購入					1,500		14,780
								14,780
	月合計		920	300	0	4,000	0	

次のように月合計で会計アプリに入力しよう！

消耗品費／小口現金　　920
事務用品費／小口現金　300
新聞図書費／小口現金 4,000

❷ 預金を引き出す・預け入れる

　預金の種類には、皆さんが普段の生活で使っている「普通預金」、小切手や手形で支払ができる「当座預金」、余剰資金を運用する「定期預金」などがあります。

　普通預金は預金通帳をもとに、当座預金は小切手の耳や当座勘定照合表をもとに、会計アプリに入力しましょう。

↘ 経理処理のポイント

　預金の経理処理を行うにあたり注意したいのは、「預金利息」の取り扱いです。例えば普通預金の通帳に 85 円の利息が入金されたとしましょう。皆さんはどのように仕訳をしますか。受取利息が 85 円入金されたのだから……普通に考えると次のようになると思います。

176

（借方）普通預金 85 　　（貸方）受取利息 85

　しかしこの仕訳は正しくありません。預金の利息は、国税 15.315%（復興特別所得税 0.315% を含む）が差し引かれて入金されるからです。この国税についても、次のように計算し、仕訳を起こす必要があります。
　受取利息 × 84.685% ＝ 入金額 ですから、受取利息の金額は、入金額を 84.685% で割ると求めることができます。国税の金額は、受取利息の金額に 15.315% をかけて求めることができます。

　　○受取利息の金額は・・・・85 円 ÷ 84.685% ＝ 100 円
　　○国税の金額は・・・・・・100 円 × 15.315% ＝ 15 円
※平成28年1月から、法人が受け取る預金利息からの地方税の徴収が廃止されました

　なお定期預金などについては、銀行から送付されてくる利息の計算書に国税の金額が記載されていますので、その金額を見て仕訳をしてください。
　預金から差し引かれた国税は、法人税を経理処理する勘定科目で仕訳をします。会計アプリによって勘定科目名が異なりますので注意してください。法人税の申告をするとき、国税の金額を区分する必要がありますので、補助科目を設定しておくとよいでしょう。

（借方）普通預金	85	（貸方）受取利息	100
（借方）法人税等 - 国税（利息）	15		

　※「法人税等」とは、「法人税、住民税及び事業税」の略称です

↘ 消費税の税区分
　預金利息の経理処理にともなって発生する「受取利息」は非課税売上、「法人税等」は対象外の取引です。

↘ こうすればもっと簡単に経理ができる
　会計アプリの科目設定は、預金の種類ごとに勘定科目を、口座ごとに補助科

目を作成するとよいでしょう。このように科目設定すると、会計アプリで補助科目の一覧表、補助科目ごとの元帳（補助元帳）を作成することができます。

補助科目の一覧表では預金通帳ごとの残高が一覧できますので、預金残高をチェックするために手書きで預金残高の一覧表などを作成する必要がなくなります。補助元帳では、預金の出入りや残高を管理することができますので、手書きで預金出納帳を作成する必要がなくなります。

会計アプリの機能を利用して帳簿付けにかかる時間を節約しましょう。

● 補助科目を使って預金の残高管理をする

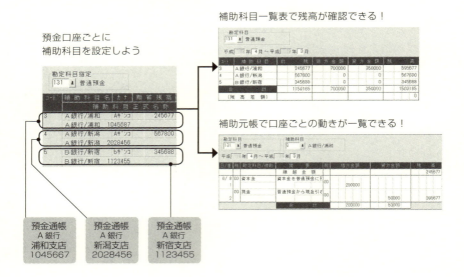

❸ 商品を売り上げる・代金を回収する

　得意先へ商品を販売する、代金を請求する、回収する、などの得意先との取引は、最も基本的な会社の業務ということができるでしょう。ここではこの得意先との取引の経理処理について説明をします。得意先との取引方法には、販売するときに代金を回収する「現金取引」と、後払いの約束で販売する「信用

第7章　経理と税金のポイント21

取引」があります。それぞれの方法の経理処理のポイントは次のとおりです。

↘ 経理処理のポイント（現金売上の場合）

現金取引は小売店や飲食店など一般の消費者を相手に商売する業種で行われています。お客さんごとの売上明細を記録するため、レジスター（レジ）を使用することが多いと思います。毎日の売上金額の確認は、次のように行うようにしましょう。

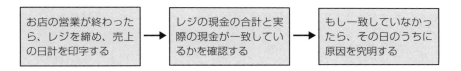

売上金額の確認が済んだら、会計アプリに1日の売上金額を入力します。現金の不一致があるときは、現金過不足の経理処理を行います。

（借方）現　金　×××　　　　　　　　（貸方）売上高　×××

現金過不足の経理処理はP174を参照してください。

↘ 経理処理のポイント（掛け売上の場合）

掛け売上は信用売上ともいわれ、製造業や卸売業など特定の得意先を相手に商売する業種で行われています。得意先と事前に締め日、請求日、決済日を取り決めます。商品を売り上げたときと代金を回収したときに、次のように仕訳をします。

●商品を売り上げたとき

会計アプリの仕訳伝票または売掛帳の画面に次の仕訳を入力します。

（借方）売掛金　×××　　　　　　　　（貸方）売上高　×××

●値引きや返品を受けたとき

　売上高を直接減額しないで、売上高の金額を減額する勘定科目である「売上値引戻り高」を使って次のように経理処理をします。

```
（借方）売上値引戻り高 ×××        （貸方）売掛金 ×××
```

●売上割戻をしたとき

　得意先と一定の売上を達成した場合などに、代金の一部を割り戻す取り決めをする場合があります。この割り戻しは、販売促進を目的として行われるもので、キックバック、あるいはリベートともいわれています。さきほど説明をした値引きや返品と性格が異なるので、「売上割戻し高」の勘定科目で経理処理をします。

```
（借方）売上割戻し高 ×××        （貸方）売掛金 ×××
```

●代金を現金や小切手で回収したとき

```
（借方）現金 ×××        （貸方）売掛金 ×××
```

●代金が普通預金や当座預金に振り込まれたとき

```
（借方）普通預金または当座預金 ×××        （貸方）売掛金 ×××
```

●振込手数料が差し引かれたとき

　代金を振込で回収するとき、得意先から振込手数料を差し引かれた金額が振り込まれる場合があります。請求金額と入金額の差額は、当社が負担する費用として取り扱います。得意先に50万円を請求したところ、振込手数料864円が差し引かれ、499,136円が振り込まれた、という場合の仕訳は次のとおりです。

```
（借方）普通預金　499,136        （貸方）売掛金 500,000
```

（借方）支払手数料　　　　864

　このように仕訳を計上しないと、売掛金勘定に回収できない金額が残ってしまいます。請求金額と入金額をチェックし、振込手数料が差し引かれていたら、必ずこの仕訳を計上するようにしましょう。パソコン会計の売掛帳に入力する場合は次の通りになります。

↘ 売掛帳の入力例

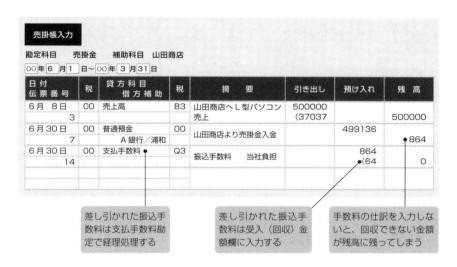

↘ 消費税の税区分（一般課税を選択している場合）

　消費税の申告が必要な会社は、会計アプリに売上の仕訳を入力するとき、消費税に関する項目を正しく入力するようにしましょう。日々正しく入力することで、会計アプリで消費税の納税額を計算したり、消費税の申告書を自動的に作成したりすることができます。一般課税を選択している場合と簡易課税を選択している場合に分けて説明をします。

　消費税は日本の国内で行われるほとんどの取引に課税されるので、得意先への売上はほとんど消費税の課税対象となると考えてよいでしょう。会計アプリ

には、売上の仕訳を入力すると、税区分が「課税売上8％」になり、税金の額が計算される設定がされています。したがって、通常の売上（消費税のかかる売上）を入力するとき、消費税に関する入力項目は、なんら変更をする必要はありません。会計アプリで自動表示された状態で大丈夫です。

　消費税に関する情報を正しく入力するためには、消費税がかからない売上を理解する必要があります。ここでしっかりと押さえておきましょう。消費税がかからない売上には、課税対象外の売上、非課税の売上、輸出免税となる売上の3つの種類があります。これらの売上は消費税がかからない点では同じですが、消費税の納税義務を判定するときの取り扱いが異なりますので、きちんと区分するようにしましょう。

● 消費税区分　課税売上

　ほとんどの取引がこの課税売上に該当します。税区分が「課税売上」になっているか、消費税が自動計算されているか確認するようにしましょう。

● 消費税区分　対象外の売上

　消費税の課税対象は、国内で行われた売上です。従って国外で行われた売上は、消費税の課税対象となりません。国外の売上がある場合には、税区分が「対象外」になっているか、また消費税が自動計算されていないか確認するようにしましょう。

● 消費税区分　非課税の売上

　消費税が非課税とされる主な売上は次の表のとおりです。この表に掲載された売上が発生したときは、税区分が「非課税売上」になっているか、また消費税が自動計算されていないか確認するようにしましょう。

182

第 7 章　経理と税金のポイント 21

課税対象とすることがなじまないもの

具　体　例	主　な　業　種
土地の販売や貸し付け収入（地代）	不動産業
社債、株式等の譲渡、支払い手段の譲渡など	金融業、証券業
預金や貸付金の利子、保証料など	金融業
郵便切手、印紙などの譲渡	郵便切手類販売所
商品券、プリペイドカードなどの譲渡	小売業

社会的政策的配慮によるもの

具　体　例	主　な　業　種
社会保険医療など	病院、診察所、調剤薬局
社会福祉事業など	介護施設
お産費用など	病院、診察所、助産師
一定の身体障害者用物品の譲渡、貸付けなど	介護施設、介護用品販売店
住宅家賃	不動産業

● 消費税区分　輸出免税となる売上

　輸出取引については、消費税が免税となります。税区分が「輸出免税売上」になっているか、また消費税が自動計算されていないか確認するようにしましょう。

● 売上の仕訳を入力するとき使用する税区分一覧（会計アプリ別）

税区分	PCA　経理じまん		勘定奉行		弥生会計
課税売上（8%）	B3	課税売上8%	7	一般売上	売上8%
非課税売上	A0	非課税売上	16	非課税売上	非課売
輸出免税売上	F0	輸出免除売上	15	免税売上	輸出売
課税対象外売上	00	消費税に関係ない科目	0	対象外	対象外

183

●売上の仕訳を入力するときは税区分に気をつける

借方科目 借方補助	借方金額	税	貸方科目 借方補助	貸方金額	税	摘　　要
現金	1080000	00	売上高	1080000 (80000)	B4	消費税の課税対象取引
現金	1000000	00	売上高	1000000	A0	住宅の貸し付け（非課税取引）
現金	1000000	00	売上高	1000000	F0	商品の輸出（輸出免税取引）
現金	1000000	00	売上高	1000000	00	国外での取引（対象外取引）
借方合計	4080000		貸方合計	4080000		差額　0

消費税の税区分

消費税が課税される売上げ

消費税の非課税売上

消費税輸出免税売上

消費税の課税対象外売上

↘ 消費税の税区分（簡易課税を選択している場合）

　簡易課税は、税務署に納める消費税を売上高に業種ごとに定められた率を使って計算する方法です。次の損益計算書をもとに、一般課税と簡易課税の計算方法を説明しましょう。（損益計算書は単位万円、税抜表示、業種は小売業とします）

損益計算書	
売上高	3,000
仕入高	1,800
人件費	500
諸経費	300
利益	400

一般課税（売上と仕入・諸経費に基づいて消費税を計算する）

$$3{,}000 \times 8\% - (1{,}800+300) \times 8\% = 72$$
実際の経費で計算する

簡易課税（みなし仕入率を使って消費税を計算する）

$$3{,}000 \times 8\% - (3{,}000 \times 80\%) \times 8\% = 48$$
みなし仕入率を使う

　簡易課税を選択している場合は、売上が発生する都度、その売上の事業区分を判定する必要があります。事業区分は次の6つです。事業区分は会社の主として営む業種で判断するのではなく、個別の売上ごとに判定することに注意してください。

第 7 章　経理と税金のポイント 21

　例えば、商店街の魚屋さんの売上がすべて第 2 種事業（小売業）になるわけではありません。個別の売上ごとに判定するので、売り先が一般の消費者であれば第 2 種事業（小売業）に、飲食店などの事業者であれば第 1 種事業（卸売業）に該当します。

　簡易課税を選択している会社は、売上の仕訳を入力すると事業区分に関する情報を入力する項目が表示されますので、その売上にかかる事業区分を正しく入力してください。事業区分の入力方法は会計アプリによって異なりますので、マニュアルなどを参考にしてください。

●事業区分一覧表（平成 27 年 4 月 1 日以後開始期間の原則的取扱い）

事業区分	みなし仕入率	具体例
第 1 種事業 卸売業	90%	商品を事業者に販売する事業 食品問屋、繊維問屋、事務機器卸など
第 2 種事業 小売業	80%	商品を一般消費者に販売する事業 コンビニ、スーパー、書店、洋服屋、ネットショップなど
第 3 種事業 製造業	70%	材料を加工し物品を製造する事業 製造業、建設業、農業、林業、出版業、製造問屋など
第 4 種事業 その他	60%	その他の事業 飲食店など
第 5 種事業 サービス業	50%	サービス業 コンサルタント、デザイン、金融業、保険業など
第 6 種事業 不動産業	40%	不動産業、仲介業など

↘ こうすればもっと簡単に経理ができる

　預金の場合と同様に、売掛金の勘定科目に得意先ごとの補助科目を設定しましょう。得意先ごとの回収状況を補助科目の一覧表で確認できるので、売掛金の回収管理をするための帳票を手作業で作成する必要がなくなります。また売

上高の勘定科目に得意先ごとの補助科目を設定すると、得意先ごとの売上の金額（月計、累計など）を補助科目の一覧表で確認することができるので、売上の推移表などを手作業で作成する必要がなくなります。

❹ 商品を仕入れる・代金を支払う

　得意先へ販売する商品を購入するための代金（仕入）は、「仕入高」という勘定科目で経理処理をします。仕入は売上をあげるために直接必要な費用（売上の原価）であることから、会計上、大変重要な費用項目であるとされています。売上の原価の経理処理は、会社の営む業種によって使用する勘定科目名が異なりますので、ここでは業種ごとに説明します。

↘ 経理処理のポイント（小売業・卸売業の場合）

　仕入先から商品を仕入れるためにかかった費用は、「仕入高」または「商品仕入高」という勘定科目で経理処理をします。

●商品を仕入れたとき（現金仕入）

　現金で商品を仕入れた場合は、会計アプリの仕訳伝票または現金出納帳の画面に次の仕訳を入力します。

（借方）仕入高 ×××	（貸方）現 金 ×××

●商品を仕入れたとき（掛け仕入）

　仕入先から掛けで商品を仕入れた場合は、会計アプリの仕訳伝票または買掛帳の画面に次の仕訳を入力します。

（借方）仕入高 ×××	（貸方）買掛金 ×××

●値引きや返品をしたとき

　仕入高を直接減額しないで、仕入高を減額する勘定科目である「仕入値引戻

第7章　経理と税金のポイント 21

し高」を使って次のように経理処理をします。

（借方）買掛金 ×××　　　　　　（貸方）仕入値引戻し高 ×××

● 仕入れ割り戻しを受けたとき

　仕入先から仕入金額の割り戻し（リベートの支払い）を受けた場合は、「仕入割戻し高」の勘定科目を使って次のように経理処理をします。

（借方）買掛金 ×××　　　　　　（貸方）仕入割戻し高 ×××

● 掛け仕入の代金を現金で支払ったとき
　　（仕訳伝票、買掛帳、現金出納帳のいずれかに入力）

（借方）買掛金 ×××　　　　　　（貸方）現 金 ×××

● 掛け仕入の代金を普通預金や小切手で支払ったとき
　　（仕訳伝票、買掛帳、預金出納帳のいずれかに入力）

（借方）買掛金 ×××　　　　　　（貸方）普通預金または当座預金 ×××

　代金を振込で支払うとき、支払にかかる振込手数料を差し引いて支払う場合があります。請求金額と支払金額の差額（支払手数料の金額）は、仕入先が負担する費用として取り扱います。仕入先の請求金額（50万円）について、振込手数料（864円）を差し引いて振り込んだ場合の経理処理の方法を説明しましょう。

● 仕入先へ振り込んだ金額の仕訳

（借方）買掛金 499,136　　　　　（貸方）現 金 499,136

●銀行へ支払った振込手数料の仕訳

(借方)買掛金 864   (貸方)現 金 864

　銀行へ支払った振込手数料の金額を誤って「支払手数料」で計上してしまうと、買掛金勘定に支払手数料に相当する金額が残ってしまいます。仕入先が負担する振込手数料の金額は、必ず「買掛金」勘定で経理処理するようにしましょう。

↘経理処理のポイント(サービス業の場合)
　コンサルタントやデザイン事務所、広告代理店などのサービス業の場合、売上をあげるために直接必要な費用(売上の原価)は、業務の外注先へ支払う外注費や業務委託料になります。これらの費用は、「商品仕入高」という勘定科目を使用しないで、「外注費」または「業務委託料」といった名前の勘定科目を新たに作成して経理処理を行います。勘定科目を作成する場所は、商品仕入高のすぐ近くとします。勘定科目一覧表の下の方に「外注費」や「業務委託料」の勘定科目が設定されている場合がありますが、この勘定科目は「売上をあげるために直接必要な費用」の経理処理には使用しませんので、注意してください。

●外注費などの勘定科目を作る

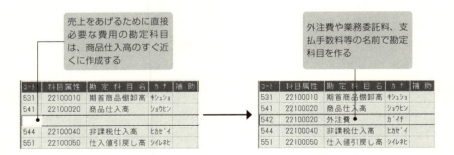

第7章 経理と税金のポイント21

↘ 経理処理のポイント（製造業や建設業の場合）

　製造業の場合、売上をあげるために直接必要な費用は、材料を仕入れ、その材料を加工して製品を製作するので、材料費や製作にかかわった人の給料、工場の維持費など多岐にわたります。建設業の場合も同様です。

　そこで、製造業や建設業の場合、売上をあげるために直接必要な費用を経理処理するために、製造原価報告書という計算書を作成します。会計アプリの会社情報の設定画面で、製造原価に関する勘定科目を使用できるようにするための設定を行ってください。

● 製造業や建設業の場合は、製造原価勘定を使えるようにする

↘ こうすればもっと簡単に経理ができる

　売上の場合と同様に、買掛金の勘定科目に仕入先ごとの補助科目を設定しましょう。仕入先ごとの支払状況を補助科目の一覧表で確認できるので、買掛金の支払管理をするための帳票を手作業で作成する必要がなくなります。また仕入高の勘定科目に仕入先ごとの補助科目を設定すると、仕入先ごとの仕入の金額（月計、累計など）を補助科目の一覧表で確認することができるので、仕入の推移表などを手作業で作成する必要がなくなります。

↘ 消費税の税区分

　日本国内の仕入先から購入した商品は原則として消費税が課税されます。消費税の申告が必要な会社は、会計アプリに仕入の仕訳を入力するとき、税区分が「課税仕入（8%）」になっているか、消費税が自動計算されているか確認

189

するようにしましょう。海外から商品を輸入した場合は、商品を空港などで引き取る時、税関に消費税と地方消費税を納付します。国税の消費税については「課税輸入仕入消費税分」、地方消費税については「課税輸入仕入地方消費税分」という税区分を使用することに注意してください。

●税関に納めた消費税・地方消費税の仕訳（税抜経理の場合）

00年6月8日							
借方科目 借方補助	借方金額	税	貸方科目 借方補助	貸方金額	税	摘　要	
仮払消費税等	630000	ウ4	現金		00	輸入消費税	
仮払消費税等	170000	ケ4	現金		00	輸入地方消費税	

仮払消費税等の勘定科目で経理処理をする

輸入消費税は、「課税輸入仕入8%」、輸入地方消費税は「課税輸入仕入地方消費税分」の税区分を使用する

　なお輸入商品の支払い代金を経理処理するとき、消費税を自動計算してしまうと、消費税が二重計上されてしまいますので、消費税が0円になるよう、上書き入力をしてください。詳しくはお使いの会計アプリのマニュアルを参照してください。

●輸入商品の仕訳（税抜経理の場合）

00年6月8日							
借方科目 借方補助	借方金額	税	貸方科目 借方補助	貸方金額	税	摘　要	
商品仕入高	10000000 (740740)	ウ4	現金	10000000	00	輸入商品代金	
商品仕入高	10000000	ケ4	現金	10000000	00	輸入商品代金	

この仕訳で消費税を計上してはいけない！

第7章　経理と税金のポイント 21

❺ 交通費や出張旅費を精算する

　電車賃やバス代、タクシー代、航空運賃などの費用や出張にともなう宿泊代
は、「旅費交通費」の勘定科目で経理処理をします。出張にかかる費用を区分
したい場合は、近距離の交通費を「交通費」の勘定科目で、遠距離の交通費を
「出張旅費」の勘定科目で経理処理をします。

↘ 経理処理のポイント

　電車賃やバス代などの交通費は、自動券売機などで支払を行うことから、領
収書をもらうことができません。領収書のない支出は原則として費用処理をす
ることができませんが、このような交通費については、行き先や交通機関、移
動の目的などを明示した交通費精算書を作成することにより、費用処理するこ
とができます。

　交通費を精算するのが面倒なので、「月額5,000円」のように、一定の金額
を渡し切りにすることはできないか……とよく質問されることがあります。面
倒だ……という気持ちはわからないことはないのですが、このような精算方法
では、税務署に給与として課税されてしまいますので、きちんと交通費精算書
を作成してください。

● 交通費精算書の書式

交 通 費 精 算 書

日付	行き先	目的	交通機関	摘要	経　　路			金額
6月8日	㈱浦和商店	商談	JR		新宿	→	浦和	380
同上	同上	同上	バス		浦和	→	大谷口	190
同上	同上	同上	タクシー	バスの本数が1時間に1本しかないため	大谷口	→	浦和	980
同上	同上	同上	JR		浦和	→	新宿	380
6月10日	㈱山田商店	会議	地下鉄		新宿	→	東京	190
同上	同上	同上	同上		東京	→	新宿	190
						→		
						→		
						→		
合　　計								2,310

＊タクシーやグリーン車を使用した場合は摘要欄に使用理由を記入してください。

精算日　　○○年6月30日　　　　　氏名　山本和夫　㊞

191

↘ こうすればもっと簡単に経理ができる

　会計アプリに交通費を入力するとき、次のように交通費が発生する都度仕訳を起こしている会社があります。このようなやり方は、正しい経理処理の方法なのですが、交通費は日常的に発生するので、仕訳の件数が多くなり、会計アプリの入力に大変な手間がかかってしまう一面があります。

　さきほど説明した「交通費精算書」を作成している場合には、精算日に合計金額で仕訳を計上しても差し支えありません。合計金額で仕訳を計上して、会計アプリの入力にかかる時間を減らしましょう。従業員の人数が多い会社では、驚くほど会計アプリの入力時間を節約することができます。

● 交通費精算書を利用して会計アプリの入力時間を節約しよう

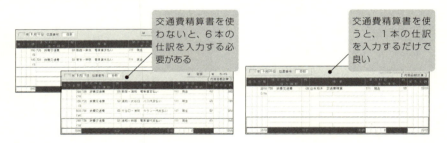

↘ 消費税の税区分

　日本国内の交通費は原則として消費税が課税されます。消費税の申告が必要な会社は、会計アプリに旅費交通費の仕訳を入力するとき、税区分が「課税仕入（8％）」になっているか、消費税が自動計算されているか確認するようにしましょう。

　国際航空運賃や海外での交通費、宿泊代については、消費税が課税されません。税区分が「対象外」になっているか、消費税が自動計算されていないか確認するようにしましょう。

第 7 章　経理と税金のポイント 21

↘ 税務署はここをチェックする

　交通費のうち、得意先を接待するためにかかった交通費は、交際費課税の対象となります。具体的には、次のような交通費が交際費課税の対象となります。

　　○得意先を接待旅行に招待するためにかかった電車賃や宿泊代
　　○得意先とゴルフに行くためにかかった高速代やガソリン代、電車賃など
　　○得意先を飲食で接待したあとのタクシー代

　税務署はそんな細かいことまでチェックしないだろう……と思われる方がいらっしゃるかもしれませんが、実際の税務調査では、飲食代やゴルフが行われた日付をもとに、接待のためにかかった交通費を割り出すことが頻繁に行われています。税務署の指摘を受けて修正申告をすると、過少申告加算税や延滞税など、本来払う必要のない税金を負担しなければなりません。交通費勘定に補助科目を設定するなどして、接待のためにかかった交通費を分類しておきましょう。　（交際費課税については P194 参照）

↘ 節税のポイント

　出張をすると、移動中の昼食代やコーヒー、お茶代など会社に請求できない出費が意外なほどかさんでしまいます。これらの費用を会社で負担すると、個人で負担すべき費用を会社が払った、として所得税の課税対象となります。

　これらの出費を税金の課税対象としないで会社で負担できる方法があります。それは出張旅費規程を整備して、出張日数に応じた日当を支払う方法です。例えば、社長は 8,000 円、課長は 4,000 円、一般社員は 3,000 円というように支給する日当の金額を旅費規程に定めておくわけです。

　この規程に基づいて支払われた日当は、会社の経費として認められることはもちろん、支給を受けた社長や従業員に所得税が課税されることはありません。ただしこのように取り扱われる日当の金額は「社会通念上相当な金額」とされていますので、1 日あたり 10 万円！　というような日当は、所得税の課税対象となりますので注意してください。

193

● 出張旅費規程のサンプル

出 張 旅 費 規 程

① 目 的	この規程は社命により出張する場合の旅費の支給について定める。		
② 出 張 の 意 義	出張とは、片道100km以上、または宿泊を伴う出張をいう。		
③ 旅 費 の 支 給	出張にあたっては、交通費、日当、宿泊費を支給する。		
④ 出 張 の 申 請	出張者は上司に出張申請書を提出し出張の承認を得なければならない。		
⑤ 日 当 の 金 額	日当の金額は出張者の役職に応じた次の金額とする		
	一般社員 3,000円	課長	4,000円
	役員 6,000円	社長	8,000円
⑥ 出 張 費 の 精 算	出張先から帰社したときは、速やかに出張費精算書を作成し、上司の承認を受け、3日以内に精算しなければならない		

❻ 接待や打ち合わせをする

　得意先などを接待するために支出した飲食やゴルフ、旅行、贈答などの費用は、「接待交際費」の勘定科目で経理処理をします。得意先などと商談や打ち合わせをするためにかかった費用は「会議費」の勘定科目で経理処理をします。ここでは交際費課税の仕組みや交際費課税の対象となる費用の範囲について説明をします。

↘ 経理処理のポイント（接待交際費とは）

　得意先などを接待するためにかかった費用は、交際費課税の対象となります。交際費課税とは、接待にかかった費用を原則として法人税など会社の儲けにかかる税金の課税対象とするという制度です。交際費課税の対象となる主な支出は、次のとおりです。

　○取引先などを飲食で接待するための費用

　　※1人当たり5千円以下の飲食費は、交際費課税の対象外です。
　　※1人当たり5千円を超える飲食費の50％は交際費課税の対象外です。
　　（資本金1億円以下の法人）
　　※具体的な要件などは、国税庁ホームページでご確認ください。

第7章　経理と税金のポイント21

○取引先などをゴルフや旅行に招待するための費用

○中元や歳暮など取引先に贈答をするための費用

○取引先の関係者など社外の者の慶弔に際して支払う香典、祝い金など

○取引先の従業員など社外の者に取引の謝礼などのために交付する商品券、ビール券などの購入費

↘ 経理処理のポイント（交際費課税の対象となる金額とは）

　課税対象となる金額は、資本金の額に応じて次のように定められています。資本金が1億円超の会社は支払った交際費の全額が課税の対象になります

●課税対象となる金額

資本金1億円超の会社	資本金1億円以下の会社	
	年間交際費 800万円以下の会社	年間交際費 800万円超の会社
交際費の全額	0円	800万円を超える金額

↘ 経理処理のポイント（交際費課税でいくら税金が増えるのか）

　交際費課税という言葉を知っていても、いくら税負担が増えるのか……といった課税の仕組みがわからない方が意外と多いようです。そこで交際費課税の仕組みを次の事例をもとに具体的に説明することにしましょう。

A社とB社は資本金1,000万円の会社である。今期の業績は次のとおりである。儲けにかかる税金の税率を40％として、A社とB社の税金の負担額を比較する。

A社		B社	
売上	3,500万円	売上	3,500万円
仕入	2,000万円	仕入	2,000万円
交際費	1,000万円	広告費	1,000万円
利益	500万円	利益	500万円

　まずは、交際費課税がないものとして、A社とB社の税金の金額を計算してみましょう。交際費課税がない場合、このようにA社とB社の利益が同じ金額なので、税金の金額は同じになります。

A社・・・500万円 ×40％ = 200万円

B社・・・500万円 ×40％ = 200万円

　次に交際費課税がある場合の税金の金額を計算してみましょう。まず交際費の支出のあるA社の課税対象となる金額を計算します。A社は資本金1,000万円、支出交際費の金額が1,000万円なので、課税対象となる金額は次のとおりになります。

　交際費課税の対象となる金額　1,000万円 － 800万円 = 200万円

　交際費課税がある場合のA社とB社の税金の金額を計算してみましょう。

A社・・・(500万円 +200万円) ×40％ = 280万円

B社・・・500万円 ×40％ = 200万円

　この計算結果により、A社は交際費課税により、儲けにかかる税金が80万円増える、ということがご理解いただけたことと思います。

↘ 税務署はここをチェックする

　皆さんは接待交際費という言葉からどのような費用をイメージされますか？
「接待交際費 = 飲食代」とイメージされる方が多いことでしょう。

第 7 章　経理と税金のポイント 21

ところが交際費課税の対象となる費用の範囲は、一般の方の常識を超えるほど広いので注意が必要です。税務署の調査で接待交際費であると指摘されることが多い、意外な交際費項目をピックアップしておきましょう。

● **会社の役員、従業員の慰安等を目的とした飲食代**

交際費課税の対象となるのは得意先など社外の者との飲食代に限られる、と理解されている方が多いのではないでしょうか。交際費課税の対象には社内の者の飲食代も含まれます。ただし忘年会、新年会、創立記念日等の社内行事における飲食代は交際費課税の対象としないことができます。

● **情報提供の謝礼として取引先に支払った金銭**

交際費課税の対象となるのは物品の贈答に限られる、と理解されている方が多いのではないでしょうか。交際費課税の対象には、情報提供の謝礼として取引先などに金銭を支払った場合も含まれます。ただし事前に契約を締結している場合や金銭の交付先が情報提供の専門会社である場合は交際費課税の対象としないことができます。

● **接待のためにかかった交通費**

交際費課税の対象となるのは飲食代などに限られる、と理解されている方が多いのではないでしょうか。交際費課税の対象には、接待ゴルフにおける高速代、電車賃などの交通費、飲食で接待した場合における帰宅のためのタクシー代など、接待をするためにかかった一切の費用が含まれます。

↘ 節税のポイント

得意先との飲食代は、原則として交際費課税の対象となりますが、会議に関連して提供される飲食代は、交際費課税の対象としないことができます。これは一般的に「会議費」といわれるもので、「会議に際して社内または通常会議を行う場所において通常供与される昼食の程度を超えない飲食物の接待に要する費用」のことをいいます。簡単に言うと、会議の時の弁当代や打合せを兼ねた昼食の費用（ビジネスランチ）が該当します。

また、平成 18 年度の税制改正で、交際費課税の対象となる飲食代の範囲から、1 人当たり 5,000 円以下の飲食代（社内の飲食代を除く）が除外されることに

197

なりました。

　これらの規定を適用して、飲食代を交際費課税の対象から除外するためには、次の様式の「接待費・会議費 使用申請書」を作成し、飲食の目的や相手先、相手先と当社の出席者の人数、出席者の氏名などを明らかにしておく必要があります。

　今後の税務署の調査においては、「1人あたり5,000円」の飲食費であるかが重要になるため、参加者の人数等が重点的に調査されるようになりました。

接待費・会議費　使用申請書					
目的の区分	（接待）	慰安	会議	打合せ	その他
相手先	大谷口商事㈱				
日時	○○ 年6月10日　PM6：30から2時間				
場所	レストラン浦和・スナック中尾				
相手先出席者	山田課長・坪井担当・田中担当				
当社出席者	笠原・小野・横山				
出席人数	6人				
用談等の内容	新商品の売上目標達成の謝礼として				
支出の内容	支払先	内容	予算	実績	差異
	レストラン浦和	食事代	50,000	48,950	1,050
	スナック中尾	カラオケ	60,000	63,000	-3,000
					0

↘ 消費税の税区分

　交際費や会議費は原則として消費税が課税されます。消費税の申告が必要な会社は、会計ソフトに接待交際費の仕訳を入力するとき、税区分が「課税仕入（8％）」になっているか、消費税が自動計算されているか確認するようにしましょう。ただし、次の支出は消費税が課税されません。税区分が「対象外」になっているか、消費税が自動計算されていないか確認するようにしましょう。

　　○香典や見舞金、祝い金など慶弔に際して支出した金銭
　　○海外における飲食代やゴルフ代、交通費など
　　○贈答に使用する商品券、ビール券などの購入費用

第 7 章　経理と税金のポイント 21

❼ 広告や宣伝をする

　会社や商品を広告や宣伝するための費用は、「広告宣伝費」の勘定科目で経理処理をします。「販売促進費」という勘定科目を使用する場合もあります。

↘ 経理処理のポイント

　広告宣伝費や販売促進費で経理処理するのは、会社や商品を広告や宣伝するための費用です。具体的には、次のような費目が該当します。

○テレビ、ラジオの CM、新聞、雑誌などの広告、折り込みチラシ
○会社や商品のカタログ、パンフレット制作費
○景品付き販売における景品代、ダイレクトメールの制作費、発送費
○展示会や見本会の会場費、販売促進のためのイベント代
○駅構内や電柱などの広告看板料

　広告宣伝費や販売促進費で経理処理をするのは、広告や宣伝をするためにかかった一切合切の費用であるというところがポイントになります。例えば、ダイレクトメールを使って広告宣伝をする場合、印刷代、デザイン代、宛名の記入費用、切手代、発送費などの費用がかかります。切手代は通信費、デザイン代は支払手数料……というように費目に応じた勘定科目で経理処理するのではなく、これらの費用は広告や宣伝をするためにかかった費用である、ということで、すべて広告宣伝費の勘定科目で経理処理をします。

　何故このように広告宣伝を目的とする費用をすべて広告宣伝費の勘定科目で経理処理をするかというと、広告宣伝につかった金額を常に把握することが、経営判断をするうえで重要だからです。もし広告宣伝のための費用が各勘定科目のバラバラに経理処理されていたら、いくら広告宣伝のために使ったのか、把握することができませんね。

↘ 消費税の税区分

　広告宣伝費は原則として消費税が課税されます。消費税の申告が必要な会社

199

は、会計アプリに広告宣伝費の仕訳を入力するとき、税区分が「課税仕入（8%）」になっているか、消費税が自動計算されているか確認するようにしましょう。

⑧ 公共料金を支払う （水道光熱費・通信費）

電気代、水道代、ガス代などは、「水道光熱費」の勘定科目で経理処理をします。電話代など社内外の者との連絡やコミュニケーションのためにかかる費用は「通信費」の勘定科目で経理処理をします。

↘ 経理処理のポイント

水道光熱費で経理処理をする費目は次のとおりです。

○電気代、水道代、ガス代
○店舗や事務所の冷暖房に使う灯油などの燃料費

通信費で経理処理する費目は次のとおりです。

○固定電話、携帯電話の基本料、利用料
○インターネットの回線利用料、プロバイダー利用料
○切手代、葉書代、宅配便やバイク便の料金（商品の発送費を除く）

↘ 税務署はここをチェックする

切手や葉書の購入代金は、購入時ではなく、使用時に費用計上するのが原則です。ただし毎期おおむね一定の数量を購入し、かつ日常的に使用している場合は、購入時の費用として経理処理をすることが特例として認められています。

したがって、大量の切手や葉書をまとめ買いした場合には、この特例を適用することができません。いったん「貯蔵品」（資産）の勘定科目で経理処理し、使用時に通信費勘定に経理処理することになります。

税務署の調査では、切手や葉書の購入状況を細かくチェックしますので、大

量に購入したときは、いったん、貯蔵品勘定で経理処理するようにしましょう。

↘ 消費税の税区分

通信費は原則として消費税が課税されますので、税区分が「課税仕入（8％）」になっているか、消費税が自動計算されているか確認するようにしましょう。ただし、国際電話や国際郵便の料金は、消費税が課税されません。税区分が「対象外」になっているか、消費税が自動計算されていないか確認しましょう。

❾ 手数料を支払う

銀行の振込や官公庁の各種手続きにかかる手数料などは、「支払手数料」の勘定科目で経理処理をします。販売代理店の手数料や紹介手数料などは「代理店手数料」などの勘定科目を新たに設定して経理処理をします。

↘ 経理処理のポイント

支払手数料の勘定科目で経理処理するのは、会社の運営管理上の手続きなどにかかる各種手数料です。主な費目は次のとおりです。

- ○ 銀行の振り込みや振替、各種手続きにかかる手数料
- ○ 登記所や税務署、市役所などの各種手続きにかかる手数料
- ○ 税理士や弁護士、社会保険労務士、司法書士などの専門家に支払う費用販売代理店に支払う販売手数料や得意先の紹介手数料などは、売上に関連して発生する手数料であることから、会社の運営管理上の手続きなどにかかる手数料とは性格が異なります。そこでこれらの手数料が発生したときは、「代理店手数料」などの勘定科目を新たに設定して経理処理をおこないます。

↘ 税務署はここをチェックする

税理士などの専門家に手数料を支払うときは、所得税を天引きして支払わなければなりません。所得税の徴収は会社の任意でなく義務となっています。税務署の調査では、徴収漏れがないか厳重にチェックします。もし徴収漏れが発

見されると、税務署は会社に徴収課税します。追徴された税金は、本来、支払
先から返してもらうべきものですが、現実的には、回収できないことが多くあ
ります。回収できないと……追徴額は会社が負担することになってしまいま
す。専門家に報酬を支払うときは徴収漏れがないよう充分注意してください。
（P228参照）

➘ 消費税の税区分
　支払手数料は原則として消費税が課税されます。ただし、国や地方公共団体
などに支払う証明や登記、登録、試験、検査、文書交付などの行政手数料は、
消費税が課税されません。税区分が「対象外」になっているか、消費税が自動
計算されていないか確認しましょう。

❿ 商品を得意先に発送する

　商品を得意先に発送するためにかかる費用は、「荷造包装費」と「運賃」の
勘定科目で経理処理をします。

➘ 経理処理のポイント
「荷造包装費」で経理処理するのは、段ボールやエアーキャップ（緩衝材）、
PPバンド、ガムテープなど、商品の包装や梱包にかかる費用です。「運賃」で
経理処理するのは、トラック便や宅配便など商品を発送するための運賃です。
　最近は宅配便やバイク便を使って、見積書やカタログなどの書類を発送する
ことが多くなりました。このような書類の送付にかかる費用を「荷造包装費」
や「運賃」の勘定科目で経理処理してしまいがちですが、これらの勘定科目で
経理処理するのは、あくまで商品を発送するための諸経費です。従って、得意
先へ見積書やカタログなどの書類を発送するのにかかる宅配便代や梱包費は、
商品を発送するための諸経費でなく、会社運営上の費用であることから、「消
耗品費」や「通信費」の勘定科目で経理処理をします。
　このように勘定科目を使いわけることは、損益計算書で経営分析するうえで
大変重要ですので、覚えておきましょう。なお商品を仕入れたときに支払う引

き取り運賃は、仕入代金の一部と考えるので、「仕入高」や「商品仕入高」の勘定科目で経理処理をしますので注意してください。

● 同じ宅配便の運賃でも、目的によって勘定科目が異なる！

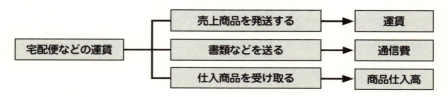

消費税の税区分

運賃や荷造包装費は原則として消費税が課税されます。ただし、海外へ商品を発送するための運賃は、消費税が課税されません。税区分が「対象外」になっているか、消費税が自動計算されていないか確認しましょう。

⓫ 給料の計算をする

従業員や役員に給料を支払うとき、給与の金額から次の保険料や税金を控除しなければなりません。

- ・厚生年金や健康保険、介護保険などの社会保険料
- ・雇用保険料
- ・所得税、住民税

給与から控除する金額は、保険料や税金の種類により算定方法が異なります。社長の浦和太郎さんと従業員（パートタイマー）の新宿花子さんの給料を例に、保険料や税金の種類ごとに、控除する金額の算定方法を詳しくみていくことにしましょう。

●浦和太郎さんと新宿花子さんの給料計算をしてみよう

摘要	浦和太郎さん（社長）	新宿花子さん（パートタイマー）
給料の支給額	報酬額　　　500,000 円 通勤手当　　 12,000 円	基本給　　　64,000 円 通勤手当　　 6,800 円 残業手当　　12,000 円
家族構成	無職の妻 小学生の子供 1 人、 高校生の子供 2 人	サラリーマンの夫(年収500万円) 高校生の子供 1 人（夫の扶養親族）
社会保険	加入あり （介護保険に該当しない）	加入なし
雇用保険の加入状況	加入なし	加入あり

経理処理のポイント（最新のパンフレットを手に入れよう）

　まずは最新の手引き、パンフレットを入手しましょう。所得税や社会保険、雇用保険などの法律は、毎年のように改正が行われているので、最新の資料をもとに、差し引く金額を計算する必要があるからです。

　手引きやパンフレットは、所轄の関係官庁で無料配布しています。また最近は、関係官庁のホームページからダウンロードして入手することもできるようになりました。給料計算に必要なパンフレットや手引き、書類と関係官庁は、次のとおりです。さっそく入手してみましょう。

社会保険料の計算に必要な手引き

　所轄の官庁は年金については日本年金機構、健康保険については全国健康保険協会（協会けんぽ）です。「社会保険事務手続きの手引き」を入手しましょう。また、最新の標準報酬月額保険料額表も入手しましょう。

（日本年金機構のホームページ http://www.nenkin.go.jp/）

第7章 経理と税金のポイント 21

この手引きに最新の情報が記載されています

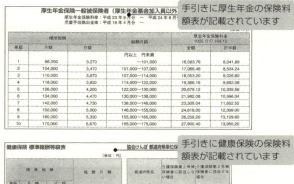

手引きに厚生年金の保険料額表が記載されています

手引きに健康保険の保険料額表が記載されています

↳雇用保険料の計算に必要な手引き

　所轄の官庁は職業安定所または労働基準監督署です。下の下敷きのような一覧表を入手しましょう。（労働局ホームページ（東京）http://www.roudoukyoku.go.jp/）

雇用保険料の計算に必要な情報が「下敷き」にまとめられています

雇用保険料率表　※平成30年度

事業の種類	保険率	事業主負担率	被保険者負担率
一般の事業	9／1000	6／1000	3／1000
農林水産・清酒製造の事業	11／1000	7／1000	4／1000
建設の事業	12／1000	8／1000	4／1000

↘ 所得税の計算に必要な手引き

　所轄の官庁は税務署です。「源泉徴収税額表」と「給与所得者の扶養控除等（異動）申告書」を入手しましょう。（国税庁のホームページ http://www.nta.go.jp/）

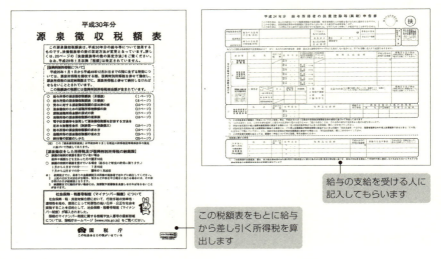

↘ 経理処理のポイント（給与から控除する社会保険料の金額を計算する）

　給与から控除する厚生年金保険料、健康保険料の金額は、日本年金機構または協会けんぽから標準報酬月額として決定された金額をもとに計算します。従って、毎月の給料の金額が変動しても、それに応じて保険料の金額が変動することはありません。

　標準報酬月額の金額は、その年に新たに社会保険に加入した方は資格取得届（社会保険に加入したときに届け出る書類 P84 参照）をもとに、継続して加入している方は算定基礎届（毎年7月に給与の金額を届け出る書類）をもとに、日本年金機構または協会けんぽが決定します。10月に社会保険に加入した方を例に、標準報酬月額の決定方法を図にすると、次のとおりになります。標準報酬月額の金額は、毎年9月に改訂されること、改正された金額が翌年8月まで使われることを理解しておきましょう。

● 標準報酬月額の決定方法

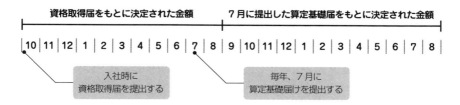

　給料から差し引く保険料の金額は、「社会保険事務手続きの手引き」に記載された保険料額表で求めます。ただし改正が頻繁に行われていますので、日本年金機構、協会けんぽのホームページで最新版を確認しておきましょう。ここでは平成30年3月の保険料額表をもとに計算を行います。では、浦和太郎さんの標準報酬月額を50万円として、保険料額表で保険料の金額を求めてみましょう。次の図のとおり、健康保険は24,750円、厚生年金は45,750円となります。

● 保険料額表から給与から控除する社会保険料の金額を求める

健康保険　標準報酬等級表(抜粋)

健保等級	月額	報酬月額 以上～未満
29	470,000	455,000 ～ 485,000
30	500,000	485,000 ～ 515,000
31	530,000	515,000 ～ 545,000

浦和太郎さんの標準的な月額報酬は50万円なので、30等級の行をみます。
標準報酬に協会けんぽ都道府県単位保険料率表の該当する都道府県の料率を乗じて保険料の金額計算します。
なお従業員負担分は1/2相当額になります。
東京都の場合、次のとおりです。
500,000 × 9.9 × 1/2 = 24,750

厚生年金保険　標準報酬等級表(抜粋)

年金等級	月額	報酬月額 以上～未満	一般被保険者 厚生年金保険料率 18.300% 全額 / 折半額
26	470,000	455,000 ～ 485,000	86,010 / 43,005
27	500,000	485,000 ～ 515,000	91,500 / 45,750
28	530,000	515,000 ～ 545,000	96,990 / 48,495

浦和太郎さんの標準的な月額報酬は50万円なので、27等級の行をみます。

27等級の行の被保険者負担額をみます。この45,750円が給料から控除する金額です。

※注意事項
・社会保険の一般的な事項について説明しました。詳しくはパンフレット等を参照してください。

・給料金額に2等級以上の大幅な変動があった場合は、月額変更届を提出し、標準報酬月額は変更されますので注意してください。
・端数処理は50銭以下切り捨てて、50銭超は切り上げる。

↘ 経理処理のポイント（給与から控除する雇用保険料の金額を計算する）

　給与から控除する雇用保険料の金額は、給料の金額に雇用保険料率をかけて算出します。従って給料の金額が変動すると、それに応じて雇用保険料の金額も変動します。社会保険料とは取り扱いが異なりますので注意してください。

　雇用保険料を差し引くのは、雇用保険の対象となる方（P86参照）だけです。役員や雇用期間の短いパートタイマーなどは対象になりませんので、雇用保険料を給料から差し引かないようにしてください。

　雇用保険の対象となる給料の金額は、基本給や技能手当、住宅手当、残業手当、通勤手当など、給料として支給されるものすべてです。所得税では非課税とされる通勤手当も、雇用保険では保険料計算の対象とされますので注意してください。

　雇用保険料率は次のページの一覧表に記載されています。給料の支払を受ける従業員のことを被保険者といいますので、雇用保険料率表の被保険者負担率を適用します。一般の事業の場合、3/1,000、つまり0.3%となります。（平成30年度）

　浦和太郎さんは、社長なので雇用保険の対象ではありません。新宿花子さんは、パートタイマーですが、雇用期間が長期なので雇用保険の対象となります。それでは、新宿花子さんの給料から控除する雇用保険の金額を計算してみましょう。

・雇用保険料率 → 3/1,000
・雇用保険料の対象となる給料 → 82,800円

$\qquad$（64,000 + 6,800 +12,000 = 82,800）

・雇用保険料の金額は 82,800×3/1,000 = 248.4 → 248円

　※端数処理は50銭以下切り捨てて、50銭超は切り上げる。

第7章　経理と税金のポイント21

●給与から控除する雇用保険料の金額を求める

雇用保険料率表（平成30年度）

事業の種類	保険率	事業主負担率	被保険者負担率
一般の事業	9／1000	6／1000	3／1000
農林水産・清酒製造の事業	11／1000	7／1000	4／1000
建設の事業	12／1000	8／1000	4／1000

新宿花子さんの給料

基本給	64,000
通勤手当	6,800
残業手当	12,000

一般の事業の被保険者、つまり従業員の負担率は0.3％である

雇用保険の対象となる給料の金額は、基本給、通勤手当、残業手当を合計した金額となる

↘ 経理処理のポイント（源泉徴収税額表の見方をマスターしよう）

　給与から控除する所得税の金額は、毎月の給料の金額を源泉徴収税額表に記載されている税額にあてはめて算出します。雇用保険料と同様に、給料の金額が変動すると、それに応じて所得税の金額が変動します。

　源泉徴収税額表には月額表、日額表……などいくつも税額表が掲載されていて、さらに税額表に甲欄、乙欄など意味不明の言葉が並んでいるので、はじめてこの税額表を見た方は「どうやって見ればいいのだろうか……」と不安に思われたことでしょう。

　しかし普段の給料計算で使うところは限られていますので、意外なほど簡単に使い方を覚えることができます。

　まずは源泉徴収税額表の表紙を見てください。表紙には源泉徴収税額表に掲載されている税額表の名前が並んでいます。給料が月ごとに支払われている場合は、給与所得の源泉徴収税額表（月額表）を使用します。アルバイトやパートタイマーの方の給料を時給や日給で計算している場合でも、支払が月払いであれば、月額表を使用します。ほとんどの会社は、給料を月払いしていると思いますので、月額表の使い方をマスターすれば良いでしょう。

　それでは源泉徴収税額表（月額表）を見てください。次の図のような税額表が掲載されていると思います。税額表には甲、乙など難しい（意味不明な）言葉が使われています。まずは言葉の意味について解説しましょう。

209

● 源泉徴収税額表に使われている難しい言葉

給与所得の源泉徴収税額表

その月の社会保険料等控除後の給与等の金額		甲								乙
		扶養親族等の数								
		0人	1人	2人	3人	4人	5人	6人	7人	
以上	未満	税額								税額
88,000 円未満		0	0	0	0	0	0	0	0	3.063%
88,000	89,000	130	0	0	0	0	0	0	0	3,200

社会保険料等控除後の給与等の金額

扶養親族等の数

甲

乙

↘「その月の社会保険料等控除後の給与等の金額」って何？

　基本給や技能手当、住宅手当、残業手当など、給料として支給されるものはすべて所得税の課税対象となりますが、次に掲げるものは所得税の計算上、控除対象または非課税として取り扱われます。

○厚生年金保険料や健康保険料などの社会保険料・雇用保険料
○通勤手当（月額 10 万円までの定期代など一定の金額）

　給料の支給金額からこれらの社会保険料や通勤手当を差し引いた金額、つまり所得税の課税対象となる給与のことを「その月の社会保険料等控除後の給与等の金額」といいます。この金額をもとに税額表の税額をみていきます。

↘「甲」「乙」って何？

　甲と乙は税額表に付けられた名前のことをいいます。甲と乙の税額表を、その月の社会保険料等控除後の給与等の金額が 88,000 円以上 89,000 円未満のところで見比べてみましょう。甲の税額は扶養親族 0 人で 130 円、1 人以上は 0 円となっています。一方、乙の税額は 3,200 円となっています。甲の税額に比べて乙の税額は断然高い！　ということがおわかりいただけるでしょう。

　所得税は、累進課税といって、給料収入が高くなればなるほど税率が上がっ

ていく仕組みになっています。2カ所以上の会社に勤務している場合、2カ所目以降の給料については乙欄の高い税額を徴収するようになっているのです。

皆さんの会社の従業員は、他の会社で働いていますか？ 働いている場合、皆さんの会社が主たる勤務先ですか？ 従業員からなんらかの申告をしてもらわないと、会社では判断がつきません。そこで甲の税額表を使って税金を控除してほしい人は、会社に「扶養控除等申告書」という書類を提出するという、仕組みがとられています。

● 甲と乙の税額表の使い分け

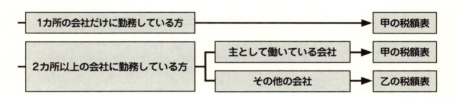

「扶養親族等の数」って何？

年間所得38万円以下（給与収入だけの場合年間103万円以下）の配偶者や子供などの家族は、配偶者控除や扶養控除の適用を受けることができます。また一定の障害者や寡婦、寡夫、勤労学生についても、一定の控除を受けることができます。これらの控除の合計数のことを扶養親族等の数といいます。 扶養控除等申告書に記載された内容をもとに、扶養親族等の数を把握し、甲の税額表にあてはめて所得税額を求めます。

※ 平成23年分より年齢16歳未満の子供は控除対象でなくなりましたので、注意してください。

○○ 年分　給与所得者の扶養控除等（異動）申告書

扶

浦和太郎さんの扶養親族等の数は3人

○○ 年分　給与所得者の扶養控除等（異動）申告書

扶

新宿花子さんの扶養親族等の数は0人

第7章　経理と税金のポイント21

↘ 経理処理のポイント（給与から控除する所得税を計算する）

浦和太郎さんと新宿花子さんの所得税を求めてみましょう。

● 浦和太郎さん

その月の社会保険料等控除後の給与等の金額

→ 500,000 − 24,750 − 45,750 = 429,500

扶養親族等の数

→ 無職の妻と高校生の子供2人が対象になりますので3人です。

　小学生の子供は対象になりません。

税額表でこの条件にあった税額を求める

→ 給料から差し引く所得税の金額は 9,260 円になります。

給与所得の源泉徴収税額表

その月の社会保険料等控除後の給与等の金額		甲								乙
		扶養親族等の数								
		0人	1人	2人	3人	4人	5人	6人	7人	
以上	未満				税額					税額
425,000	428,000	18,710	15,480	12,240	9,020	7,030	5,420	3,810	2,180	
428,000	431,000	18,960	15,720	12,490	9,260	7,160	5,540	3,930	2,310	

● 新宿花子さん

その月の社会保険料等控除後の給与等の金額

→ 64,000 + 12,000 − 248 = 75,752

扶養親族等の数

→ 0人です

税額表でこの条件にあった税額を求める

→ 給料から差し引く所得税の金額は 0 円になります。

213

給与所得の源泉徴収税額表

その月の社会保険料等控除後の給与等の金額		甲								乙
		扶養親族等の数								
以上	未満	0人	1人	2人	3人	4人	5人	6人	7人	税額
		税額								税額
88,000 円未満		0	0	0	0	0	0	0	0	3.063%
88,000	89,000	130	0	0	0	0	0	0	0	3,200

↘ 経理処理のポイント（給与から控除する住民税の金額）

給与から控除する住民税の金額は、従業員の住所地の市役所などから特別徴収税額として通知された金額となります。通知された住民税は、その年分でなく、前年分の収入に対する住民税であることに注意してください。従って、毎月の給料の金額が変動しても、それに応じて住民税の金額が変動することはありません。

特別徴収税額は、毎年5月頃、その年の6月から翌年の5月まで徴収する金額を、市役所などから会社に通知されます。

●住民税の仕組み

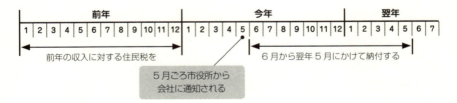

住民税の通知書は次のとおりです。税額の表の月割額に記載された金額が給与から控除する住民税の金額となります。6月分の金額は6月に支払う給料の金額から控除し、翌月、つまり7月10日までに納付します。7月分以降の金額は、7月から翌年5月までに支払う給料から控除する金額です。

第 7 章 経理と税金のポイント 21

●住民税の特別徴収税額通知書の見方

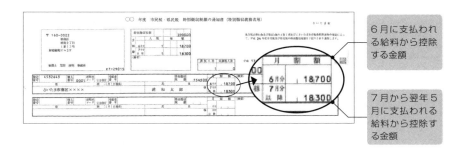

経理処理のポイント（給与明細書の作成と記帳）

給与計算が終わったら、給与明細書を作成し従業員に交付します。給与明細書は、市販の様式を利用しても良いですし、Excel などで作成しても良いでしょう。

●給与明細書のフォームと記入例

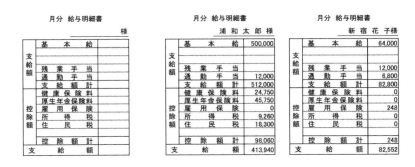

給料の支給額は、支給をうける人が役員であるときは「役員報酬」、社員であるときは「給料手当」、アルバイトやパートタイマーであるときは「雑給」の勘定科目で経理処理をします。控除額は、「預り金」勘定で経理処理をします。浦和太郎さんと新宿花子さんの給料支払の仕訳は次のとおりになります。

215

● 浦和太郎さん

（借方）役員報酬 500,000	（貸方）現 金 413,940
（借方）役員報酬 12,000	（貸方）預り金 98,060

● 新宿花子さん

（借方）雑給 76,000	（貸方）現 金 82,552
（借方）雑給 6,800	（貸方）預り金 248

※通勤手当については、旅費交通費の勘定科目で経理処理する場合があります。
※役員報酬は役員給与の勘定科目で経理処理する場合があります。

↘ 経理処理のポイント（賃金台帳の作成）

　給料の支給が済んだら、賃金台帳に支給額や社会保険料の金額、所得税の金額などを転記しましょう。税務署の源泉徴収簿の書式を利用しても良いのですが、住民税や非課税交通費の記入欄がなく使い勝手が悪いので、次の書式の賃金台帳を Excel で作成すると良いでしょう。

賃金台帳（一人別源泉徴収簿）　　　〇〇　年分

所属		職名		住所				氏名	（生年月日）		
区分	月	支給月日	総支給額				社会保険料等の金額		社会保険料控除後の額 A+B+C-E-F	所得税	住民税	支給額
			基本給			非課税交通費	社会保険料	雇用保険				G+D-H-I
			A	B	C	D	E	F	G	H	I	J
給料	1											
	2											
	3											
	4											
	5											
	6											
	7											
	8											
	9											
	10											
	11											
	12											
	計											
賞与												
	計											

第7章　経理と税金のポイント21

●浦和太郎さんの賃金台帳記入例

賃金台帳（一人別源泉徴収簿）　　　○○　年分

所属			職名		住所				氏名		
									(生年月日)		

区分	月	支給月日	総支給額				社会保険料等の金額		社会保険料控除後の額	所得税	住民税	支給額
			基本給			非課税交通費	社会保険料	雇用保険	A+B+C-E			G+D-H-I
			A	B	C	D	E	F	G	H	I	J
給料	1											
	2											
	3											
	4	4　25	500,000			12,000	70,500		441,500	9,260	18,300	413,940
	5											
	6											
	7											
	8											
	9											
	10											

基本給の金額を転記する　　通勤手当の金額を転記する　　健康保険・厚生年金の保険料の金額を転記する　　所得税の金額を転記する　　住民税の金額を転記する

↘ 消費税の税区分

　給料の支給額には、原則として消費税が課税されません。ただし、通勤手当のうち、通勤に通常必要であると認められる部分の金額は、消費税が課税されます。税区分が「課税仕入（8％）」になっているか、消費税が自動計算されているか確認しましょう。所得税が非課税とされる通勤手当には、月額10万円までと、限度額が設けられていますが、消費税については限度額が設けられていません。したがって、限度額を超えたため、所得税が課税される通勤手当についても、消費税が課税されますので注意してください。

↘ 税務署はここをチェックする

　扶養控除等申告書は、毎年、最初に給料の支払いをうける日の前日までに会社に提出することになっています。税務署の調査官は、甲の税額表で所得税を控除している人の扶養控除等申告書がきちんと保存されているかチェックをします。もし保存されていないと、税務署は甲の税額表の使用を認めず、乙の税額表で計算した源泉税との差額を追徴課税します。

　最近、扶養控除等申告書の保存漏れによる追徴課税が非常に多く発生しています。社長さん自身の扶養控除等申告書の保存がないので追徴課税された……

217

このようなことにならないよう気をつけください。

↳ こうすればもっと簡単に経理ができる

　従業員がひとり、ふたりと少人数の時には負担に感じなかった給与計算も、従業員の数が増えるにしたがって、大変な作業になってきます。従業員の数が5人を超えたら、Excelを使って給与計算を行うとよいでしょう。従業員の数が10人を超えたら市販の給与計算ソフトを使って給与計算を行うと良いでしょう。

　所得税などの計算が自動的にできるExcelシートの作り方は、『経理に使えるExcel事典』『朝15分で経理ができる』（共に明日香出版社刊）で、詳しく解説していますので、ぜひご一読ください。

　市販の給与計算ソフトは、PCA、OBC、弥生など会計アプリのメーカーから、安くて使いやすいものが発売されています。会計アプリと同様に、各メーカーのホームページ（P156参照）からデモ版をダウンロードできます。

⑫ 賞与の計算をする

　ボーナスを支払うときも、給料と同様に、賞与の支給額から次の保険料や税金を控除した金額を支払います。

　・厚生年金や健康保険、介護保険などの社会保険料

　・雇用保険料

　・所得税

　　　　　　　　＊住民税は賞与から控除する必要はありません

　賞与から控除する金額は、保険料や税金の種類によって算定方法が異なります。社長の浦和太郎さんと従業員（パートタイマー）の新宿花子さんの賞与を例に、保険料や税金の種類ごとに、控除する金額の算定方法をみていくことにしましょう。ここでは平成30年4月の保険料額表をもとに計算を行います。

第 7 章　経理と税金のポイント 21

摘要	浦和太郎さん（社長）	新宿花子さん（パートタイマー）
賞与の支給額	1,000,000 円	200,000 円
家族構成	無職の妻 小学生の子供 1 人、 高校生の子供 2 人	サラリーマンの夫（年収 500 万円） 高校生の子供 1 人（夫の扶養親族）
社会保険	加入あり （介護保険に該当しない）	加入なし
雇用保険の加入状況	加入なし	加入あり

↘ 経理処理のポイント（賞与から控除する社会保険料の金額）

　賞与から控除する厚生年金保険料、健康保険料の金額は、標準賞与額に保険料率をかけた金額の 2 分の 1 相当額です。（原則として 50 銭以下切り捨て 50 銭超切り上げ）

　・厚生年金保険料 ＝ 標準賞与額 × 厚生年金保険料率 × 2分の1
　・健康保険料の金額 ＝ 標準賞与額 × 健康保険料率 × 2分の1

　標準賞与額は賞与の金額を 1,000 円未満切り捨てした金額で、健康保険の場合は 1 年度で 573 万円上限、厚生年金保険の場合は 1 ヶ月につき 150 万円が上限となります。

　保険料率は次のとおりです。（平成 30 年 4 月現在）

摘要	健康保険		厚生年金保険
	介護保険非該当者	介護保険該当者	
保険料率	9.9%	11.47%	18.3%

　浦和太郎さんの厚生年金保険料、健康保険料の金額を求めてみましょう。なお、新宿花子さんは社会保険に加入していないので、社会保険料を差し引く必要はありません。

219

●浦和太郎さんの健康保険料、厚生年金保険料

健康保険料（東京都協会けんぽの場合）

→ 1,000,000 × 9.9%× 2 分の 1 = 49,500

厚生年金保険料

→ 1,000,000 × 18.3%× 2 分の 1 = 91,500

↘ 経理処理のポイント（賞与から控除する雇用保険料の金額を計算する）

賞与から控除する雇用保険料は、賞与の金額に雇用保険料率をかけて算出します。

雇用保険料＝賞与の支給額×雇用保険の被保険者負担率

雇用保険料率は、給料から控除する雇用保険料と同じです。一般の事業の場合、3/1000、つまり 0.3% となります。

それでは、新宿花子さんの賞与から控除する雇用保険料の金額を計算していきましょう。なお浦和太郎さんは雇用保険の対象者でないので、雇用保険料を差し引く必要はありません。

●新宿花子さんの雇用保険料

200,000 × 1,000 分の 3 = 600 円

↘ 経理処理のポイント（源泉徴収税額表の見方をマスターする）

賞与から控除する所得税の金額は、源泉徴収税額表に記載されている「賞与に対する源泉徴収税額の算出率の表」を使って次のように算出します。

STEP1　税率を求める

賞与の支払をうける者の「前月の社会保険料等控除後の給与等の金額」と「扶養親族等の数」から、賞与に対する源泉徴収税額の算出率の表で「賞与にかける率」を求める

第 7 章　経理と税金のポイント 21

STEP2　税額を求める

「賞与の支給額から社会保険料等を控除した金額」に「賞与にかける率」を乗じて税額を求める

↘ 経理処理のポイント（賞与から控除する所得税を計算する）

浦和太郎さんと新宿花子さんの所得税を求めてみましょう。

● 浦和太郎さん

前月の社会保険料等控除後の給与等の金額と扶養親族等の数

→ 429,500 円、扶養親族等の数 3 人　※ P213 参照

税額表でこの条件にあった税率を求める

→ 下の図のとおり税率は 10.21% になります。

賞与に対する源泉徴収税額の算出率の表（抜粋）

賞与の金額に乗ずべき率	甲								乙
	扶養親族等の数								
	0人		1人		2人		3人		税額
	前月の社会保険料等控除後の給与の金額								
	以上	未満	以上	未満	以上	未満	以上	未満	
0	68,000円未満		94,000円未満		133,000円未満		171,000円未満		
2.042	68,000	79,000	94,000	243,000	133,000	269,000	171,000	295,000	
4.084	79,000	252,000	243,000	282,000	269,000	312,000	295,000	345,000	
6.126	252,000	300,000	282,000	338,000	312,000	369,000	345,000	398,000	
8.168	300,000	334,000	338,000	365,000	369,000	393,000	398,000	417,000	
10.210							417,000	445,000	
12.252	363,000	395,000	394,000	422,000	420,000	450,000	445,000	477,000	

「賞与の支給額から社会保険料等を控除した金額」に税率をかけて税額を求める

→ (1,000,000 − 49,500 − 91,500) × 10.21% = 87,703円

● 新宿花子さん

前月の社会保険料等控除後の給与等の金額と扶養親族等の数

→ 75,752 円、扶養親族等の数 0 人　※ P213 参照

税額表でこの条件にあった税率を求める

→ 下の図のとおり税率は 2.042% になります。

221

賞与に対する源泉徴収税額の算出率の表（抜粋）

賞与の金額に乗ずべき率	甲 扶養親族等の数								乙
	0人		1人		2人		3人		
	前月の社会保険料等控除後の給与等の金額								税額
	以上	未満	以上	未満	以上	未満	以上	未満	
0	68,000円未満		94,000円未満		133,000円未満		171,000円未満		
2.042	68,000	79,000	94,000	243,000	133,000	269,000	171,000	295,000	
4.084	79,000	252,000	243,000	282,000	269,000	312,000	295,000	345,000	
6.126	252,000	300,000	282,000	338,000	312,000	369,000	345,000	398,000	
8.168	300,000	334,000	338,000	365,000	369,000	393,000	398,000	417,000	
10.210	334,000	363,000	365,000	394,000	393,000	420,000	417,000	445,000	
12.252	363,000	395,000	394,000	422,000	420,000	450,000	445,000	477,000	

「賞与の支給額から社会保険料等を控除した金額」に税率をかけて税額を求める

→（200,000−600）×2.042％＝4,071円

➘ 経理処理のポイント（賞与明細書の作成と記帳）

賞与計算が終わったら、賞与明細書を作成し従業員に交付します。賞与明細書は、市販の様式を利用しても良いですし、Excel などで作成しても良いでしょう。

● 賞与明細書のフォームと記入例

月支給 賞与明細書

様

	基 本 給	
支給額	残 業 手 当	
	通 勤 手 当	
	支 給 額 計	
控除額	健 康 保 険 料	
	厚生年金保険料	
	雇 用 保 険	
	所 得 税	
	住 民 税	
	控 除 額 計	
支 給 額		

7月支給 賞与明細書

浦 和 太 郎 様

	賞 与 支 給 額	1,000,000
支給額		
	支 給 額 計	1,000,000
控除額	健 康 保 険 料	49,500
	厚生年金保険料	91,500
	雇 用 保 険	0
	所 得 税	87,703
	控 除 額 計	228,703
支 給 額		771,297

7月支給 賞与明細書

新 宿 花 子 様

	基 本 給	200,000
支給額		
	支 給 額 計	200,000
控除額	健 康 保 険 料	0
	厚生年金保険料	0
	雇 用 保 険	600
	所 得 税	4,071
	控 除 額 計	4,671
支 給 額		195,329

賞与の支給額は、「賞与」の勘定科目で経理処理をします。控除額は、「預り金」勘定で経理処理をします。浦和太郎さんと新宿花子さんの賞与支払の仕訳は次のとおりになります。

※浦和太郎さんは役員であることから、役員給与の勘定科目で経理処理することがあります。

● 浦和太郎さん

（借方）賞　与	1,000,000	（貸方）現　金	771,297
		（貸方）預り金	228,703

● 新宿花子さん

（借方）賞　与	200,000	（貸方）現　金	195,329
		（貸方）預り金	4,671

↘ 経理処理のポイント（賃金台帳の作成）

賞与の支給が済んだら、賃金台帳に支給額や社会保険料の金額、所得税の金額などを転記しましょう。浦和太郎さんの賞与を賃金台帳につけると、次のとおりになります。

● 浦和太郎さんの賃金台帳記入例

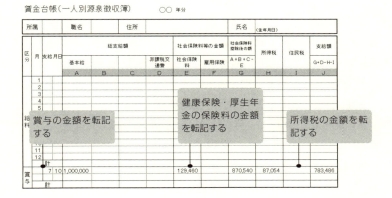

⓭ 役員に報酬や賞与を支払う

　従業員に支払う給料や賞与は、税金計算上の費用に計上することができますが、役員へ支払う報酬や賞与は、費用として計上できない場合がありますので注意が必要です。

　特に役員に支払う賞与は、費用に計上できない場合がある、というより費用として計上できる場合がある、といったほうが適切かもしれません。従業員を役員として処遇したばかりに、平役員を常務にしたばかりに、役員に会社の株をもってもらったばかりに……、報酬や賞与が税金計算上の費用にならなくなり、たくさんの税金を納めることになったという事例は、本当にたくさんあります。

　税金のことだけを考えて、人事を行うわけにはいきませんが、税金の規則を知らなかったことで、たくさんの税金をとられたのでは悔やんでも悔やみ切れないと思います。ここで、役員の報酬と賞与についての税金のきまりをしっかりと押さえて下さい。

↘ 税務署はここをチェックする（役員報酬）

　毎月、定額で支払われる役員報酬は、税金計算上費用計上することができます。ただし、次のような役員報酬は、費用計上することができません。

● **不適切な報酬**
　　→ 役員報酬を働いていない親族（妻、親、兄弟、子供）に対して支払った。

● **定款などに定めた支給限度額を超過している金額**
　　→ 支給限度額を超えて役員報酬を増額したとき、取締役会または株主総会
　　　の議事録を作成しなかった。　※議事録のサンプルはP50に掲載

● **事業年度開始の日から3ヶ月を経過した日以降に増減した金額**
　　→ 中間決算をしたところ、業績がよかったので役員報酬を増額した。
　　→ 4月の従業員の昇給時期と同時期に役員報酬を増額した。

※4月〜12月が決算月の会社は、役員報酬を4月に増額すると「事業年度開始の日から
　3ヶ月以内に増額」に該当しないので、増額した金額を費用計上することはできません。

第7章　経理と税金のポイント 21

↘ 節税のポイント（役員賞与）

　役員賞与は税金計算上の費用に計上することができません。ただし「使用人兼務役員の使用人分賞与」、「事前に税務署に届け出た賞与」については費用計上できます。節税のため、要件や手続きをしっかりと押さえておきましょう。

●使用人兼務役員の使用人分賞与

　使用人兼務役員とは常時使用人としての職務に従事する役員をいいます。使用人兼務役員に対して支払う使用人の職務に対する賞与は税金計算上の費用に計上することができます。

使用人兼務役員の範囲とは…

　使用人兼務役員は使用人としての地位がある役員です。したがって次のような役員は使用人兼務役員になることができません。

・社長、常務、専務などの役付きの役員
　→ 取締役営業部長が功績を上げたので常務取締役営業部長として処遇した。

・営業部長、工場長、営業所長など使用人としての職制上の地位がない役員
　→ 取締役営業部長を、取締役営業担当として処遇した。

・ オーナーの同族関係者で、5% 超（配偶者分を含む）の株式を所有している役員
　→ 取締役営業部長（オーナーの配偶者）に賞与を支給した。
　→ 取締役営業部長（オーナーの子供）が6%の株式を取得した。

使用人としての職務に対する賞与とは…

　費用計上できる賞与は、使用人としての職務に対する部分に限られています。従って次のような賞与は、税金計算上の費用に計上することができません。

・使用人の賞与支給時に支給しなかった賞与
　→ 従業員は6月と12月に賞与を支給しているが、使用人兼務役員の賞与を3月に支給した。

・使用人賞与の額として適正な金額を超過している金額
　→ 使用人兼務役員に対して支払った賞与の金額が同じような仕事をしている従業員に支給した賞与の金額を超えていた。

225

※適正な賞与金額の具体的な計算例

使用人兼務役員と従業員の「使用人分給与に対する賞与の比率（支給倍率）」を比較することで、使用人賞与としての適正な金額を算出します。具体的な算出方法は次のとおりです。

東京工場長（役員）　　　　　月給 50万円　　　　賞与200万円

大阪工場長（従業員）　　　　月給 40万円　　　　賞与120万円

役員である東京工場長の賞与は月給の4倍ですが、従業員である大阪工場長の賞与は給与の3倍です。

東京工場長の賞与のうち3倍までの金額（50万円×3＝150万円）までが、使用人としての適正な金額となります。従って、賞与のうち150万円を超えている金額（50万円）は、税金計算上の費用に計上できません。

●事前に税務署に届け出た賞与

　株主総会等で、役員に支払う賞与の金額と時期を定めている場合は、事前に税務署に届け出ることにより、税金計算上の費用にできるようになりました。この制度は平成18年4月1日以後開始の事業年度より適用されます。届出書の名称は「事前確定届出給与に関する届出書」です。所轄の税務署または国税庁のホームページからダウンロードできます。届出の期限は、賞与にかかる職務の執行を開始する日と事業年度開始の日から3ヶ月を経過した日とのいずれか早い日とされていましたが、平成19年度の改正で職務執行開始日から1ヶ月を経過する日と事業年度開始の日から4ヶ月を経過した日とのいずれか早い日とされました。

　提出期限に遅れたり、届け出た賞与の金額と異なる金額を支払ったりすると、税金計算上の経費にできませんので注意してください。

↘ 届出の期限

●通常の場合

　株主総会等で決議をした日から1月を経過する日になります。3月決算の会社を例に提出の期限を具体的に見てみましょう。

→ 5月25日に開催した株主総会で決議した場合

　届出の期限は5月25日から1月を経過する日、つまり6月25日となります。

第7章 経理と税金のポイント21

● **新設法人の場合**

設立をした日以後2月を経過する日になります。3月決算の会社を例に届け出の期限を具体的にみてみましょう。

→9月10日に設立した場合

届出の期限は9月10日から2月を経過する日、つまり11月10日となります。

※ここでは紙面の関係上、一般的なケースについての説明しかできませんでした。実際の届出にあたっては所轄の税務署等に期日に誤りがないか確認をしてください。

株主総会等で決議（議事録を作成）し、税務署に届出をすれば、役員賞与は税金計算上の費用にすることができる！

227

⓮ 税理士やデザイナーに報酬を支払う

　税理士や弁護士、デザイナーなどに報酬を支払うとき、会社は給料やボーナスを支払うときと同様に、所得税を源泉徴収する必要があります。源泉徴収が必要な報酬は、たいへん範囲が広く、こんな報酬にも源泉徴収が必要だった……と思われるものもたくさんあります。

　例えば、社内の勉強会に外部講師を招き講演をしてもらった、ホームページのデザインをしてもらった……などのために支払う報酬は、源泉税の対象になります。

　源泉徴収して報酬を支払うことは会社の義務なので、源泉徴収をしないで支払った報酬が税務署の調査で発見されると、会社は「源泉徴収すべき金額」を税務署に納めなければなりません。徴収漏れをしないよう、源泉徴収が必要な報酬の範囲を押さえておきましょう。

↘ 経理処理のポイント（源泉徴収が必要な報酬の範囲）

　源泉徴収が必要とされる主な報酬と税率は次のとおりです。

第7章　経理と税金のポイント 21

源泉税のかかる主な報酬

区分	具体例	源泉税の額
原稿の報酬	原稿料、監修料、標語や文の懸賞の入賞金	1回の支払金額のうち 100万円以下の金額 ・・・・10.21% 100万円を超える金額 ・・・20.42%
デザインの報酬	工業デザイン、広告デザイン、展示会等の展示装飾	
講演の報酬	講演にかかる講師の謝金	
教授・指導料	技芸、スポーツ、知識等の教授・指導料	
翻訳の報酬	翻訳の料金	
専門家の報酬	弁護士、公認会計士、税理士、社会保険労務士の報酬	
コンサルタントの報酬	中小企業診断士、経営コンサルタントの報酬	
建築士の報酬	設計、工事管理、調査、鑑定の報酬	
不動産鑑定士の報酬	不動産の鑑定評価の報酬	
司法書士の報酬	登記書類の作成など	（報酬の金額－ 10,000 円） × 10.21%
外交員の報酬	歩合制のセールスマンや外交員の報酬	（報酬の金額－ 120,000 円） × 10.21%
広告のための賞金	広告や宣伝のための賞金（商品券や車など物品を含む）	（報酬の金額－ 500,000 円） × 10.21%

　源泉徴収が必要とされる報酬の範囲は、国税庁の「源泉徴収のあらまし」という手引きに詳しく掲載されています。この「源泉徴収のあらまし」は、税務署で無料配布していますので、1冊手に入れておくと良いでしょう。忙しくて税務署に行けない方は、国税庁のホームページからダウンロードして入手することもできます。（国税庁ホームページ　http://www.nta.go.jp/ 「パンフレット・手引き」→「源泉所得税関係」→「源泉徴収のあらまし」）

　手引きの「第五 報酬・料金等の源泉徴収事務」のところに、源泉徴収が必要とされる報酬の一覧表が掲載されています。源泉徴収が必要な報酬の範囲は

229

たいへん広いので、ぜひ一読して、皆さんの会社で支払をする報酬について、源泉徴収の義務があるか、ないか、確認をしておきましょう。特に次の業種を営んでいる会社は源泉徴収の義務のある報酬を支払うことが多いので注意が必要です。

デザイン、設計、出版、芸能、イベント、広告代理店、コンサルタント、バー・キャバレー、翻訳、不動産業など

詳しい一覧表は源泉徴収のあらましに掲載されています。

「源泉徴収のあらまし」を
手に入れよう

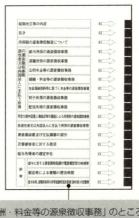

「報酬・料金等の源泉徴収事務」のところに
詳しい一覧表が掲載されている

↘ 経理処理のポイント

　報酬の支払は「支払手数料」などの勘定科目で次のとおり経理処理をします。源泉徴収した所得税の金額は、「預り金」勘定で経理処理をします。デザイナーの山田義男さんへ支払った広告デザイン料を例に、仕訳について具体的に説明しましょう。

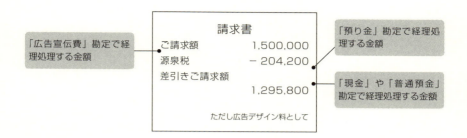

● **源泉税の金額について**

支払金額が100万円を超えているので、次のように計算します。
- 100万円以下の金額　　100万円×10.21％＝102,100円
- 100万円超の金額　　（150万円－100万円）×20.42％
　　　　　　　　　　　＝102,100円
- 源泉税の金額　　　　102,100円＋102,100円＝204,200円

このように仕訳をしましょう。

（借方）広告宣伝費	1,500,000	（貸方）現　金	1,295,800
		（貸方）預り金	204,200

↘ 税務署はここをチェックする

　源泉徴収は会社の義務であることをしっかりと認識しておきましょう。たとえばデザイナーさんから源泉税を差し引いていない請求書が届いて、それに従って報酬を支払ったようなケースでも、税務署は、源泉税を徴収する義務を怠ったとして、会社に追徴課税をします。最近の税務調査では、源泉税の調査に重点が置かれる傾向にあります。徴収漏れがないよう注意しましょう。

↘ 節税のポイント

　報酬の請求書に消費税の金額が別立て表示されている場合には、報酬の本体価額のみを源泉徴収の対象とすることができます。

⓯ 税金を支払う

　法人税、事業税、印紙税、源泉所得税、自動車税、登録免許税……など、会社はさまざまな税目の税金を支払います。これらの税金は、その性格により、会社の財産や文書などにかかる税金、会社の儲けにかかる税金、給料や報酬などから源泉徴収した税金、に分類することができます。分類ごとに、税金の種類や経理処理する勘定科目について詳しく見ていくことにしましょう。

↘経理処理のポイント（会社の財産や文書などにかかる税金）

　本社や工場の土地や建物を所有する会社には固定資産税などの税金がかかります。また領収書や契約書を作成すると印紙税がかかります。このような会社の所有する財産や作成した文書にかかる税金は、「租税公課」の勘定科目で経理処理をします。租税公課は、損益計算書で給料や広告宣伝費などと同様に販売費及び一般管理費に分類される費用に使用される勘定科目です。つまりこれらの税金は「会社を運営していく上でのコスト」として認識されることになります。次項で説明する「会社の儲けにかかる税金」とは、損益計算書において表示される場所が異なりますので注意してください。

　会社の財産や文書などにかかる税金（租税公課の勘定科目で経理処理する税金）には次のようなものがあります。

　　○領収書などに貼付する・・・収入印紙（印紙税）
　　○自動車の所有者に課税される・・・自動車税、自動車取得税、重量税
　　○登記をしたときにかかる・・・登録免許税

第7章　経理と税金のポイント21

○不動産の所有者にかかる・・・不動産取得税、固定資産税
○備品などの所有者にかかる・・・償却資産税
○税金の申告や納付が遅れたときかかる・・・延滞税、延滞金、過少申告加算税等

（借方）租税公課　　　　×××　　　　（貸方）現金　　　　×××

↘ 経理処理のポイント（会社の儲けにかかる税金）

　会社の儲けにかかる税金には、国税として法人税、地方税として法人都道府県民税、事業税、法人市町村民税があります。これらの税金は「法人税等」（費用）の勘定科目で経理処理をします。決算のとき未払い計上し、支払のときその未払いを取り崩す……というように、少し複雑な経理処理を行います。3月決算の会社を例に、具体的な経理処理の方法について説明しましょう。

●3月31日（決算日）

　決算日にその営業年度の儲けにかかる法人税、法人都道府県民税、事業税、法人市町村民税の金額を計算し未払い計上します。未払い計上にあたっては、「未払法人税等」（負債）の勘定科目を使用し、次のとおり経理処理をします。

（借方）法人税等　　　　×××　　　　（貸方）未払法人税等　×××

●5月31日　（税金の納期限）

　法人税、法人都道府県民税、事業税、法人市町村民税の納付期限は決算日の翌日から2ヶ月以内です。納付した税金は、次のとおり経理処理をします。

（借方）未払法人税等　　×××　　　　（貸方）現金など　　　×××

●11月30日（予定納税の納期限）

　前年の法人税額が20万円を超える会社は、中間決算日の翌日から2ヶ月以

233

内に予定納税をしなければなりません。納付した税金は、次のとおり経理処理をします。

| （借方）法人税等　　×××　　（貸方）現金など　　××× |

● 儲けにかかる税金の経理処理（3月決算の場合）

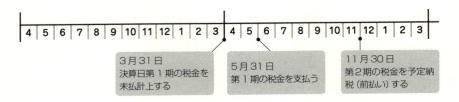

3月31日
決算日第1期の税金を未払計上する

5月31日
第1期の税金を支払う

11月30日
第2期の税金を予定納税（前払い）する

↘ 経理処理のポイント（給料などから天引きする税金）

　会社は、次に掲げる費用を支払うとき、所定の方法により計算した所得税を支払金額から天引きし、税務署に納めなければなりません。

　　○従業員などに給料や賞与を支払うとき（P209、220参照）
　　○税理士やデザイナーなどに報酬を支払うとき（P228参照）
　　○配当金を支払うとき
　　○非居住者（外国人など）に対して不動産賃借料などを支払うとき

　支払に際して徴収した所得税は、徴収した月の翌月10日までに税務署に納付しなければなりません。ただし、納期の特例についての所定の手続きをしている会社は、給料や賞与、税理士報酬、司法書士報酬などの徴収額について、納期限を半年に一度に延ばすことが認められています。

第 7 章　経理と税金のポイント 21

● 源泉徴収した税金の納期限

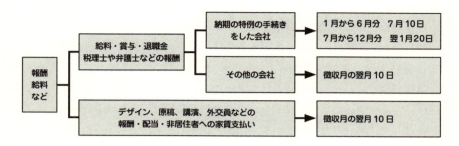

　源泉所得税は会社が負担する税金ではなく、従業員や税理士などから会社が一時的に預かり、税務署に納付する税金であることから、預り金の勘定科目を使って次のように経理処理をします。P217 の浦和太郎さんの給料を例に仕訳を説明しましょう。

● 給料を支払ったとき

（借方）役員報酬	512,000	（貸方）現金	413,940
		（貸方）預り金	9,260
			以下省略

● 源泉税を支払ったとき

（借方）預り金	9,260	（貸方）現金	9,260

↘ 経理処理のポイント（源泉税の納付書の書き方）

　給与・賞与・退職金、税理士や弁護士の報酬は「給与所得、退職所得等の所得税徴収高計算書（納付書）」を、その他の報酬は「報酬料金等の所得税徴収高計算書（納付書）」を使用して、税務署に納付します。納付書の書き方は右図を参考にしてください。

↘ 税務署はここをチェックする

　税金の申告や納付が遅れると延滞税、延滞金、過少申告加算税など、本来払

235

わなくてもよい税金が課せられますので注意しましょう。さらにこれらの税金は、罰金的な性格を持っているので、法人税などの課税対象となります。（支払った延滞税などにさらに法人税などがかかるという意味です）

　特に源泉所得税は、預り金としての性格をもつため、加算税の税率が高いので注意しましょう。うっかりミスで1日でも期限に遅れると、5％の不納付加算税が課せられます。税務署は源泉税の納付の状況を厳重にチェックしています。もし所定の期限に納付がない場合は、葉書等で照会したり、呼び出しをしたりして、納付されていない税金の額を調査します。このような税務署の調査にもとづき納付した源泉税には、10％の不納付加算税が課せられます。無駄な税金を払うことにならないようにするため、源泉税の納期限には充分注意しましょう。

❯ 消費税の税区分

　税金は原則として消費税が課税されません。税区分が「対象外」になっているか、消費税が自動計算されていないか確認するようにしましょう。

❯ こうすればもっと簡単に経理ができる

　預金や売掛金などの場合と同様に、預り金の勘定科目に源泉所得税の補助科目を設定しましょう。源泉税の納付管理を確実に行うことができます。また租税公課や法人税等の勘定科目に税金の種類ごとの補助科目を設定しましょう。税目ごとの支払状況を補助元帳や補助科目集計表で簡単に確認できるようになります。

第7章　経理と税金のポイント 21

●給料の源泉税納付書の書き方

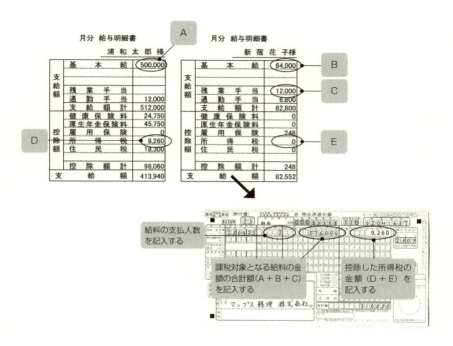

●デザイン・講演料などの源泉税納付書の書き方

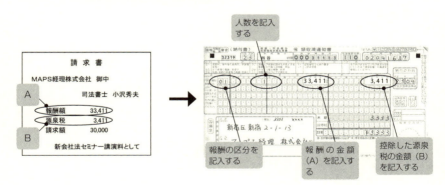

⓰ 社会保険料を支払う

　会社が日本年金機構、協会けんぽや労働局に支払う保険料の金額には、給与などから控除して預かった金額のほか、会社が負担する保険料の金額が含まれていますので、経理処理をするとき注意が必要です。

↘ 経理処理のポイント（社会保険）

　社会保険料は毎月中旬頃に日本年金機構・協会けんぽから送付される「納入告知書」（納付書）によって納付します。「納入告知書」に記載された納付額は、健康保険料、厚生年金保険料、児童手当拠出金の総額です。児童手当拠出金はすべて会社負担ですが、健康保険料、厚生年金保険料は、従業員と会社が2分の1ずつ負担することになります。
　会社負担の社会保険料は、「法定福利費」の勘定科目で経理処理をします。従業員負担の社会保険料は、「預り金」の勘定科目で経理処理をします。
　次の保険料納入告知額通知書の例で、仕訳について具体的に説明しましょう。健康保険料は、49,500円のうち従業員負担分が24,750円、会社負担分が24,750円です。厚生年金保険料は、91,500円のうち従業員負担分が45,750円、会社負担分が45,750円です。児童手当拠出金は650円が会社負担です。
　健康保険料と厚生年金保険料の従業員負担額は、前月給料から控除した金額と一致します。

↘ 保険料納入告知書の内容を分析してみよう

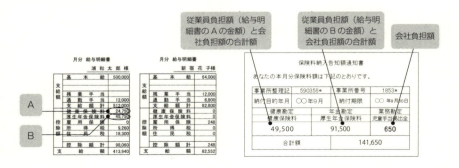

第 7 章　経理と税金のポイント 21

社会保険料を支払ったときの仕訳は次のとおりです。

（借方）預り金　　24,750　　　（貸方）現金　　　141,650

（借方）預り金　　49,500

（借方）法定福利費　　67,400

なお法定福利費の内訳は次のとおりです。

①健康保険料の会社負担額・・・・・49,500 − 24,750=24,750 円
②厚生年金保険料の会社負担額・・・91,500 − 49,500=49,500 円
③児童手当拠出金の会社負担額・・・650 円

　　　　　　　　　　　　　　①＋②＋③＝74,900 円

↘ 経理処理のポイント（労働保険）

　労働保険料は、前年4月から本年3月までの確定保険料と、本年4月から翌年3月までの概算保険料を、所轄の労働局に5月20日までに納付するとされていましたが、平成21年度より7月10日に変更になりましたので注意してください。労働保険料として納付した額は、雇用保険料、労災保険料の総額です。労災保険料はすべて会社負担となりますが、雇用保険料については、1,000分の3が従業員負担（給料から控除している金額）、1,000分の9が会社負担の金額になります。（一般の事業の場合で、平成30年度）

　会社負担の雇用保険料と労災保険料は、「法定福利費」の勘定科目で経理処理をします。従業員負担の雇用保険料は、「預り金」の勘定科目で経理処理をします。

↘ 消費税の税区分

　健康保険料、厚生年金保険料、児童手当拠出金などの社会保険料、雇用保険料、労災保険料などの労働保険料は消費税が課税されません。税区分が「対象外」になっているか、消費税が自動計算されていないか確認するようにしましょう。

239

⑰ 事務用品や OA 消耗品、書籍などを購入する

　筆記用具やファイル、プリンターのトナー、本、新聞など、少額（10万円未満）の物品のことを消耗品と言います。消耗品は「事務用品費」や「新聞図書費」、「消耗品費」などの費用の勘定科目で、経理処理をします。

↘ 経理処理のポイント

　消耗品のうち、事務処理をするためのものは「事務用品費」の勘定科目で、新聞や雑誌、本などについては「新聞図書費」の勘定科目で、その他のものについては、「消耗品費」の勘定科目で、経理処理をします。具体的には次のような費目が該当します。

● 事務用品費の勘定科目で経理処理する費目

・ボールペン、鉛筆、消しゴム、便せん、ノートなどの筆記用品
・ファイル、スクラップブック、綴じ紐、ホチキスの針、カッターの刃などの消耗品
・ゴム印、スタンプ台、ハサミ、パンチ、ホチキスなどの事務用品

● 新聞図書費の勘定科目で経理処理する費目

・書籍や雑誌の購入代、日刊新聞や業界新聞などの購読料

● 消耗品費の勘定科目で経理処理する費目

・机、椅子、ロッカー、本棚、などのオフィス用の家具
・携帯電話、電話機、FAX、冷蔵庫、コピー機などの電気製品
・パソコン、プリンター、メモリー、MO などのパソコン周辺機器
・トナーやインク、DVD や CD - R のディスク、プリンター用紙などのパソコン消耗品
・ワープロ、表計算、会計アプリ、給与計算アプリなどのソフトウェア

第 7 章　経理と税金のポイント 21

↘ 税務署はここをチェックする

　10 万円以上の物品の購入代金は、購入したときに全額を費用処理すること
ができません。いったん、工具器具備品の勘定科目で資産に計上し、耐用年数
（その物品を使用できる期間）にわたって少しずつ費用に振りかえます。税務
署は事務用品費や新聞図書費、消耗品費の勘定科目で経理処理した費目のなか
に 10 万円以上の物品がないかチェックをします。詳しくは P264（減価償却）
を参照してください。

⑱ 器具や備品、ソフトを購入する

　応接セットやコピー機、ビジネス電話、サーバーなど高額（10 万円以上）
の器具や備品を購入したときは、「工具器具備品」や「ソフトウェア」など資
産の勘定科目で、経理処理をします。

↘ 経理処理のポイント

　10 万円以上の器具や備品の購入代金は「工具器具備品」の勘定科目で、10
万円以上のソフトウェアの購入代金は「ソフトウェア」の勘定科目で経理処理
をします。具体的には次のような費目が該当します。

- ● 工具器具備品の勘定科目で経理処理する費目
  - ・応接セット、会議用テーブル、書棚、ロッカー、ローパーテーションな
どの備品
  - ・サーバー、パソコン、オフコン、ビジネス電話、コピー機などの OA 機器
  - ・エアコン、冷蔵庫、テレビなどの電気機器
- ● ソフトウェアの勘定科目で経理処理する費目
  - ・販売管理や仕入管理、在庫管理、財務会計のソフトウェア

↘ 税務署はここをチェックする

　物品の購入代金が 10 万円未満であれば購入時に全額費用計上できますが、
10 万円以上の場合、購入時に費用計上できません。応接セットを決算月に購

241

入したという事例で、具体的に説明しましょう。

● **99,999 円で応接セットを購入した**

→ 99,999 円が購入した期に費用計上できます。

● **100,000 円で応接セットを購入した**

費用計上できるのは次の金額です。（一括償却を選択した場合）

→ 100,000 円 × 1/3 ＝ 33,333 円

購入金額はたった 1 円しか違わないのに、当期で費用に計上できる金額は、66,666 円も違ってしまいます。利益が出ている会社の経営者は、少しでも費用を多く計上したい……と思うので、購入価額をできるだけ 10 万円未満に押さえたいと考えることでしょう。しかし購入価額は、運賃や据え付け費用が含まれる、一組ごとに判断するなど、世間の常識より広く（？）とらえなければなりません。

税務署は、間違えて費用処理されている物品の購入代金がないか、厳しくチェックをします。税務署の調査のとき、追徴課税されることのないよう、ここで購入価額の範囲についてしっかりと押さえておきましょう。

●資産取得のための付随費用も含めて判断する

物品の購入価額には、資産本体の購入代金のほか、資産の購入のために要した費用やその資産を使用するために直接要した費用の額が含まれます。

資産の購入のために要した費用とは、運賃、運送にかかる損害保険料、購入手数料、関税などの諸費用をいいます。資産を使用するために直接要した費用とは、据え付け費用、試運転の費用をいいます。これらの付随費用を含めないで 10 万円の判定をしてしまい、税務署にミスを指摘されるケースが多くみられますので、注意してください。

●通常 1 単位として取引される資産ごとに判定する

物品の購入価額が 10 万円未満であるかは、1 個、1 組、ひとそろいごとに判定をします。具体的には次のように判定をします。

カーテンやブラインド　→　窓ごとではなく、部屋ごとに判定をする

応接セット　→　テーブルと椅子をセットで判定する

↘ 節税のポイント

消費税を税抜経理している会社は、10万円の判定を税抜価額で行うことができます。例えば、本体価額 99,999 円 消費税 7,999 円の物品を購入した場合、税抜経理の会社では、99,999 円 <10 万円　で費用計上できますが、税込経理の会社では、107,998 円 ≧ 10 万円　で費用計上することができません。消費税の申告義務がある会社は税抜経理を選択することができます。申告義務の有無については P159 を参照してください。

↘ 消費税の税区分

器具や備品、ソフトウェアの購入代金は、消費税の課税される取引です。また、海外から輸入したものは、税関に別途納付する消費税についても適切に処理をしましょう。（P189 参照）

⑲ ＯＡ機器などをリースする

コピーや FAX、電話、パソコンなどの OA 機器を導入するとき、「リース」がよく利用されています。リースには簡単な審査で代金を分割払いにできるというメリットがあります。資金に余裕がない会社が多い中小企業においては、リースの利用は常識である、といってもよいでしょう。

リースというと単に物品を借りる、というイメージを持っている方が多いと思いますが、契約内容をよく読んでみるとほとんどの場合で中途解約不可となっています。つまり中途解約の場合は「解約日から満了日」までのリース料を一括して払わなければならないのです。

従来、リースは「貸し借り」として認識され、リース料を単純に賃借料などの勘定科目で経理処理されてきました。しかしさきほど説明した中途解約不可というリースの性格からすると売買と同じ経理処理が必要である、ということになり、平成 20 年度 4 月より会計の考え方が変更されました。

243

大企業においては元本と利息を区分するなど大変複雑な経理処理が求められるようになったのですが、中小企業においては簡便的な経理処理の方法が認められています。ここでは事例をもとに簡便的な経理処理の方法について説明することにしましょう。

↘ 経理処理のポイント

リース取引は売買と考える経理処理を行うのが原則ですが、中小企業においては従来と同様に賃貸借と考えて経理処理することも認められています。

コピー機を月額リース料 32,400 円、リース期間 5 年で導入した場合の 2 つの経理処理を具体的にみていくことにしましょう。

```
リース契約

物品名 ............... コピー機
月額リース料 ....32,400 円
リース期間 ........5 年
中途解約 ......... 不可
```

● 売買と考える経理処理

まずはリース期間に支払うリース料の合計（リース料総額）を計算しましょう。

リース料の総額＝月額リース料× 12 ×リース期間

→ 32,400 円× 12 × 5 年＝ 1,944,000 円

売買処理ではリース総額で資産を取得したと考えます。資産は「リース資産」、負債は「リース債務」の勘定科目で経理処理を行います。（税込経理の場合の仕訳例）

（借方）リース資産　1,944,000　　　（貸方）リース債務　1,944,000

なお、リース料を支払ったときの経理処理は次のとおりです。（普通預金口座からリース料を支払った場合）

（借方）リース債務　32,400　　　（貸方）普通預金　32,400

リース資産に計上した金額は、減価償却の方法によりリース期間にわたり費

244

第 7 章　経理と税金のポイント 21

用化します。詳しくは P275 で説明をします。

●賃貸借と考える経理処理

　リース契約締結時の経理処理は不要です。リース料を支払ったときに賃貸料などの勘定科目で費用に計上します。従来のリース取引にかかる経理方法と同様です。売買処理と比べ大変簡単な経理方法であるといえるでしょう。（税込経理の場合の仕訳例）

（借方）賃借料　32,400　　　（貸方）普通預金　32,400

↘ 節税のポイント

　賃貸借と考える経理処理をしている場合、リース料を支払った期に消費税の控除をするのが一般的ですが、リース契約締結した期にリース総額にかかる消費税を控除することもできますので覚えておきましょう。

↘ 税務署はここをチェックする

　リース期間がリース資産にかかる耐用年数より著しく短い場合、税務署は通常の売買とみなし、リース取引としての経理処理を認めてくれませんので注意してください。

　　　　耐用年数が 10 年未満の資産　　耐用年数×70％＞リース期間
　　　　耐用年数が 10 年以上の資産　　耐用年数×60％＞リース期間

⑳ お店や事務所を借りる

　お店や事務所を借りると、大家さんに敷金や礼金、家賃、不動産屋さんに仲介手数料を支払います。この場合の支出の経理処理について説明します。

↘ 経理処理のポイント

　お店や事務所を借りるときにかかる費用は次のとおり経理処理をします。

245

- **家賃** 家賃は「地代家賃」の勘定科目で経理処理をします。
- **礼金** 礼金は20万円未満の場合と20万円以上の場合では経理処理が違ってきます。20万円未満の場合は、支払ったときに費用計上することができますので、「地代家賃」の勘定科目で経理処理をします。20万円以上の場合は、賃貸期間または5年間で少しずつ費用計上しますので、「長期前払費用」(資産)の勘定科目で経理処理をします。
- **敷金** 敷金は、退出時に大家さんから返却されるお金なので、「敷金」(資産)の勘定科目で経理処理をします。
- **仲介手数料** 不動産屋さんに支払った仲介手数料は、金額の大小にかかわらず支払ったときの費用に計上することができますので、「支払手数料」(費用)の勘定科目で経理処理をします。

↘ 節税のポイント

家賃は、月末に翌月分を支払うことが多いと思います。このような家賃は支払時に前払費用として資産計上し、翌月に費用計上するのが本来の経理処理ですが、経理処理の手間を省くため、継続適用を条件として、支払時に費用計上することも認められています。

↘ 消費税の税区分

店舗や事務所の礼金や家賃、仲介手数料は、消費税の課税される取引です。住宅(社宅)の礼金や家賃は消費税が課税されませんので、覚えておきましょう。

㉑ お金を借りる・返す

銀行や日本政策金融公庫などの金融機関から、資金を借りたとき、返済したときの経理処理の方法について説明をします。

↘ 経理処理のポイント（お金を借りたとき）

銀行などからお金を借り入れる方法には、支払手形を銀行に差し入れる「手形借入」、金銭消費貸借契約書を締結する「証書借入」などがあります。手形

借入は短い期間（3ヶ月、6ヶ月など）の借入によく使われます。一方、証書借入は長い期間（3年、5年、10年など）の借入によく使われます。

融資が実行されると、会社の銀行口座には、融資金から利息や印紙税、保証料などの諸経費が差し引かれて入金されます。次の計算書をもとに、経理処理について詳しく見ていくことにしましょう。

銀行から融資を受けた金額は120万円ですが、そこから利息3,500円、印紙税2,000円、保証料50,000円が差し引かれ、1,144,500円が預金口座に入金されています。融資金と諸経費は次のとおり、経理処理を行います。

ご融資計算書

実行日	○○.4.1	返済	毎月2万円60回払い
元	金		1,200,000
利	息		3,500
印	紙	税	2,000
保	証	料	50,000
差 引 御 入 金 額			1,144,500

●融資金

融資金（元金＝120万円）は、負債の勘定科目である「短期借入金」または「長期借入金」で経理処理を行います。短期借入金は決算日から1年以内に返済期日が到来する借入金に使用し、長期借入金は決算日から1年を超えて返済期日が到来する借入金に使用します。3月決算の会社の場合、1年間の返済金額である24万円を短期借入金で、残額の96万円を長期借入金の勘定科目で経理処理をします。なお毎決算期において、決算日から1年以内に返済期日が到来する借入金を長期借入金から短期借入金に振りかえます。

●利息

借入利息は、「支払利息」の勘定科目で経理処理をします。利息は銀行に前払いするケースが多いと思います。この場合、支払時に前払費用として資産計上し、翌月に費用計上するのが本来の経理処理ですが、継続適用を条件として、1年以内の前払いに限り、支払時に費用計上することも認められています。経理処理の手間を省くため、支払時に支払利息として費用計上すると良いでしょう。

● 印紙税

印紙税は、借入にさいして作成した金銭消費貸借契約書または手形に貼付する収入印紙代です。「租税公課」の勘定科目で経理処理をします。

● 保証料

信用保証協会などに融資の保証を受けた場合には、保証料が発生します。保証料は、融資期間に対応するものなので、いったん資産に計上します。勘定科目は、融資期間に応じて、「短期前払費用」または「長期前払費用」を使用します。決算時に、当期に対応する保証料を費用計上します。経理処理については P258 を参照してください。

上記の経理処理を仕訳にすると、次のとおりになります。

```
（借方）普通預金    1,144,500    （貸方）短期借入金    240,000
（借方）租税公課        2,000    （貸方）長期借入金    960,000
（借方）支払利息        3,500
（借方）長期前払費用   50,000
```

↘ 経理処理のポイント（お金を返すとき）

銀行への返済金は、支払利息と融資金（元金）の総額です。支払利息は「支払利息」、融資金は「短期借入金」または「長期借入金」の勘定科目で経理処理をします。

↘ 消費税の税区分

支払利息や印紙税、保証料は消費税が課税されない取引です。税区分が「対象外」になっているか、消費税が自動計算されていないか確認しましょう。

```
（借方）短期借入金      ×××      （貸方）普通預金    ×××
（借方）支払利息        ×××
```

第8章

決算をしよう

決算の手続きを理解しよう

帳簿の残高を確認しよう

決算調整を理解しよう

会計の考え方を理解しよう

売上の決算調整をしよう

仕入と諸費用の決算調整をしよう

在庫商品の決算調整をしよう

減価償却の計算をしよう

決算書を作ろう

株主総会を開催しよう

税金の金額を計算しよう

書類の保存期間を理解しよう

❶ 決算の手続きを理解しよう

　会社は年に1度、経営成績や財政状況を「損益計算書」や「貸借対照表」といった決算書にまとめ、株主に報告します。この経営成績などをまとめる作業のことを決算といいます。会社のオーナーは株主です。役員はオーナーから会社経営を任されている立場にあります。決算は、オーナーへの成績報告のため、日頃の帳簿付けの結果を見直す作業である、と言うことができます。決算にあたっては、次の作業を行います。

- **残高確認** → 資産や負債などの帳簿残高が実際の残高と一致しているか確認をする
- **決算調整** → 会計や税法の基準に合わせるための調整をする

　皆さんの会社の決算日はいつですか。決算日は、定款の事業年度の条項に記載されています。事業年度の最終日が決算日となります。

決算日は3月31日になる

定款

第×条　当会社の事業年度は毎年4月1日から翌年3月31日までの年1期とする

第×条　当会社の最初の事業年度は、当会社の設立の日か○○年3月31日までとする

　会社法の規定では、「決算日から3ヶ月以内に株主に決算報告を行えば良い」とされていますが、法人税法では、「株主総会で決議された決算書にもとづき、決算日の翌日から2ヶ月以内に確定申告をする」と定められています。

　このことから小規模な会社では、決算日の翌日から2ヶ月以内に決算書作成と株主総会、税金の申告を行います。2ヶ月といっても、あっという間に時間が過ぎてしまいますので、決算日が到来したら、急いで、決算書作成のための作業に取りかかりましょう。

第8章　決算をしよう

❷ 帳簿の残高を確認しよう

　決算日を迎えたら、現金や預金、売上、仕入などの日常取引の入力を早めに済ませ、残高の確認作業に取りかかりましょう。残高の確認作業は、合計残高試算表をもとに行います。

　合計残高試算表の各勘定科目の期末残高が実際の残高と一致しているか、通帳等の残高と照合し確認をします。なお補助科目を設定している勘定科目については、補助科目残高一覧表を基にチェックを行います。残高確認の具体的なやり方を勘定科目ごとに説明しましょう。

●現　金

　現金の残高は決算日に金庫にある紙幣や硬貨を実際に数えて確認します。確認するにあたっては、右の図のような「現金残高確認表」を作成すると良いでしょう。郵便小為替、他人振出の小切手がある場合は、別途明細書を作成しておきましょう。経理担当者がいる会社では、日々現金残高の確認を行っていることでしょうが、社長さんが1人で

現金残高確認表		
○○年3月31日		
金種	数量	金額
10,000	3	30,000
5,000	1	5,000
1,000	4	4,000
500	1	500
100	11	1,100
50	3	150
10	8	80
5	2	10
1	1	1
実際現金有り高		40,841
帳　簿　残　高		40,841
差　　　異		0

やっている会社では、おざなりになりがちです。決算日ぐらいはしっかりと現金残高を確認し、新年度をスタートさせましょう。

●普通預金

　普通預金の残高は預金通帳の残高と一致しているか確認します。口座ごとに補助科目を設定してあれば、補助科目の残高 = 預金通帳の残高 となりますので、簡単に確認できると思います。普段使っていない預金通帳も、必ず記帳するようにしましょう。預金利息が付いていたり、手数料などが引き落とされていたりする場合があります。また念のため、銀行から残高証明書の発行をしても

残高証明書

MAPS株式会社様
××銀行　××支店

○○年3月31日現在の
残高であることを証明します。

合計残高	3,588,602

種類	金額	摘要
普通預金	2,588,602	
定期預金	1,000,000	

251

らうと、より確実に残高を確認することができます。発行に数百円の手数料がかかりますが、不正経理などが行われることを未然に防ぐことができます。定期預金や積立預金についても、普通預金と同様の方法で残高を確認します。

●売掛金

　売掛金は、補助科目残高一覧表の残高について、いつ請求した分なのか、きちんと入金される金額なのか、個別に確認します。右の補助科目残高一覧表で、残高の確認をしてみましょう。山田商店の残高は9,800円です。3月の借方（売上）の金額と一致しています。3月分の売上が残高としてあるので、問題ないと判断できます。大阪商店も同様です。

補助科目残高一覧表 ○○年3月分				
補助科目	前残	借方	貸方	残高
売掛金				
山田商店	15,800	9,800	15,800	9,800
東京商店	48,000	32,000	20,000	60,000
大阪商店	33,500	22,500	33,500	22,500
計	97,300	64,300	69,300	92,300

　東京商店については、3月の借方（売上）の金額と残高が一致していません。残高の6万円がいつ請求した金額なのか、得意先元帳や請求書で確認をする必要があります。仮に取引条件が末締めの翌々月払いで、2月の売上が28,000円と3月の売上が32,000円あるとしましょう。この場合には、2月と3月の請求額の合計額が残高の金額と一致します。したがって残高には問題がない、このように判断できます。

　残高の金額が確認できない場合は、経理処理の誤りがあった可能性があります。当社が負担する振込手数料の消し込みや値引きを計上し忘れているケースが多くみられます。過去の入力内容を確認してください。

●買掛金・預り金

　売掛金と同じ要領で、補助科目一覧表をもとに残高の確認をします。買掛金については、いつ請求された分なのか、いつ支払う分なのか、個別に確認します。預り金については、いつ預かった分なのか、いつ支払う分なのか、個別に確認します。

第8章 決算をしよう

●借入金

　借入金の残高は返済一覧表の残高と一致しているか確認をします。預金と同様に銀行に残高証明書を発行してもらうと、より確実に残高を確認することができます。

●その他の勘定科目

　その他の資産と負債の勘定科目についても、同じ要領で残高の確認をします。収益と費用の勘定科目については、科目間違えや消費税の課非判定の誤りがないか確認をします。

❸ 決算調整を理解しよう

　残高の確認が済んだら、決算日の合計残高試算表（貸借対照表・損益計算書）を作成しましょう。会計アプリを使って帳簿付けをしていると、メニューで合計残高試算表を指定し、印刷ボタンをクリックするだけで、あっという間に印刷することができます。手書きの場合はこうはいきません。コンピュータの素晴らしさ、便利さを実感できます！

　この合計残高試算表には、いちおう利益が計算されていますが、まだ試算レベルの利益に過ぎません。料理に例えるなら、「下ごしらえが終わった材料」といったところでしょうか。合計残高試算表に正しい利益を表示させるためには、いくつかの決算調整を行う必要があります。主な調整事項は次のとおりです。

　　○ 未計上の売上を追加計上する、前受けの売上を売上高から前受金に振り替える
　　○ 未払いの費用を追加計上する、前払の費用を資産に振りかえる
　　○ 在庫商品を資産に計上する
　　○ 減価償却費を計上する

　これらの事項は、いずれも合計残高試算表に正しい利益を表示するために必要なことばかりです。料理に例えるなら、「味付け」です。どんなに素晴らし

253

い材料を使っても、「味付け」が悪ければおいしくはなりません。それと同じように、きちんと決算調整を行わなければ、正しい損益を表示した決算書を作成することはできません。決算調整事項の基本をしっかりマスターしておきましょう。

↘ 決算調整をすることで正しい決算報告書が作成できる

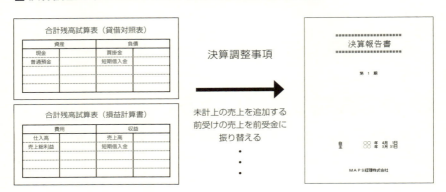

❹ 会計の考え方を理解しよう

　決算調整は貸借対照表と損益計算書に表示される利益を「正しい利益」にするために行われます。「正しい利益」とは収益と費用を会計の考え方に従って計上し、計算した利益のことをいいます。ここで決算調整の意味合いを理解していただくために、「会計の考え方」の基本について説明することにしましょう。

↘ 発生主義の原則・・・費用は発生した時点で計上する
　発生主義は費用を発生した時点で計上する、という考え方です。費用が発生した時点とは、取引が行われたとき、つまり仕入であれば商品が納品されたとき、電話代であれば電話を使ったとき……と理解すれば良いでしょう。
　日頃の帳簿付けにおいて支払いの時点で経理処理をしている場合や手付け金や前渡金を費用として経理処理している場合には、発生主義に直すための決算

第8章　決算をしよう

調整が必要になります。

↘ 実現主義の原則・・・収益は実現した時点で計上する

実現主義は収益が実現した時点で計上する、という考え方です。収益が実現した時点とは、取引が行われたとき、つまり商品を納品したときと理解すれば良いでしょう。

得意先に見積もりをしたときや注文を受けたときは、まだ商品が納品されていない（収益が実現していない）ので、実現主義の考え方により、売上の計上を行うことはできません。

↘ 費用収益対応の原則・・・収益とそれに対応する費用は同じ期に計上する

事業年度ごとの利益を正しく表示するためには、収益と、その収益に対応する費用は同じ年度に計上する必要がある、という考え方です。収益と費用の対応関係は、仕入など個別に対応関係を考えるものと、通信費や給料など期間で対応関係を考えるものがあります。

決算日の在庫商品の金額を資産に振り替える棚卸資産の調整や減価償却費の計上は、費用収益対応の原則を実現するために行われる決算調整です。

❺ 売上の決算調整をしよう

↘ 売上の決算調整が必要な場合とは

日々の帳簿付けで、得意先に商品を納品するときに、売掛帳や仕訳伝票の入力をしている場合には、すでに「実現主義」で売上の計上がされているので、決算調整を行う必要はありません。しかし、請求日に売上計上している場合は、得意先との取引条件によって、決算日までに納品が完了した分を売上に計上するため決算調整を行う必要があります。代表的な取引条件をもとに調整内容を具体的に説明しましょう。

●取引条件が「20日締め当月末請求」の場合

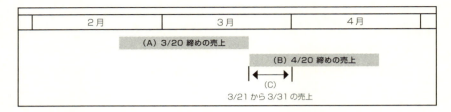

　Aの期間の売上は3月31日（請求日）に日々の帳簿付けで、すでに計上済です。Bの期間の売上は4月30日、つまり翌期になって帳簿付けする売上です。このままだと、Cの期間の売上が計上漏れになってしまいます。そこでCの期間の売上を追加計上するため、決算調整が必要になります。

●取引条件が「末日締め翌月10日請求」の場合

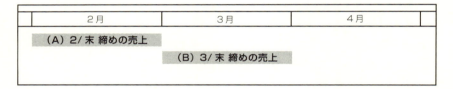

　Aの期間の売上は3月10日（請求日）に日々の帳簿付けで、すでに計上済です。Bの期間の売上は、4月10日、つまり翌期になって帳簿付けをする売上です。このままだと、Bの期間の売上が計上漏れになってしまいます。そこでBの期間の売上を追加計上するための決算調整が必要になります。

　売上の調整は、決算日の日付で次の仕訳を入力します。

（借方）売掛金　　×××　　　（貸方）　売上高　　×××

↘ 決算で売上を追加計上する場合の入力例

売掛帳入力

勘定科目　売掛金　補助科目　山田商店
00年6月1日〜00年3月31日

日付 伝票番号	税	貸方科目 借方補助	税	摘要	売上	受入	残高
3月31日 1	00	売上高	B4	3/20 締め分請求につき 売上計上	1000000 (74074)		
3月31日 2	00	売上高 A銀行／浦和	B4	3/21 から 3/31 まで締 め後売上計上	300000 (22222)		

（Aの期間の売上は、日々の帳簿付けで計上済み）
（Cの期間の売上を、決算調整で計上する）

　取引条件により、調整内容が異なりますが、どのような場合でも、決算日までに納品が完了している売上を計上する！　ということには変わりありません。

　今年は利益がたくさん出ているから、4月になってから請求書を出そう……このような決算調整（？）を行う会社があります。しかし、請求書の発行日が売上の計上時期になるわけではありません。従ってこのような決算調整を行っても、税務署の調査では、売上の計上もれを指摘され、追徴課税を受けてしまうことでしょう。売上の計上時期は商品が納品された時点である、ということをしっかりと認識するようにしましょう。

↘ 売上を前受金に振り替えることが必要な場合とは

　得意先から特別な仕様の商品や大量の商品の注文を受けた場合には、キャンセルにともなうリスクを回避するため、注文時に手付金や前渡金を請求する場合があります。この手付金や前渡金は、売上に計上する必要はありません。なぜなら商品の納品が済むまでは収益が実現していないからです。日々の帳簿付けで、この手付金や前渡金を売上として計上している場合には、前受金（負債）の勘定科目に振替え、売上をマイナスする決算調整を行います。

```
（借方）売上高    ×××      （貸方）  前受金    ×××
```

❻ 仕入と諸費用の決算調整をしよう

↘ 仕入の決算調整が必要な場合とは

　売上の場合と同様に、仕入先から商品が納品されたときに買掛帳や仕訳伝票の入力をしている場合には、決算調整を行う必要はありません。

　しかし、請求日に仕入を計上している場合には、仕入先との取引条件（20日締め当月末請求の場合など）によっては、決算日までに納品されている分も仕入に計上するため決算調整を行う必要があります。売上の決算調整（P255）を参考に、決算日までに納品されている仕入を追加計上してください。

```
（借方）仕入高    ×××      （貸方）  買掛金    ×××
```

　商品を注文したときに手付金や前渡金を支払った場合、この手付金や前渡金は、商品の納品が済むまで仕入に計上することができません。仕入高から前払金（資産）の勘定科目に振り替える決算調整を行います。

```
（借方）前払金    ×××      （貸方）  仕入高    ×××
```

↘ 諸費用の決算調整が必要な場合とは

　通信費や広告宣伝費などの諸経費についても、発生主義で費用計上するため、仕入と同様に決算調整を行います。

●未払いの計上

　諸費用を支払の時点で帳簿付けしている場合には、発生主義で費用計上するため、決算日の時点で未払いの金額を決算調整する必要があります。なお決算調整にあたっては未払金（負債）の勘定科目を使用します。未払いに計上する主な項目は次のとおりです。

258

第8章　決算をしよう

○通信費　　　→　未払いの電話料金、携帯電話料金
○荷造運賃　　→　未払いの配送料、梱包料
○水道光熱費　→　未払いの電気料金、ガス料金
○接待交際費　→　つけやクレジットカード払いの飲食代

```
（借方）諸費用の科目　　　×××　　　　　（貸方）　未払金　　×××
```

● **前払金の計上**

　手付金や前渡金を支払った場合には、各諸費用の勘定科目から前払金（資産）の勘定科目に振り替える決算調整をします。

　　○広告宣伝費　→　新聞広告や折り込みチラシの制作費・掲載料などのうち、
　　　　　　　　　　　決算日までに掲載や配布が行われてないもの

```
（借方）前払金　　×××　　　　（貸方）広告宣伝費　×××
```

● **前払費用の計上**

　家賃や損害保険料、支払利息などを翌期以降の分もまとめて支払った場合には、翌期以降の分を前払費用（資産）の勘定科目に振り替える決算調整をします。ただし、契約により1年以内の費用をまとめて前払した場合は、継続適用を条件として、支払時に費用計上することも認められています。

　　○損害保険料　→　1年超の期間にわたる損害保険料を支払時に費用計上し
　　　　　　　　　　　ている場合

```
（借方）前払費用　×××　　　　（貸方）　保険料　　×××
```

● **貯蔵品の計上**

　決算日までに使用されていない事務用品などの消耗品や切手などは、未使用の金額　を貯蔵品（資産）の勘定科目に振り替える決算調整をします。ただし、

259

毎期おおむね一定の数量を購入し、日常的に使用している場合は、継続適用を条件として、購入時に　費用計上することも認められています。

○広告宣伝費　→　未配布の商品パンフレット、会社案内など
○旅費交通費　→　大量購入したタクシーチケット、回数券など
○消耗品費　→　大量購入したトナー、CD‐Rなどの消耗品
○通信費　→　大量に購入した切手代など

（借方）貯蔵品	×××	（貸方）　諸費用の科目	×××

❼ 在庫商品の決算調整をしよう

↘ 在庫商品の決算調整が必要な場合とは

　合計残高試算表の仕入高勘定の残高欄を見てください。この欄の金額は、皆さんの会社の期首から決算日までの商品の仕入金額を累計した金額です。

　仕入れた商品が、期首から決算日までに全部売れているならば、決算調整をする必要はありません。売れた商品＝仕入れた商品、つまり売上に対応する仕入が費用として計上されているからです。（P255の費用収益対応の原則を思い出してください）

　在庫商品がある場合には、「売れた商品の仕入代金」と「在庫商品の仕入代金」が仕入高勘定に混在しています。「在庫商品の仕入代金」は売上に対応する費用ではありません。そこで、決算調整をして、仕入高からマイナスする必要があります。

260

第8章 決算をしよう

● **在庫の商品があると決算調整が必要になる**

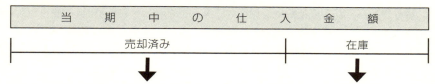

在庫商品を決算調整する方法

在庫商品の決算調整は、期末商品棚卸高という勘定科目を使用して経理処理をします。仕入高の勘定科目から直接マイナスすることはしません。

| (借方) 商品 ×××　　(貸方) 期末商品棚卸高 ××× |

なお翌期首には、在庫商品を費用に戻すため、次の仕訳を行います。

| (借方) 期首商品棚卸高 ×××　　(貸方) 商品 ××× |

在庫商品の決算調整の結果は損益計算書には次のとおり表示されます。

● **損益計算書の表示**

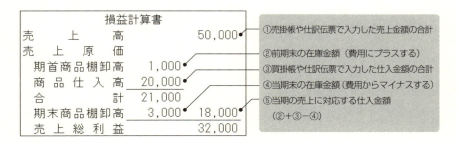

◢ 在庫商品の数を調べる

決算日には会社やお店にある商品を実際に数え、どんな商品が何個あるのか、把握します。この作業のことを「実地棚卸」といいます。実地棚卸で把握した商品名とその数量は「棚卸表」といわれる書類に記入します。

実際に数え……とさらりと書きましたが、実地棚卸の作業は、ダンボール箱の中や陳列棚に置いてある商品を1つ1つ数えるのですから、たいへん手数がかかります。特に商品数の多い、小売業や卸売業では本当に大変だと思います。よく社長さんから「面倒なので、なんとかならないか」と言われることがあります。しかしこればかりは、きちんとやっていただくしかありません。さきほど説明したとおり、在庫を把握しなければ、正しい利益を計算できないのですから……。

在庫商品を数えるとき気をつけたいのが、「思わぬところにある商品」の存在です。例えば、次のようなところにある商品も会社の在庫商品です。数え漏れのないようにしてください。

○仕入先の工場や配送業者の倉庫に預けてある商品
○倉庫から店、あるいは店から店に移動するため、輸送中の商品
○得意先に販売を委託している商品

税務署の調査においても、在庫商品の計上漏れがないか厳しくチェックされます。期末在庫を意図的に少なくし、利益を隠す手口があとをたたないからです。調査官は、商品の納品や出庫の状況から棚卸表の数量が正しいか確認します。

正しい利益を計算するためにも、税務署から追徴処分を受けないためにも、きちんと棚卸の作業を行うようにしましょう。

◢ 在庫商品の単価を算定する

棚卸表に在庫商品の数を記入したら、次に各商品の単価を記入します。商品の単価とは、その商品の仕入値のことです。仕入値が変動している場合、どの値段を単価とするのか、という問題が生じます。例えば次のケースで考えてみましょう。

第8章　決算をしよう

> 4/4 → 5個を100円　8/9 → 2個を120円　3/10 → 3個を110円
> で仕入れ、決算日（3/31）現在4個が売れ残っている

　平均の仕入値を単価にするという考え方があります。単価は107円になります。

（5個×100円＋2個×120円＋3個×110円）÷10個＝107円

　先に仕入れたものから順番に売れるという考え方があります。単価は112.5円になります。

（1個×120円＋3個×110円）÷4個＝112.5円

　最初の考え方を総平均法、2番目の考え方を先入先出法といいます。他にもさまざまな考え方がありますが、小さな会社でよく使われているのは、最終仕入原価法という考え方です。この方法は、とにかく最後の仕入値を単価にする！というかなり割り切った考え方です。なぜ小さな会社で使われているかというと、手間がかからないからです。さきほどのケースでは、3/10の仕入値、110円が単価になります。簡単でしょう。説明に計算式も必要ありません。税務署への届出についてはP70を参照してください。

　なお商品の仕入値は、引き取り運賃などの付随費用を含むこと（P203参照）、税込経理の場合は税込、税抜経理の場合は税抜きの金額になることに注意してください。

● 棚卸表は次のように記入する

棚　卸　表

〇〇年3月31日現在 ● 実地棚卸を行った日を記入する

商品の数量を記入する

商品名	数量	単価	金額	摘要
M社　デジカメ　MML230	28	38,000	1,064,000	お店8 倉庫20
U社　デジカメ　HIU234	45	32,000	1,440,000	お店5 倉庫40
合計			2,504,000	

在庫商品があった場所等、参考事項を記入する

最終仕入原価法などで評価した金額を記入する

期末商品棚卸高の金額になる

263

❽ 減価償却の計算をしよう

↘ 減価償却の意味や目的を理解しよう

10万円以上の器具や備品などの購入代金は、全額を購入時の費用に計上することはできません。いったん資産に計上し、その資産の使用期間にわたり、少しずつ費用に計上します。この費用計上の手続きを減価償却といい、費用に計上する勘定科目のことを減価償却費といいます。

何故、このように手数をかけて少しずつ費用に計上するのでしょうか。パソコンを例に説明をしましょう。会社で購入したパソコンは営業や経理などの業務に使用され、会社の利益獲得に貢献をします。貢献する期間は、機種にもよるでしょうが、概ね4年程度です。費用と収益の対応を考えると、購入したときにだけ費用負担させるより、使用期間にわたって費用負担させた方がより正確に利益を計算することができます。各年度に公平に費用を配分するため、利益計算に大きな影響を及ぼす高額の備品などの購入費用は減価償却を行う必要があるのです。

減価償却の考え方は、取っつきにくいので、難しく感じられたことと思いますが、設備投資や資金繰りを検討するとき、どうしても必要になる考え方です。ここでしっかりとマスターしておきましょう。

↘ 減価償却の対象となる資産とは

減価償却の対象となる主な資産の区分と内容は次のとおりです。取得価額が一定の金額未満の資産は購入時の費用とすることができますので覚えておきましょう。

第8章　決算をしよう

区分	勘定科目	具体例	費用処理について
有形固定資産	工具器具備品	パソコン、電気製品、ロッカー、机	10万円未満のもの
	車両運搬具	乗用車、トラック、オートバイ	
	構築物	駐車場のアスファルト、広告塔	
	建物附属設備	建物の空調設備、給排水設備	
	建物	店舗、事務所などの建物	
無形固定資産	ソフトウェア	業務用のソフト	10万円未満のもの
税法上の繰延資産	長期前払費用	礼金、同業者団体の入会金	20万円未満の支出
リース資産	リース資産	売買処理をしたリース資産	なし

↘ 減価償却の方法には「定額法」「定率法」などがある

　器具や備品などの有形固定資産の減価償却の計算方法には、さまざまなものがありますが、実務上よく使われているのは定率法、定額法、一括償却の3つの方法です。

　なお平成19年の税制改正で定率法、定額法の計算方法が改正されました。

　これにより改正前の計算方法は改正後の計算方法と区分するため、旧定額法、旧定率法と呼ぶことになりました。平成19年3月31日以前に取得した資産は旧定額法、旧定率法が除却されるまで適用されます。

　平成19年4月1日以降に取得した資産については改正後の計算方法が適用されます。つまり平成19年3月31日以前に取得した資産があるうちは、新旧の方式が使用されることになりますので注意してください。

```
平成19年3月31日以前に取得した資産 → 旧定額法・旧定率法・一括償却
平成19年4月1日以降に取得した資産 → 定額法・定率法・一括償却
```

↘ 選定できる償却方法は資産の区分に応じて定められている

　新たに取得した取得資産について、選定できる償却方法は、資産の区分に応じて次の表の通り定められています。

265

改正が行われるたびに定率法を使用できる資産が少なくなっていますので注意してください。

定率法の使用ができない資産について

平成10年4月1日以後取得の建物

平成28年4月1日以後取得の建物付属設備・構築物

資産の区分		選定をすることができる償却の方法
建物（注）		定額法
建物付属設備及び構築物（注）		定額法
機械及び装置、船舶、航空機、車両及び運搬具、工具並びに器具及び備品（注）		定額法又は定率法
鉱業用減価償却資産	建物、建物付属設備及び構築物	定額法又は生産高比例法
	上記以外	定額法、定率法又は生産高比例法
無形固定資産及び生物		定額法
鉱業権		定額法又は生産高比例法
リース資産		リース期間定額法

↘ 定額法、定率法の減価償却費を計算してみよう

「2月5日に15万円でパソコンを購入した（決算月は3月とする）」という事例をもとに各償却方法について説明することにしましょう。

●耐用年数を調べよう

減価償却費を計算するには、その資産を使用する期間を事前に決めておく必要があります。その期間が各期に費用配分をするための計算基礎にになるからです。

しかしその資産がこれからどのくらいの期間にわたり使われるのかを正確に推定するのは容易なことではありませんが、税法では資産の種類、構造、用途の別に使用期間(耐用年数)を詳細に定め、画一的に取り扱うこととしています。

第8章　決算をしよう

　中小企業ではこの税法の耐用年数にもとづき減価償却の計算をするのが一般的です。

　P281に耐用年数一覧表を掲載しました。この表は税法の耐用年数の規定のうち、中小企業の経理でよく使われるものを抜粋したものです。

　まずは事例のパソコンの耐用年数を調べてみましょう。パソコンの資産の種類は「器具及び備品」です。構造・用途は「事務機器、通信機器」です。細目は電子計算機です。

　パソコン（サーバー用を除く）に該当しますので耐用年数は4年ということになります。

器具及び備品	室内装飾品	主として金属製りもの	15
		その他のもの	8
	食事・厨房用品	陶磁器製・ガラス製のもの	2
		その他のもの	5
	その他のもの	主として金属製のもの	15
		その他のもの	8
事務機器、通信機器	電子計算機	パソコン（サーバー用を除く）	4
		その他のもの	5
	複写機、計算機（電子計算機を除く）、金銭登録機、タイムレコーダーその他これらに類するもの		5
	その他の事務機器		5
	ファクシミリ		5
	インターホーン、放送用設備		6
	電話設備その他の通信機器	デジタル構内交換設備、デジタルボタン電話設備	6
		その他のもの	10
光学機器、写真制作機器	カメラ、映画撮影機、映写機、望遠鏡		5

●定率法で減価償却費を計算してみよう

　定率法には償却額がはじめに多く、そしてだんだんと少なくなっていくという特徴があります。つまり償却費が一定の定額法に比べ購入当初の償却費が多く、節税効果が期待できるのです。

　また定率法は税務上の原則的な償却方法とされているので、届出などの手続きをすることなく使うことができます。

　これらのことから定率法は中小企業において最も使われている償却方法になっています。ただし次の資産は定率法を使用することができませんので注意してください。

267

・平成10年4月1日以後に取得した建物
・平成28年4月1日以後に取得した建物付属設備、構築物

計算方法は次のとおりです。「取得価額から前年までの償却累計額を差し引いた金額」に償却率をかけて償却費の金額を求めるのがポイントです。

▶ 旧定率法による減価償却費の計算

まずはP278の償却率一覧表（旧定率法）から4年の耐用年数に対応する償却率を調べましょう。償却率は「0.438」となっていますね。

定率法の計算式は次のとおりです。それでは「2月5日に15万円で購入したパソコン」について、1年目から順次、減価償却費を計算していきましょう。

計算式

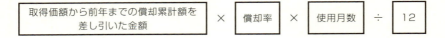

1年目
　　150,000 × 0.438 × 2 ÷ 12 ＝ 10,950
　　※ 使用月数は1ヶ月未満の端数を切り上げて求めることになっています。2月5に購入し、決算日は3月31日であることから使用月数は2ヶ月になります。

2年目
　　139,050 × 0.438 ＝ 60,903
　　※「取得価額から前年までの償却累計額を差し引いた金額」は150,000から1年目の償却費10,950を差し引いた金額（139,050円）です。

3年目
　　78,147 × 0.438 ＝ 34,228
　　※「取得価額から前年までの償却累計額を差し引いた金額」は150,000円から1年目の償却費10,950円と2年目の償却費60,903円を差し引いた金額（78,147円）です。

第8章　決算をしよう

4年目以降

以後もこの要領で計算します。ただし償却費が計上できるのは取得価額の95％までです。この事例では142,500円（150,000円の95％）まで償却費を計上できるということになります。償却累計額が95％に達したら、そこで旧定率法の方式による償却を打ち切ります。

償却累計額が95％に達した翌年以降

未償却の金額は、償却累計額が95％に達した翌年以降1円の備忘価額まで、5年間にわたり均等に償却していきます。

この制度は平成19年の税制改正で新たに設けられました。なお、既に償却累計額が95％に達した資産についても平成19年4月1日以後に開始する事業年度からこの制度を適用し償却することができます。

具体的には次の算式で計算します。

$$（取得価額の5％の相当額 － 1円） \times \frac{1}{5}$$

この事例における各年の償却費の金額は1,499円になります。

（150000×5％－1）÷5＝1,499円

↘改正後の定率法による減価償却費の計算

計算式は旧定率法と同様ですが、次の点が異なっていますので注意してください。

・耐用年数の期間内に全額を償却できるようにするため償却保証額の制度が設けられました。

・償却費が計上できるのは取得価額の95％までという規定が廃止され、1円の備忘価額まで償却できるようになりました。

償却保証額は取得価額に耐用年数に応じて定められている保証率を乗じた金額です。

償却保証額＝取得価額×保証率

保証率一覧はP279に掲載しましたので、そこから4年の耐用年数に対応する保証率を調べてみましょう。保証率は「0.05274」となっていますね。償却

269

保証額を計算してみましょう。

150,000 円 × 0.05274 = 7,911 円

各年において償却額と償却保証額を比較し、償却額が償却保証額を下回れば、改定償却率を用いて償却費を計算することになります。この償却保証額の制度は大変わかりにくいので、計算例の中でその仕組みを説明することにします。

P279 の償却率一覧表（改正後の定率法）から 4 年の耐用年数に対応する償却率を調べましょう。償却率は「0.625」となっていますね。

それでは 1 年目から順次、減価償却費を計算していきましょう。

※計算例は平成23年12月改正前の率を適用しています。

1年目

150,000 × 0.625 × 2 ÷ 12 = 15,625

2年目

134,375 × 0.625 = 83,984

※「取得価額から前年までの償却累計額を差し引いた金額」は150,000円から1年目の償却費15,625円を差し引いた金額（134,375円）です。なお償却費の金額が償却保証額を上回っている（83,984>7,911）ので償却保証額の制度は適用されません。

3年目

50,391 × 0.625 = 31,494

※「取得価額から前年までの償却累計額を差し引いた金額」は150,000円から1年目の償却費15,625円と2年目の償却費83,984円を差し引いた金額（50,391円）です。なお償却費の金額が償却保証額を上回っている（31,494>7,911）ので償却保証額の制度は適用されません。

4年目

18,897 × 0.625 = 11,810

※「取得価額から前年までの償却累計額を差し引いた金額」は150,000円から1年目から3年目の償却費の累計額131,103円を差し引いた金額（18,897円）です。なお償却費の金額が償却保証額を上回っている（11,810>7,911）ので償却保証

第 8 章　決算をしよう

額の制度は適用されません。

5年目

7,087 × 0.625 ＝ 4,429（償却保証制度適用前の償却額）

※「取得価額から前年までの償却累計額を差し引いた金額」は150,000円から1年目から4年目までの償却費の累計額142,913円を差し引いた金額（7,087円）です。なおこの年で償却費の金額が償却保証額を下回りました（4,429＞7,911）ので償却保証額の制度が適用されます。

　償却保証額の制度が適用された場合の償却費はこの年の「取得価額から前年までの償却累計額を差し引いた金額」（改定取得価額といいます）に改定償却率を乗ずること　によって計算します。

　　　　　償却保証額を下回った場合の計算式

　　　　　　　改定取得価額×改定償却費率

　改定償却率は一覧表は P279 に掲載しましたので、そこから4年の耐用年数に対応する改定償却率を調べましょう。改定償却率は「1,000」となっていますね。

　それでは5年目の償却費を計算してみましょう。

　　　　7,087 × 1 ＝ 7,087 円

　ただしこの金額を償却費として計上すると備忘価額1円を残すことができません。そこで、そのための調整を行います。

　　　　7,087 － 1 ＝ 7,086 円

　結果として5年目の償却費は 7,086 円ということになります。

●定額法で減価償却費を計算してみよう

　定額法は毎期一定の金額を償却していく方法です。建物や建物付属設備、構築物は定率法が使えないので定額法を利用しますが、建物以外の資産で定額法が使われることはあまりありません。理由は次の通りです。

　　・定率法のほうが早く償却費を計上することができる。

　　・定額法を使うためには税務署に届出をしなければならない。

　定額法は「取得価額」に償却率をかけて償却費の金額を計算します。定率法は「取得価額から前年までの償却累計額を差し引いた金額」に償却率を乗じて計算しましたね。

271

その違いをしっかりと押さえましょう。

↘ 旧定額法による減価償却費の計算

まずは P277 の償却率一覧表（旧定額法）から 4 年の耐用年数に対応する償却率を調べましょう。償却率は「0.250」となっていますね。

旧定額法の計算式は次の通りです。それでは 1 年目から順次、減価償却費を計算していきましょう。

計算式

$$\boxed{取得価額} \times \boxed{90\%} \times \boxed{償却率} \times \boxed{使用月数} \div \boxed{12}$$

1年目

150,000 × 90% × 0.250 × 2 ÷ 12 = 5,625

2年目

150,000 × 90% × 0.250 = 33,750

3年目

150,000 × 90% × 0.250 = 33,750

4年目

以後もこの要領で計算をします。ただし償却費が計上できるのは取得価額の95％までです。この事例では142,500円（150,000円×95％）まで償却費を計上できるということになります。償却累計額が95％に達したら、そこで旧定額法の方式による償却を打ち切ります。

償却累計額が95%に達した年の翌年以降

未償却の金額は、償却累計額が95％に達した翌年以降、1円の備忘価額まで5年にわたり均等に償却していきます。詳しくは旧定率法のところを参照してください。

第8章　決算をしよう

↘ 改正後の定額法による減価償却費の計算

計算式は旧定額法と同様ですが次の点が異なっているので注意してください。

・旧定額法では取得価額に90％をかけてから償却率をかけましたが、新しい定額法では90％をかける必要がなくなりました。

・償却費が計上できるのは取得価額の95％まで、という規定が廃止され、1円の備忘価額まで償却できるようになりました。

P277の償却率一覧表（改正後の定額法）から4年の耐用年数に対応する償却率を調べましょう。償却率は「0.250」となっていますね。

それでは1年目から順次、減価償却費を計算していきましょう。

1年目

150,000 × 0.250 × 2 ÷ 12 = 6,250

2年目

150,000 × 0.250 = 37,500

3年目

150,000 × 0.250 = 37,500

4年目

150,000 × 0.250 = 37,500

5年目

5年目も償却費は37,500円と言いたいところですが、償却できるのは備忘価額の1円までです。1年目から4年目までに118,750円の償却費を計上していますので、5年目は次の金額までしか償却費を計上することができませんので注意してください。

150,000 − 1 − 118,750 = 31,249 円

●一括償却で減価償却費を計算してみよう

一括償却は毎年、取得価額の3分の1を償却する方法です。単純に3分の1を償却しますので、使用月数や耐用年数を考慮する必要はありません。耐用年数の長い資産や決算間際に購入した資産は、一括償却で減価償却をすると、定額法や定率法に比べてたくさんの費用を計上することができます。税金を安くしたい！　と考えている会社にお薦めします。一括償却は20万円未満の資産で

273

あれば、会社の意志で自由に選択することができます。事前の届出などは必要ありません。

- ○ 1年目　取得価額 × 3分の1 → 150,000 × 3分の1 ＝ 50,000
- ○ 2年目　取得価額 × 3分の1 → 150,000 × 3分の1 ＝ 50,000
- ○ 3年目　取得価額 × 3分の1 → 150,000 × 3分の1 ＝ 50,000

●無形固定資産（ソフトウェアなど）の減価償却の計算方法を理解しよう

主な無形固定資産の耐用年数は次のとおりです。

社内で使用するソフトウェア：5年　特許権：8年　意匠権：7年

減価償却費は、取得価額に定額法の償却率をかけて計算します。有形固定資産の旧定額法は取得価額に90%をかけましたが、無形固定資産の場合、その必要はありません。また取得価額が20万円未満のものは、一括償却を選択することができます。

「2月5日に15万円で会計アプリを購入した（決算月は3月とする）」という事例をもとに、減価償却費の計算方法について具体的に説明します。

- ○ 1年目　取得価額 × 償却率 × 使用月数 ÷ 12
  - → 150,000 × 0.200 × 2 ÷ 12 ＝ 5,000
- ○ 2年目　取得価額 × 償却率
  - → 150,000 × 0.200 ＝ 30,000
- ○ 3年目　取得価額 × 償却率
  - → 150,000 × 0.200 ＝ 30,000

以後同様に続く。償却累計額が取得価額に達するまで毎年償却をする。

●税法上の繰延資産（礼金など）の償却の計算方法を理解しよう

税法上の繰延資産とは、支出の効果がその支出の日以後1年以上に及ぶものをいいます。有形固定資産は「実物」として存在するので直感的に資産であると認識できるのですが、税法上の繰延資産は「概念上の存在」で一般常識では資産と考えられないものが多いので注意しましょう。

例えば30万円の礼金を支払った期に費用処理してしまったとしましょう。税法上、その期に費用計上できるのは償却費の金額までです。つまり償却費を

第8章　決算をしよう

超える部分の金額は資産に計上すべきものを誤って費用計上したことになります。税務署の調査が入れば追徴課税の対象となってしまうのです。

　以下が主な税法上の繰延資産です。勘定科目は長期前払費用を使用します。

項　目	償　却　年　数
礼金・更新料	5年
礼金・更新料で賃借期間が5年未満で更新料の支払が必要な場合	賃借期間
同業者団体の加盟金	5年
チェーン店の加盟金	原則として5年
ノーハウの頭金	原則として5年
電子計算機その他の機器の賃借に伴って支出する費用	その機器の耐用年数の7/10に相当する年数

　償却費は、支出額を償却月数で割り、その年の月数をかけて計算します。「2月5日に60万円の礼金（賃借期間5年）を支払った（決算月は3月とする）」という事例をもとに減価償却費の計算方法について具体的に説明します。

　　○1年目　支出額 × 月数 ÷ 60月
　　　　　　→ 600,000 × 2 ÷ 60 ＝ 20,000
　　○2年目　支出額 × 12 ÷ 60月
　　　　　　→ 600,000 × 12 ÷ 60 ＝ 120,000
　　○3年目　支出額 × 12 ÷ 60月
　　　　　　→ 600,000 × 12 ÷ 60 ＝ 120,000

　以後同様に続く。償却累計額が支出額の100%に達するまで毎年償却をする。

●リース資産の減価償却の計算方法を理解しよう

　リースの取引について「リースを売買と考える経理処理」をした場合、定額法と同様の方法でリース総額をリース期間にわたり均等に償却します。専門用語でリース期間定額法といい、減価償却費を求める算式は次のとおりです。

　　　リース総額　　×　　その期のリース月数　　÷　　リース期間の月数

275

それでは「2月5日にコピー機を月額リース料31,500円、リース期間5年で導入した場合」という事例をもとに1年目から順次、減価償却費を計算していきましょう。

　　リース総額・・・31,500 × 12 × 5年 = 1,890,000

　　リース期間の月数・・・12 × 5 = 60年

1年目

　　1,890,000 × 2 ÷ 60 = 63,000

※1ヶ月未満の端数は切り上げになります。有形減価償却資産の場合と同じ処理です。

2年目

　　1,890,000 × 12 ÷ 60 = 378,000

3年目

　　1,890,000 × 12 ÷ 60 = 378,000

以後同様に続き、償却累計額がリース総額の100%に達するまで償却を行います。なお有形固定資産の場合は1円の備忘価額を残す必要がありましたが、リース資産の場合は残す必要はありません。

●減価償却費の仕訳

減価償却費の仕訳には、備品勘定などから直接減額する方法と減価償却累計額という勘定科目を使って間接的に減額する方法があります。有形固定資産では間接的に減額する方法が正式なやり方ですが、中小企業の場合、手間がかからない直接減額する方式が一般的に用いられています。無形固定資産と税法上の繰延資産は直接減額する方法で仕訳をします。

●資産勘定から直接減額する方法

（借方）減価償却費	×××	（貸方）　備品勘定など	×××

●間接的に減額する方法

（借方）減価償却費	×××	（貸方）　減価償却累計額	×××

第8章　決算をしよう

↘ 償却率率一覧表

●旧定額法　（取得時期　〜平成19年3月31日）

耐用年数	償却率	耐用年数	償却率	耐用年数	償却率	耐用年数	償却率	耐用年数	償却率
2	0.500	12	0.083	22	0.046	32	0.032	42	0.024
3	0.333	13	0.076	23	0.044	33	0.031	43	0.024
4	0.250	14	0.071	24	0.042	34	0.030	44	0.023
5	0.200	15	0.066	25	0.040	35	0.029	45	0.023
6	0.166	16	0.062	26	0.039	36	0.028	46	0.022
7	0.142	17	0.058	27	0.037	37	0.027	47	0.022
8	0.125	18	0.055	28	0.036	38	0.027	48	0.021
9	0.111	19	0.052	29	0.035	39	0.026	49	0.021
10	0.100	20	0.050	30	0.034	40	0.025	50	0.020
11	0.090	21	0.048	31	0.033	41	0.025		

●定額法　（取得時期　平成19年4月1日〜）

耐用年数	償却率	耐用年数	償却率	耐用年数	償却率	耐用年数	償却率	耐用年数	償却率
2	0.500	12	0.084	22	0.046	32	0.032	42	0.024
3	0.334	13	0.077	23	0.044	33	0.031	43	0.024
4	0.250	14	0.072	24	0.042	34	0.030	44	0.023
5	0.200	15	0.067	25	0.040	35	0.029	45	0.023
6	0.167	16	0.063	26	0.039	36	0.028	46	0.022
7	0.143	17	0.059	27	0.038	37	0.028	47	0.022
8	0.125	18	0.056	28	0.036	38	0.027	48	0.021
9	0.112	19	0.053	29	0.035	39	0.026	49	0.021
10	0.100	20	0.050	30	0.034	40	0.025	50	0.020
11	0.091	21	0.048	31	0.033	41	0.025		

●旧定率法　（取得時期　～平成19年3月31日）

耐用年数	償却率	耐用年数	償却率	耐用年数	償却率	耐用年数	償却率	耐用年数	償却率
2	0.684	12	0.175	22	0.099	32	0.069	42	0.053
3	0.536	13	0.162	23	0.095	33	0.067	43	0.052
4	0.438	14	0.152	24	0.092	34	0.066	44	0.051
5	0.369	15	0.142	25	0.088	35	0.064	45	0.050
6	0.319	16	0.134	26	0.085	36	0.062	46	0.049
7	0.280	17	0.127	27	0.082	37	0.060	47	0.048
8	0.250	18	0.120	28	0.079	38	0.059	48	0.047
9	0.226	19	0.114	29	0.076	39	0.057	49	0.046
10	0.206	20	0.109	30	0.074	40	0.056	50	0.045
11	0.189	21	0.104	31	0.072	41	0.055		

第8章　決算をしよう

●定率法　（平成19年4月1日〜平成24年3月31日）

耐用年数	償却率	改定償却率	保証率	耐用年数	償却率	改定償却率	保証率
2	1.000	-	-	27	0.093	0.100	0.01902
3	0.833	1.000	0.02789	28	0.089	0.091	0.01866
4	0.625	1.000	0.05274	29	0.086	0.091	0.01803
5	0.500	1.000	0.06249	30	0.083	0.084	0.01766
6	0.417	0.500	0.05776	31	0.081	0.084	0.01688
7	0.357	0.500	0.05496	32	0.078	0.084	0.01655
8	0.313	0.334	0.05111	33	0.076	0.077	0.01585
9	0.278	0.334	0.04731	34	0.074	0.077	0.01532
10	0.250	0.334	0.04448	35	0.071	0.072	0.01532
11	0.227	0.250	0.04123	36	0.069	0.072	0.01494
12	0.208	0.250	0.03870	37	0.068	0.072	0.01425
13	0.192	0.200	0.03633	38	0.066	0.067	0.01393
14	0.179	0.200	0.03389	39	0.064	0.067	0.01370
15	0.167	0.200	0.03217	40	0.063	0.067	0.01317
16	0.156	0.167	0.03063	41	0.061	0.063	0.01306
17	0.147	0.167	0.02905	42	0.060	0.063	0.01261
18	0.139	0.143	0.02757	43	0.058	0.059	0.01248
19	0.132	0.143	0.02616	44	0.057	0.059	0.01210
20	0.125	0.143	0.02517	45	0.056	0.059	0.01175
21	0.119	0.125	0.02408	46	0.054	0.056	0.01175
22	0.114	0.125	0.02296	47	0.053	0.056	0.01153
23	0.109	0.112	0.02226	48	0.052	0.053	0.01126
24	0.104	0.112	0.02157	49	0.051	0.053	0.01102
25	0.100	0.112	0.02058	50	0.050	0.053	0.01072
26	0.096	0.100	0.01989				

●定率法　（平成24年4月1日〜）

耐用年数	償却率	改定償却率	保証率	耐用年数	償却率	改定償却率	保証率
2	1.000	-	-	27	0.074	0.077	0.02624
3	0.667	1.000	0.11089	28	0.071	0.072	0.02568
4	0.500	1.000	0.12499	29	0.069	0.072	0.02463
5	0.400	0.500	0.10800	30	0.067	0.072	0.02366
6	0.333	0.334	0.09911	31	0.065	0.067	0.02286
7	0.286	0.334	0.08680	32	0.063	0.067	0.02216
8	0.250	0.334	0.07909	33	0.061	0.063	0.02161
9	0.222	0.250	0.07126	34	0.059	0.063	0.02097
10	0.200	0.250	0.06552	35	0.057	0.059	0.02051
11	0.182	0.200	0.05992	36	0.056	0.059	0.01974
12	0.167	0.200	0.05566	37	0.054	0.056	0.01950
13	0.154	0.167	0.05180	38	0.053	0.056	0.01882
14	0.143	0.167	0.04854	39	0.051	0.053	0.01860
15	0.133	0.143	0.04565	40	0.050	0.053	0.01791
16	0.125	0.143	0.04294	41	0.049	0.050	0.01741
17	0.118	0.125	0.04038	42	0.048	0.050	0.01694
18	0.111	0.112	0.03884	43	0.047	0.048	0.01664
19	0.105	0.112	0.03693	44	0.045	0.046	0.01664
20	0.100	0.112	0.03486	45	0.044	0.046	0.01634
21	0.095	0.100	0.03335	46	0.043	0.044	0.01601
22	0.091	0.100	0.03182	47	0.043	0.044	0.01532
23	0.087	0.091	0.03052	48	0.042	0.044	0.01499
24	0.083	0.084	0.02969	49	0.041	0.042	0.01475
25	0.080	0.084	0.02841	50	0.040	0.042	0.01440
26	0.077	0.084	0.02716				

第8章　決算をしよう

↘ 耐用年数一覧表

	構造・用途	細目	耐用年数
建物付属設備	アーケード・日よけ設備	主として金属製のもの	15
		その他のもの	8
	店舗簡易装備		3
	電気設備（照明設備を含む）	蓄電池電源設備	6
		その他のもの	15
	給排水・衛生設備・ガス設備		15

	構造・用途	細目	耐用年数
構築物	広告用看板	金属製のもの	20
		その他のもの	10
	緑化施設及び庭園	工場緑化施設	7
		その他の庭園	20
	舗装道路及び舗装路面	コンクリート敷・ブロック敷	15
		アスファルト敷・木れんが敷	10
	塀	木造・金属造	10
		コンクリート造	15

	構造・用途	細目			耐用年数
車両・運搬具	一般用のもの	自動車（二輪・三輪自動車を除く）	小型車（総排気量が0.66リットル以下のもの）		4
			その他のもの	貨物自動車 ダンプ式のもの	4
				貨物自動車 その他のもの	5
				報道通信用のもの	5
				その他のもの	6
		その他のもの	自転車		2
			二輪または三輪自動車		3

	構造・用途	細目	耐用年数
工具	測定工具、検査工具（電気・電子を利用するものを含む）		5
	型（型枠を含む）鍛圧工具、打抜工具	プレスその他の金属加工用金型、合成樹脂・ゴム・ガラス成型用金型、鋳造用型	2
		その他のもの	3

281

構造・用途	細目			耐用年数
器具及び備品 — 家具・電気機器・ガス機器・家庭用品（他に掲げてあるものを除く）	事務机, 事務いす, キャビネット	主として金属製のもの		15
		その他のもの		8
	応接セット	接客業用のもの		5
		その他のもの		8
	ベッド			8
	児童用机、いす			5
	陳列棚, 陳列用ケース	冷凍機付・冷蔵機付のもの		6
		その他のもの		8
	その他の家具	接客業用のもの		5
		その他のもの	主として金属製のもの	15
			その他のもの	8
	ラジオ、テレビジョン、テープレコーダーその他の音響機器			5
	冷房用・暖房用機器			6
	電気冷蔵庫、洗濯機、その他これらに類する電気ガス機器			6
	氷冷蔵庫、冷蔵ストッカー（電気式のものを除く）			4
	カーテン、座ぶとん、寝具その他これらに類する繊維製品			3
	じゅうたんその他の床用敷物	小売業・接客業用・放送用・劇場用のもの		3
		その他のもの		6
	室内装飾品	主として金属製のもの		15
		その他のもの		8
	食事・厨房用品	陶磁器製・ガラス製のもの		2
		その他のもの		5
	その他のもの	主として金属製のもの		15
		その他のもの		8
事務機器、通信機器	電子計算機	パソコン（サーバー用を除く）		4
		その他のもの		5
	複写機、計算機（電子計算機を除く）、金銭登録機、タイムレコーダーその他これらに類するもの			5
	その他の事務機器			5
	ファクシミリ			5
	インターホーン、放送用設備			6
	電話設備その他の通信機器	デジタル構内交換設備、デジタルボタン電話設備		6
		その他のもの		10
光学機器、写真製作機器	カメラ、映画撮影機、映写機、望遠鏡			5
	引伸機、焼付機、乾燥機、顕微鏡			8
看板、広告器具	看板、ネオンサイン			3
	マネキン人形、模型			2
	その他のもの	主として金属製のもの		10
		その他のもの		5
金庫	手さげ金庫			5
	その他のもの			20

❾ 決算書を作ろう

■ 貸借対照表と損益計算書を作ろう

　ここからは、いよいよ決算書を作るための説明に入ります。いよいよと書いたのは、決算書は会社のこの1年間の成績表であると同時に、日々の記帳の結果の集大成でもあるからです。すべての記帳は決算書の作成のために行われる！　といっても過言ではないでしょう。

　決算書の主役は、なんといっても会社の財産と負債の状況を表した「貸借対照表」と収益と費用の状況を表した「損益計算書」です。さっそく作成してみましょう。ただし、作成するといっても特別なことをする必要はありません。会計アプリのメニューで決算書作成を選択し、印刷を指示するだけで、あっという間に印刷が完了します。

　そう言えば……私が税理士の仕事を始めた頃は、手作業で貸借対照表と損益計算書の下書きを作り、その下書きをもとにタイプ屋さんが、和紙に文字を打ち込んで作成していました。時代の流れの速さとパソコンの素晴らしさを実感します！

●会計アプリなら決算書を簡単に印刷できる

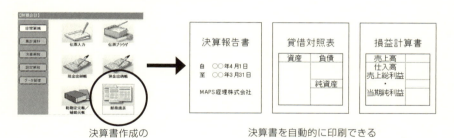

決算書作成の
メニューを選択する

決算書を自動的に印刷できる

■ その他の決算書類

　貸借対照表と損益計算書のほか、「キャッシュフロー計算書」（資金の動きを明らかにする書類）や「株主資本等変動計算書」（配当金の支払いなど利益剰

余金の変動を明らかにする書類)、「注記表」(決算書の注意事項などをまとめた書類) も決算書として作成します。

■ 会社法による決算書の様式

貸借対照表
平成××年×月×日現在

資産の部		負債の部	
科目	金額	科目	金額
流動資産	×××	流動負債	×××
現金及び預金	×××	買掛金	×××
売掛金	×××	短期借入金	×××
立替金	×××		
		固定負債	×××
固定資産	×××	長期借入金	×××
有形固定資産	×××		
工具器具備品	×××	負債合計	×××
		純資産の部	
無形固定資産	×××	株主資本	×××
ソフトウェア	×××	資本金	×××
		資本剰余金	×××
投資その他の資産	×××		
長期前払費用	×××	利益剰余金	×××
		評価・換算差額等	×××
繰延資産	×××	新株予約権	×××
		純資産合計	×××
資産合計	×××	負債・純資産合計	×××

損益計算書
自平成××年×月×日 至平成××年×月×日

科目	金額	
売上高		×××
売上原価		×××
売上総利益		×××
販売費及び一般管理費		
給与手当	×××	
賞与	×××	
		×××
営業利益		×××
営業外収益		
受取利息	×××	
営業外費用		
支払利息	×××	×××
経常利益		×××
特別利益	×××	
特別損失	×××	×××
税引前当期純利益		×××
法人税・住民税及び事業税		×××
法人税等調整額		×××
当期純利益		×××

主な改正点:

　　商法から会社法へ　貸借対照表の「資本の部」が「純資産の部」に呼び名がかわりました。
　　　　　　　　　　　損益計算書の計算が「当期純利益」までになりました。
　　　　　　　　　　　損益計算書の「経常損益の部」などの表示が廃止になりました。

❿ 株主総会を開催しよう

　会社は会社法という法律で、株主総会を開催し、会社のオーナーである株主に対し会社の経営状況を報告し、承認を得ることが定められています。会社法では、株主総会の開催日を決算日から3ヶ月以内と定めていますが、小さな会社では税金の申告期限が2ヶ月以内とされているので、株主総会を決算日から2ヶ月以内に行う必要があります。

　決算書は株主総会に提出する前に、監査役の監査を受け、取締役会の承認を受けることが必要です。また株主総会の開催にあたっては、株主に所定の時期までに開催日等を通知することも必要です。株主総会のスケジュールは次のとおりです。会社法では、監査のあとに取締役が承認するなどスケジュールが大きく変わりましたので注意してください。

▶ 株主総会のスケジュール（取締役会と監査役を設置している会社の場合）

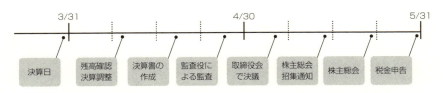

会社は決算書を作成し監査役に提出する。監査役は、監査報告を原則として決算書を受け取ってから4週間以内に取締役に通知する。取締役は決算書を承認し、定時株主総会の招集通知を、定時株主総会の1週間前までに行う。

　知人や取引先、投資家などの他人に出資を受けている会社の役員は、株主総会でこの1年間の自分達自身の成績が評価されるのですから、きっと身の引き締まる思いをすることでしょう。経営者としての責任を果たすため、上記スケジュールに従った株主総会の運営を行うようにしましょう。

　一方、株主が役員や役員の身内である会社、いわゆるオーナー会社は、役員＝株主の関係なので、株主総会といってもピンとこないかもしれません。しかし会社は会社法の規定に従って運営する義務があります。所定の時期に株主総会を開催し議事録を作成し保存しておくようにしましょう。

⑪ 税金の金額を計算しよう

　会社は、決算日の翌日から2ヶ月以内に、法人税、地方法人税、県民税、事業税、市民税、消費税などの申告書を所轄の官庁に提出し、税金を納めなければなりません。

　個人経営から法人経営に切り替えた方から、税金の申告書を自分で作成できますか、という質問を受けることがあります。個人の確定申告はそれほど難しくなく、青色申告会や商工会のような自分で申告する方をサポートする公的機関も充実しているので、ご自分で申告書を作成している方が大勢いらっしゃいます。

　ところが会社の確定申告は、個人の確定申告よりも作成する書類が多く、また計算過程もたいへん複雑です。自分で作成するのは難しいので、決算調整が終わった段階で、税理士や公認会計士といった専門家に作成を依頼した方が良いでしょう。記帳が済んでいるので、それほど高くない報酬で依頼できると思います。皆さんには、どんな税金を申告するのか、どのくらいかかるのか、といった税金の概要をここで押さえていただきただきたいと思います。利益300万円、使用人兼務役員の賞与100万円（うち使用人賞与としての適正額90万円）の会社（資本金100万円）の税金を計算してみましょう。

↘ 法人税の概要と税金の額

　法人税は国に支払う税金です。税務署に申告と納付をします。法人税の課税対象になる利益は、決算書の利益ではありません。決算書上の利益に交際費課税など法人税独自の調整を加えたあとの金額です。上記の使用人兼務役員の賞与の場合、課税対象になるのは、使用人賞与としての適正額90万円を超える10万円です。この事例の法人税の課税対象となる金額（所得金額）は、310万円ということになります。

　　税　率　→　15%（所得金額800万円以下の場合）
　　計算式　→　所得金額×税率
　　税　額　→　3,100,000 × 15% ＝ 465,000 円

第 8 章　決算をしよう

↘ 地方法人税の概要と税金の額
　地方法人税は国に支払う税金です。平成 10 月 1 日以後開始年度から新たに課されることになりました。税率は法人税額の 4.4% ですが、同時に県民税と市民税の法人税制が、合わせて 4.4% 減少したため、増税にはなりませんでした。

　　税　率　→　法人税額の 4.4%
　　計算式　→　法人税額 × 税率
　　税　額　→　465,000 × 4.4% = 20,460 → 20,400 円（百円未満切捨）

↘ 法人県民税（都道府県民税）の概要と税金の額
　県民税は都道府県に支払う税金です。県税事務所などに申告や納付をします。地方税なので、都道府県によって税率が若干異なる場合があります。ここでは私の住んでいる埼玉県の税率で計算をします。なお県民税には、資本金の金額などに応じてかかる均等割と法人税に対してかかる法人税割があります。均等割は赤字でも税金がかかりますので注意してください。

　　税　率　→　均等割 2 万円　　法人税割 → 法人税額の 3.2%
　　計算式　→　法人税額 × 税率 + 均等割
　　税　額　→　465,000 × 3.2% + 20,000 = 34,880 → 34,800 円（百円未満切捨）

↘ 法人市民税（法人市町村民税）の概要と税金の額
　市民税は市町村に支払う税金です。市役所などに申告や納付をします。地方税なので、市町村によって税率が若干異なる場合があります。ここでは私の住んでいるさいたま市の税率で計算をします。なお県民税と同様に均等割があります。

　　税　率　→　均等割 5 万円　法人税割　　法人税額の 9.7%
　　計算式　→　法人税額 × 税率 + 均等割
　　税　額　→　465,000 × 9.7% + 50,000 = 95,150 → 95,100 円（百円未満切捨）

↘ 法人事業税の概要と税金の額

　法人事業税は都道府県に支払う税金です。法人県民税とともに県税事務所な
どに申告や納付をします。地方税なので、都道府県によって税率が若干異なる
場合があります。ここでは私の住んでいる埼玉県の税率で計算をします。なお
事業税は、法人税や法人市県民税と異なり、法人税の所得金額の計算上、経費
とすることができます。

※平成20年の税制改正で、事業税の一部が地方法人特別税に分離されましたが、税負
担は変わりません。ここでは事業税として説明します。

税　率　→　5％

計算式　→　所得金額 × 税率　　税額　→　3,100,000 × 5％ = 155,000 円

　課税対象となる利益310万円に対して、法人税 465,000 円、地方法人税
20,400 円、法人県民税 34,800 円、法人市民税 95,100 円、事業税 155,000 円、合
計で 770,300 円の税金が課税されることになります。利益に対して約25％です。
以前に比べると安くなっているのですが、苦労して稼いだお金の約4分の1が
消えてなくなるのですから、税金と聞いただけで、憂鬱な気持ちになる経営者
も多いことと思います。気持ちはともかく、納めなくてはならないので、資金
の手当てなどをして、備えておきましょう。

※事例の税率は平成28年3月における所得金額310万円に対するものであることにご
注意ください。税率は累進課税といって所得金額が多くなるほど税率が高くなります。
また、改正も予定されています。詳しくは国税庁、県税事務所、市役所のホームページ
を参照してください。

⑫ 書類の保存期間を理解しよう

　帳簿や領収書など経理に関係する書類はきちんと整理し、法律で定められた
期間、保存しなければなりません。保存期間は書類の種類ごとに次のとおり定
められています。

第8章 決算をしよう

書類名	具体例	保存期間
決算書類	貸借対照表、損益計算書、棚卸表など	会社法10年、法人税法7年
会計帳簿	総勘定元帳、仕訳伝票、補助元帳	会社法10年、法人税法7年
領収書・請求書など	現金や預金の入出金の証拠書類 (領収書・領収書の控え・預金通帳・借用書など)	法人税法7年
	売上や仕入に関係する書類 (請求書・見積書・納品書・契約書・送り状など)	法人税法5年

※「法人税法7年」は、欠損金の生じた事業年度においては9年(平成29年4月1日以後開始する欠損金の生じた事業年度においては10年)に延長されます。

　決算が終わったら、さっそく書類の整理と保存の作業に取りかかりましょう。会計帳簿は会計アプリで簡単に印刷することができます。詳しくは各アプリのマニュアルを参照してください。印刷した会計帳簿は、決算書類とともにファイルに綴じ込みます。領収書・請求書などは、段ボール箱に入れましょう。ファイルと段ボール箱には、書類名、事業年度とともに保存期間を記入しておきます。いつまで保存すべき書類なのかが一目でわかるので、破棄や保存の判断を的確に行うことができます。

289

第9章

経理の勘所をアドバイス

専門家と上手に付き合おう

これが起業家のための融資制度だ!

その借金、返済できますか

帳簿付けの時間を減らそう

パソコン会計の機能をフルに活用しよう

いくら売れば会社はやっていけるのかを考えよう

黒字倒産しないように経営しよう

儲かってきたら節税しよう

税務署の調査を知っておこう

❶ 専門家と上手に付き合おう

↘ 社外アドバイザーとして活用しよう

　会社が大きくなると、決算や税金、社会保険の申告の内容が複雑になってきます。制度や改正を知らなかったため、「払いすぎ」や「払い漏れ」などのミスが発生する可能性が高くなります。

　従業員を雇えるようになったら、弁護士、税理士、司法書士、社会保険労務士といったその道のプロに書類作成の代行を依頼するとよいでしょう。作成手数料はかかりますが、時間やリスクを考えると、頼んで損をすることはないと思います。専門家の役割は書類作成の代行だけではありません。得意先が倒産して代金がこげついた、税務署の調査がはいった、労働問題がおきた……といった、皆さんを襲う経営上のトラブル解決のためのアドバイスを受けることができます。いわば、社外アドバイザーとして専門家を利用するわけです。ただし、トラブルが発生してから駆け込んでも良いアドバイスは受けられないと思います。専門家の立場からは、面識のない経営者がかかえたトラブルにまきこまれたくないという心理が働くからです。

　私の事務所に「税務署が来ているので、立ち会いをしてくれ、お金は払う」と突然、見知らぬ会社が訪ねてきてもきっと断ってしまうでしょう。トラブルのとき、力になってもらうためには、専門家と日頃から何でも相談できる関係を築いておくことが大切です。

	書類作成	社外アドバイザーとして
弁護士	契約書の作成 内容証明の作成	法律上のトラブルの相談 債権の取り立て
税理士	税務申告書の作成 会計帳簿、決算書の作成	税務調査の立ち会い 事業計画やタックスプランニングの作成
司法書士	役員変更登記申請書の作成	売掛金の取り立て（少額訴訟） 取締役会、株主総会の議事録の作成
社会保険労務士	労働保険申告書の作成 社会保険の算定基礎届、 月額変更届の作成	就業規則、給与規定、退職金規定など社内規定の整備 従業員の採用、解雇等の相談

第9章　経理の勘所をアドバイス

❷ これが起業家のための融資制度だ！

↘ 晴れの日に傘を……

　お金があったらなあ……この言葉は小さな会社の経営者の口癖かもしれません。また、減り続ける通帳の残高に言い知れぬ不安を抱くこともあるでしょう。

　お金なら銀行で借りればいいじゃないか、このように考えて銀行（特に皆さんお馴染みのメガバンク）を訪ねると、厳しい現実に直面します。銀行が貸すのは、資金や体力、技術、実績のある、返済が確実に見込める会社です。特に起業したての実績のない会社は、相手にされません。昔から、銀行は「雨の日には傘を貸さず、晴れた日に傘を貸す」ところと言われているのです。

↘ 商工会議所の制度融資を利用しよう

　それではお金のない、担保に提供する不動産のない、知人に連帯保証人を頼みたくない起業家は、どのようにお金を借りたら良いでしょうか。

　私は商工会議所、商工会の公的融資制度である経営改善貸付（マル経融資）をお薦めします。この制度は下記の融資概要のとおり、起業家の希望をほとんど満たしている融資制度です。経営指導といっても、無料で商工会議所の指導員さんの経営や記帳の指導を半年間受けるだけです。経営指導を事前に受けておくこともできます。起業したら、地元の商工会議所に相談に行きましょう。

● 小企業等経営改善資金（マル経融資）の概要

融資限度額	2000万円	融資対象	・従業員20人以下（商業・サービス業5人以下）の法人・個人事業主 ・商工会議所の経営・金融指導を受けて事業改善に取り組んでいる ・最近1年以上同一会議所の地区内で事業を行っているなど
返済期間	運転資金7年以内 設備資金10年以内		
担保・保証人	不要		
融資利率	1.11%		

注：H30.3.19時点の融資概要の抜粋です。最新の情報は商工会議所等でご確認ください

293

❸ その借金、返済できますか （資金計画を立てよう）

↘ その稼ぎで借金の返済ができますか？

借りたお金はきちんと返済しなければなりません。銀行から払い込まれたお金は、あっという間に、設備の購入や仕入代金の支払いに充てられ、通帳から消えてしまっているはずです。

そうです。お金を借りたら、商売で稼いだお金で借金と利息を返済していかなければならないのです。「大丈夫　大丈夫！　儲かるから心配はいらない！」と豪語している社長さん、こんな勘違いをしていませんか。

　　○借金の返済金は費用になる
　　○借金を返すと税金が安くなる

こんな勘違いをされている社長さんが多いことには驚かされます。利息と違って借金の返済金は費用になりませんし、もちろん税金が安くなることもありません。きちんと資金計画をたて、いくらまでなら借入できるのか、またいくら稼げばいいのか、しっかりと把握しておくようにしましょう。

資金計画を社長さん自身の言葉で説明できるようになると、金融機関の会社に対する信頼度はグンとあがります。雨の日には傘を貸さない銀行から融資が受けられるようになるかもしれません。

↘ 資金計画を立てよう

資金計画表は、**第1章 事業計画を立てよう** で説明したもの（P20）を少し改良するだけで作成することができます。この表の差引収支の金額が借入金返済後の収支を表します。

　　○差引収支がマイナスになった・・・借入金の返済ができません。無理な借
　　　　　　　　　　　　　　　　　　　　金です
　　○差引収支がプラスになった・・・・借入金の返済ができます

294

第9章　経理の勘所をアドバイス

　この表を使って借入をするまえに資金計画を立てましょう。改良のポイント
は次の4つです。

●ポイント1　減価償却費を追加しよう

　減価償却費は収支表の説明では省略していましたが、より正確な利益を計算
するため、追加しておきましょう。減価償却費の金額の計算方法はP264を参
照してください。なおこの減価償却費はお金の支払いを伴わない費用です。利
益計算と収支計算では、減価償却費の取り扱いが異なりますので注意してくだ
さい。

　　○利益計算（儲けの計算）＝売上高 － 仕入高 － 経費計（減価償却費を含む）
　　○資金計算（お金の帳尻）＝売上高 － 仕入高 － 経費計（減価償却費を除く）

●ポイント2　税金を計算しよう

　利益から税金を差し引いた金額が借入金を返済できる金額です。税金を計算
する行を追加しましょう。税金の計算方法と金額はP286を参照してください。
また、交際費などの加算を考慮し、保守的に考えて、ここでは税率を40%と
します。

●ポイント3　借入金返済を追加しよう

　会社に入金された借入金の元金を返したお金は、負債の返済なので費用とし
て計上できません。税金を差し引いたあとの利益から返済することになります。
従って、借入金の返済は、「税金の行」のあとに追加します。

●ポイント4　差引収支を追加しよう

　差引収支とは、1年間の入金額から支払額を差し引いた金額で、お金の帳尻
をあらわしています。この差引収支の金額で返済可能か判断できます。

295

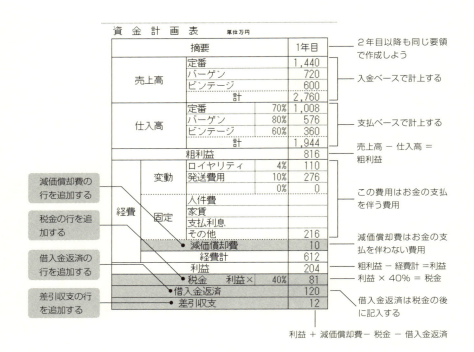

❹ 帳簿付けの時間を減らそう

↘ 仕訳の数を減らそう

　会計アプリの入力にどのくらいの時間をかけていますか。入力にかかる時間を減らして、浮いた時間を営業や企画など戦略的な仕事に振り向けたいものです。

　会社が大きくなるに従って、取引が増える → 入力の件数が増える → その日のうちに終わらない → 入力が遅れる → 溜まる → いよいよ入力できなくなると、悪循環に陥ってしまうケースもあります。会計アプリの入力にかかる時間は、ちょっとした工夫で減らすことができます。ここではそのためのテクニックを紹介することにしましょう。

第9章 経理の勘所をアドバイス

↘ 支払や精算の方法を工夫しよう

入力時間を減らすには、入力の件数を減らすことが、単純ですが一番効果があります。まずは会計アプリの総勘定元帳で入力の件数が多い勘定科目をピックアップしましょう。旅費交通費や消耗品費、事務用品費の入力件数が飛び抜けて多くありませんか。この経費の支払い方法を工夫することにより、入力の件数を大幅に減らすことができます。

●旅費交通費

交通費精算書を使って交通費の精算をしましょう。このようにすると、精算時に「6月分交通費精算額 ××円」のようにまとめて入力ができます。6/10 東京-新宿 280円、6/11 東京-浦和 320円……のように、交通費を支払う都度、入力する必要がなくなります。社員数が多い会社では特に入力時間削減の効果があります。

例えば、5人の従業員が毎日交通費を精算すると、1ヶ月に5人×20日＝100本の入力が必要ですが、毎月1回の精算にすると5本の入力になります。

●消耗品費・事務用品費

ファイル、電球、電池、封筒、お茶、コピー用紙……日々の業務に使う消耗品類の入力も、月単位では馬鹿にできない件数になります。アスクルなどネットショップを利用して支払時に一括入力するのも良いでしょう。また、アスクルのシステムでは請求額を発注担当者別に集計する機能がありますので、支払額を勘定科目別に分類する時間を節約することもできます。特別なことをする必要はありません、発注担当者名を「消耗品費」「事務用品費」など勘定科目名にするだけ……ちょっとした工夫です。

❺ 会計アプリの機能をフルに活用しよう

↘ 宝の持ち腐れをしていませんか

会計アプリには、入力時間を短くできる便利な機能がたくさん用意されています。ところが……この便利な機能がほとんど使われていないのです。言うな

れば宝の持ち腐れです。

　皆さんの会社は「便利な機能」を使って入力していますか。もし使っていなければ、ぜひ活用して、入力にかかる時間を節約しましょう。1度使ってみれば、簡単に使えることに驚くばかりか、もう手放せなくなること、間違いありません。

❑ 入力時間を減らせる会計アプリの機能
● 摘要の登録

　会計アプリの入力で最も時間を取られるのは、「摘要」の入力です。日付や金額、勘定科目の入力とは異なり、文字を打ち込んでいく必要があるからです。この面倒な摘要の入力が簡単に行える機能が摘要登録です。よく使われる「摘要」をあらかじめ登録しておき、摘要文を入力するかわりに、登録しておいた摘要を呼び出して入力する、という機能です。これならいちいち文字を打ち込んでいく必要がありません。

　この摘要登録の機能は、摘要を勘定科目に関連付けることで、使い勝手は格段に良くなります。例えば、旅費交通費の勘定科目を入力すると、旅費交通費に関連した「タクシー代」「×月分交通費精算」などの摘要が自動表示されます。自動表示された摘要を選択すれば、入力が完了します。本当に便利です。この機能を生かしてください。

```
PCA → 摘要文の登録    勘定奉行 → 摘要登録    弥生会計 → 摘要バインダ
```

● 仕訳の登録

　この機能は、摘要だけでなく仕訳を丸ごと登録しておき、呼び出して使うという機能です。給料などの複雑な仕訳、交通費の精算などよく使う仕訳を入力するとき使いましょう。仕訳のひな型を登録しておく機能だ！　と思っていただければ良いでしょう。

```
PCA → 自動仕訳の登録    勘定奉行 → 自動仕訳登録
弥生会計 → 仕訳バインダ、伝票バインダ
```

第9章 経理の勘所をアドバイス

❻ いくら売れば会社はやっていけるのか 考えよう

↘ 損益分岐点分析の手法をマスターしよう

　会社をやっていくには、どのくらいの売上げがあれば良いのだろうか、あるいは利幅をどのくらいとれば良いのだろうか……起業した皆さんの頭の中は、会社の経営戦略のことでいつもいっぱいのことでしょう。

　起業家の皆さん！ 損益分岐点分析の手法をマスターしましょう。

　損益分岐点分析の手法を使うと、さまざまな売上や経費の条件における会社の経営状況を簡単にシミュレーションすることができます。私は起業家の必須のスキルだと確信しています。ぜひここでマスターし、経営戦略の立案に役立ててください。

↘ 損益分岐点分析を利用したシミュレーションとは

　費用は、売上の増減に比例して増減する性格のもの（変動費）と売上の増減にかかわらず一定のもの（固定費）に分類することができます。費用が、変動費と固定費で構成されることを利用して、利益が0円となる売上高（損益分岐点）を求めることを損益分岐点分析といいます。

　変動費の代表的な費目は仕入高です。一方、固定費は給与手当や家賃など仕入高以外の経費と考えて良いでしょう。厳密に考えると、売上が増える → 忙しくなる → 残業が増える → 残業代がつく → 給与手当が増える、のようにすべての費目に変動費的な面がありますが、不確定な将来の予測をするのに、あまり細かいことを考えてもしかたありません。ここでは割り切って、仕入高を変動費、その他の諸経費を固定費としてもよいでしょう。

　それでは、右の会社を例に、損益分岐点分析の手法を使って、いくつかのシミュレーションをしてみましょう。

損益計算書	
売上高	1,000万円
仕入高（変動費）	800万円
家賃など（固定費）	150万円
利益	50万円

299

ケース1　売上高が2,000万円になると……

仕入高の金額は売上高の増減に比例します。そこで、売上高に占める仕入高の割合（変動比率）を求めれば、売上高2,000万円の場合の仕入高を計算することができます。固定費は一定なので、次のとおり、利益の金額を予想できます。

● **変動比率を求める**

変動比率 = 仕入高 ÷ 売上高 → 800万円 ÷ 1,000万円 = 80%

● **売上高2,000万円の場合の仕入高を計算する**

仕入高 = 2,000万円 × 80% = 1,600万円

● **利益の金額を計算する**

2,000万円 − 1,600万円 − 150万円 = 250万円

ケース2　新しいお店を出すと……

新しくお店を出す場合のシミュレーションをしてみましょう。条件は、家賃などの固定費50万円UP、売上500万円UPとします。

● **売上高1,500万円の場合の仕入高を計算する**

仕入高 = 1,500万円 × 80% = 1,200万円

● **利益の金額を計算する**

1,500万円 − 1,200万円 − 150万円 − 50万円 = 100万円

ケース1の予想損益

損益計算書	
売上高	2,000万円
仕入高（変動費）	1,600万円
家賃など（固定費）	150万円
利益	250万円

ケース2の予想損益

損益計算書	
売上高	1,500万円
仕入高（変動費）	1,200万円
家賃など（固定費）	200万円
利益	100万円

このように、損益分岐点分析の手法を使うと、さまざまなケースを予想することができます。実際に予想するには、Excelで「経営状況予想シート」を作

成して行うと良いでしょう。

↘ Excel で「経営状況予想シート」を作成しよう

このシートは簡単な数式だけを使用して作成されています。私は Excel に詳しくない！ という方でもすぐに作成することができます。

●経営状況予想シートの使い方

［ケース1について］

売上高の金額欄は、売上高を仕入率ごとに区分して入力します。仕入高の率の欄は仕入率（変動比率）を入力します。仕入高の金額欄は自動集計されます。諸経費の金額欄は項目ごとの金額を入力します。

経営状況予想シート

摘要	細目	ケース1		ケース2	
		率	金額	率	金額
売上高	パソコン		2,000	110%	2,200
	ソフト		400	105%	420
	コンサル		200	120%	240
	小計		2,600		2,860
仕入高(変動費)	パソコン	80%	1,600	80%	1,760
	ソフト	70%	280	70%	294
	コンサル	10%	20	10%	24
	小計		1,900		2,078
差引利益			700		782
諸経費(固定費)	人件費		500	105%	525
	家賃		200	100%	200
	その他		10	120%	12
	小計		710		737
利益			-10		45

- 売上の伸び率を入力する
- 仕入率（変動比率）を入力する
- 諸経費の増減率を入力する

［ケース2について］

売上高と諸経費の率の欄はケース1に対する増減率を入力します。例えばケース1に比べて10%UPした場合は110%、10%DOWNした場合は90%のように入力します。　仕入高の率の欄はケース2における仕入率（変動比率）を入力します。

●Excelシートの作り方

数式の設定は次のとおりです。

301

	A	B	C	D	E	F	G	H
1		経営状況予想シート						
2								
3		摘要	細目	ケース1			ケース2	
4				率	金額		率	金額
5		売上高	パソコン		2000		1.1	=E5*G5
6			ソフト		400		1.05	=E6*G6
7			コンサル		200		1.2	=E7*G7
8			小計	=SUM(E5:E7)			=SUM(H5:H7)	
9		仕入高(変動費)	パソコン	0.8	=E5*D9		0.8	=H5*G9
10			ソフト	0.7	=E6*D10		0.7	=H6*G10
11			コンサル	0.1	=E7*D11		0.1	=H7*G11
12			小計	=SUM(E9:E11)			=SUM(H9:H11)	
13		差引利益		=D8-D12			=G8-G12	
14		諸経費(固定費)	人件費		500		1.05	=E14*G14
15			家賃		200		1	=E15*G15
16			その他		10		1.2	=E16*G16
17			小計	=SUM(E14:E16)			=SUM(H14:H16)	
18		利　益		=D8-D12-D17			=G8-G12-G17	

　またP20の収支表、P296の資金計画表も損益分岐点分析の考え方をもとに作られています。特に資金計画表は、借入をともなう設備投資などの状況までシミュレーションすることができます。ぜひ活用してください。

❼ 黒字倒産しないように経営しよう

↘ 黒字でも倒産することがある

　会社は儲かっていれば倒産することはない……普通、このように考えますよね。しかし、儲かっていても倒産することがあるのです。それも黒字倒産という言葉があるぐらいですから、決して珍しいことではないのです。黒字倒産の主な原因は資金不足です。儲けることばかりでなく、資金繰りのことも考えて会社を経営することが大切です。

↘ 黒字倒産しないために（支払条件に気をつけよう）

　得意先と取引の条件を話し合うとき、どんなことを1番考えて交渉しますか。仕入先と取引の条件を話し合うとき、どんなことを1番考えて交渉しますか。値段だ！　という方がほとんどではないでしょうか。安く仕入れて高く売る、これが商売の基本ですから……。

　でも値段と同じくらい大切なのが支払条件です。得意先の支払条件が悪いと、

資金が不足して、黒字倒産になりかねません。仕入先（翌月末払い）、得意先（翌々月末払い）、売上が毎月100万円ずつ増加する条件で試算してみましょう。

儲けの計算 単位万円

	1	2	3	4	5	6
売上	1,000	1,100	1,200	1,300	1,400	1,500
仕入	800	880	960	1,040	1,120	1,200
経費	150	150	150	150	150	150
利益	50	70	90	110	130	150

資金収支の計算 単位万円

	1	2	3	4	5	6
入金	0	0	1,000	1,100	1,200	1,300
支払(仕入)		800	880	960	1,040	1,120
支払(経費)	150	150	150	150	150	150
収支	-150	-950	-30	-10	10	30

利益は順調に増えているのに、資金収支はなかなか好転しません。現実にはマイナスの月は資金が不足しますので、銀行などから借入をする必要があります。2ヶ月目に不足する資金950万円を銀行から3年返済、利率6％の条件で借り入れたとして、資金収支を計算してみましょう。更に収支が悪くなるのがおわかりいただけると思います。

資金収支の計算 単位万円

	1	2	3	4	5	6
収支	-150	-950	-30	-10	10	30
借入		950				
利息		0	4	4	4	4
元金返済		0	26	26	26	26
収支	-150	0	-60	-40	-20	0

もし得意先との取引条件が翌月払いだとすると、このような資金不足の状態に陥ることはありません。取引条件を決めるとき、値段も大切だけれど、支払条件も同じくらい大切だ！ と覚えてください。支払はできるだけ遅く、回収はできるだけ早くです。

支払と回収のバランスを確かめたい場合は、貸借対照表の売掛金と買掛金のバランスを見ると良いでしょう。売掛金より買掛金が多い場合は、資金を早く回収できているので、良いバランスを保っていると判断できます。一方、買掛金より売掛金が多い場合は、資金の回収が遅いので、資金繰りに負担がかかっていると判断できます。

↘ 黒字倒産しないために（在庫に気をつけよう）

さきほどの収支計算を見て、厳しいなあ、と思っている方、実際の計算はもっと厳しくなります。なぜなら、先ほどの資金収支の計算は、仕入れた商品がすぐに売れるという、ありえない前提にもとづいているからです。

在庫商品の購入代金は仕入先に支払うので、資金繰りに影響を与えます。例えば、在庫商品が500万円あると、その分だけ資金が流出し、収支が悪くなります。

儲けの計算

	1
売上	1,000
仕入	1,300
経費	150
在庫△	500
利益	50

在庫商品の仕入が発生する

在庫は費用から差し引かれるので儲けの計算には影響しない

資金収支の計算

	1	2
入金	0	0
支払(仕入)		1,300
支払(経費)	150	150
収支	− 150	− 1,450

在庫商品の仕入れ代金も支払わなければならない

資金収支は悪くなる

商品在庫が増えていくと、どんどん資金繰りが悪化してしまいます。1円でも安く！ と商品の仕入に気を遣う経営者も、在庫の管理はおざなりになりがちです。「在庫商品」＝「お金」、と認識し、しっかりと在庫管理を行うようにしてください。

損益計算書の「売上高」を貸借対照表の「商品」で割ると、商品回転率が算出できます。商品回転率が高いと在庫が少ないということを表します。逆に低いと在庫が多いことを表します。過去の推移をチェックする、あるいは同業者の数値と比較することにより、常に適正な在庫水準を保つようにしてください。

❽ 儲かってきたら節税を考えよう

↘ 節税をしよう

たくさん税金を払って社会のために貢献したい！ という方もいらっしゃるかもしれませんが、ほとんどの中小企業の経営者、特に起業したばかりの会社の経営者は、自分の会社を運営するのに精一杯ですから、税金はできるだけ安

第9章　経理の勘所をアドバイス

く済ませたい！　というのが本音だと思います。

　そうです。脱税はやってはいけませんが、法律の許す範囲で節税をして、で
きるだけ会社にお金を蓄積するのも経営者の務めかもしれません。とっておき
の節税テクニックをご紹介しましょう。

↘ 節税のテクニック
●従業員に決算賞与を支払う
　決算月に大きな取引が突然決まり、思わぬ利益が出てしまった。税金を払う
なら今まで頑張ってきた従業員に還元したい……このような場合は、決算賞与
を支払って節税しましょう。決算日までに支払額を従業員に通知し、1ヶ月以
内に支払うという条件を満たせば、未払い計上することもできます。

●出張に日当をつける
　出張旅費には、交通費などの実費のほか、日当をつけることができます。日
当は会社の経費に計上できますし、支給をうけた人に所得税が課税されること
もありません。もちろん社長さんの出張にも日当をつけることができます。詳
しくはP166を参照してください。なお旅費規定などに日当を支払うことが定
められている、日当の金額が社会通念上相当の金額であることが必要ですので
注意してください。

●中小企業倒産防止共済に加入する
　中小企業倒産防止共済は、取引先が倒産した場合、焦げ付いた売掛金（積み
立てた掛金総額の10倍の範囲内）に相当する金額の貸し付けを受けることが
できる制度です。なぜこの制度で節税できるかというと、支払った掛金は全額
費用に計上できるからです。なお支払った掛け金は40ヶ月以上納付すると解
約時に全額戻ってきます。月額8万円まで掛け金を支払うことができます。こ
の共済は独立行政法人中小企業基盤整備機構という公的な機関が行っています
ので安心です。ただし、貸し付けを受けた場合は掛け金が戻ってこないこと、
戻った掛け金は収益に計上されることに注意してください。

　詳しくは独立行政法人中小企業基盤整備機構のホームページ（http://
www.smrj.go.jp/）をごらんください。

305

●小規模企業共済に加入する

　小規模企業共済は小規模な会社（商業とサービス業は従業員5人以下、その他の業種は20人以下）の役員のための退職金制度です。この共済制度は役員個人で加入するのですが、共済掛け金が役員報酬の所得税を計算するとき全額所得控除されることを利用して、会社の税金を節税することができます。もちろん、社長さんも加入することができます。

　どのようにするかというと、まず役員個人が共済制度に加入します。次に会社は共済掛け金に相当する金額の役員報酬を増額します。役員報酬の増額分は費用計上できますし、増額によりUPした源泉税は年末調整で還付されるので、役員の所得税が増えることはありません。

　制度の概要は独立行政法人中小企業基盤整備機構のホームページをご覧ください。なお役員報酬の損金算入については、金額や増額時期に一定の要件がありますので注意してください。

●中小企業退職金共済制度に加入する

　中小企業退職金共済制度は、中小企業の従業員のための退職金制度です。共済掛け金は全額、会社の費用に計上できます。この共済は独立行政法人勤労者退職金共済機構という公的な機関が行っていますので安心です。制度の概要は機構のホームページ（http://chutaikyo.taisyokukin.go.jp/）をご覧ください。

●生命保険に加入する

　生命保険会社では、逓増定期保険などの節税対策用？　の生命保険を発売しています。この生命保険は、保険料が費用に計上できるのに、解約時に返戻金を受け取れることに特徴があります。つまり保険を解約するまで節税することができるわけです。詳しくは各生命保険会社のホームページをご覧ください。なお返戻金は収益に計上されますので注意してください。

❾ 税務署の調査を知っておこう

↘ 税務署とうまく付き合おう

　税務署が調査に来ると聞いて、うれしそうな顔をする社長さんは1人もいないことでしょう。みんな一様に暗い顔つきになります。できたら来てほしくな

い……というのが本音でしょう。

　しかし、税務署には質問検査権という税務調査をする権限が法律で与えられています。一方、会社には受忍義務といって税務調査を受ける義務が法律で課せられています。受け忍ぶ……という言葉がすべてを表していると思います。

　会社を始めた以上、税務署と無関係でいることはできません。儲かれば儲かるほど、会社が大きくなれば大きくなるほど、税務署との付き合いは深く濃くなっていくと、覚悟を決めた方がよいでしょう。ここでは実際、どのように税務署の調査が行われているのか、私の経験をもとに説明することにしましょう。

↘ 税務署の調査にもいろいろな種類がある

　税務調査には、泣く子も黙るような厳しいものから、ふつうに行われるものまで、いろいろな種類があります。起業家の皆さんに知っておいていただきたい４つの税務調査についてみていきましょう。

●査察（ささつ）

　国税局の査察部が高額の脱税の疑いがある会社に対して行います。裁判所の捜査令状をもとに行われる「強制調査」です。大勢（100人を超えることもある）の調査官が、会社や社長の自宅、取引銀行、関係先へ突然やってきます。脱税をしたことが明らかになると、税金を追徴されるのはもちろんのこと、起訴され、脱税犯として懲役刑が科されることもあります。査察にはいられると、お金より大事なものがあった・・とみんな後悔するそうです。気をつけましょう。

●特調（とくちょう）

　税務署が脱税の疑いのある会社に対して行う特別な調査のことを「特調」といいます。この特調は、査察と異なり捜査令状はなく、あくまでも任意で行われる調査です。アポイントはありません。突然、数人の調査官が会社にやってきます。多いときは10人以上になることもあります。事前連絡がないこと、大がかりであることが、特別な調査といわれるゆえんです。脱税の疑いのある会社のほか、飲食店などの現金商売、伸び盛りの会社、特に景気のよい業種がこの調査の対象となります。

307

●特官調査（とっかんちょうさ）

特別調査官というベテランの調査官と1～3人の若手の調査官がチームを組んで調査をします。調査日数は3～5日といったところでしょうか。

査察や特調の場合は通常、事前に連絡はありませんが、特官調査の場合は、調査日時や調査内容について事前通知があります。もし都合が悪ければ、変更してもらうことができます。

規模の大きな会社（東京では年商10億円といったところでしょうか）に対する一般的な税務調査と理解してもらえればよいでしょう。

●通常調査（つうじょうちょうさ）

起業家の皆さんが受けるほとんどの調査は、この通常調査です。調査官は1人、調査日数は2日くらいです。特官調査と同様に調査について事前通知があります。会社を始めると、だいたい3年周期でこの通常調査がはいると思って下さい。

↘ 税務調査の実際の流れと対処のしかた

調査の連絡が入ってから終了するまでの通常の流れと対処の仕方は次のとおりです。

●調査まで

調査の連絡がある

事前通知の連絡は、ほとんど電話で行われます。担当調査官から調査をする旨の電話が入ったら、税務署名、担当者の名前、所属部門、内線番号などを控えましょう。

日程の調整をする

調査官の指定した日に用事があるなど都合が悪いときは、遠慮なく申し出て、日程の調整をしてもらいましょう。

調査の準備をする

調査がスムーズに進むようにするため、次の書類を年度別に分類し段ボール箱に入れておきましょう。通常、過去3期分の書類が必要となります。

第 9 章　経理の勘所をアドバイス

調査に必要な主な書類

- ・会社案内（パンフレット）、組織図、登記簿謄本など会社の概要がわかる書類
- ・総勘定元帳、仕訳伝票などの会計帳簿
- ・請求書、領収書など支払に関する書類
- ・請求書の控え、領収書の控えなど
- ・見積書、納品書、契約書など取引に関係する書類
- ・預金通帳、銀行振込書、借入返済表など銀行との取引に関する書類
- ・給料明細の控え、扶養控除申告書、1人別源泉徴収簿、履歴書など人件費に関係する書類
- ・株主総会の議事録、取締役会の議事録（特に役員報酬の金額を決議した議事録）

調査日の流れ　1日目

10:00

通常の税務調査は、朝10時から夕方4時頃まで行われます。税務署の調査官は、会社の近くで時間調整をしているのではないでしょうか。早すぎず、遅すぎず、ちょうど10:00に会社にやってきます。身分証明書を呈示しますので、一応確認しておきましょう。挨拶が終わったらいよいよ税務調査がスタートします。

10:00〜11:00

調査官は、会社設立の経緯、商売の状況など、あまり税金と関係なさそうなことを尋ねてきます。税務調査は、雑談のようなやりとりからスタートします。会社案内や会社の組織図を求められることもあります。帳簿を見る前に会社の概要を把握しておこう、ということだと思います。

11:00〜12:00

雑談が一段落すると、「そろそろ帳簿を見せていただきましょうか」ということになり、本格的な調査にはいります。最初に調査する項目は、売上と仕入です。帳簿の売

309

上と 仕入の金額を 請求書 → 納品書→ 見積書 → 契約書というように、取引のもと
となった書類と突合して行きます。帳簿に計上されていない売上はないか、架空の仕
入はないか、翌期に繰り延べている売上はないかなどについて確認をします。

12:00〜1:00

私が税理士の仕事を始めた頃（20年くらい前）は、12:00になると調査官と社長は一
緒に食事をしたものですが、今は一切そのようなことはありません。国家公務員倫理
法により、一緒にとってはいけないことになったそうです。調査官が「食事に出かけ
てきます」と切り出したら、素直に受け止めてお昼に行ってもらいましょう。

1:00〜4:00

売上と仕入についての調査が継続します。

4:00

4:00になると調査官は帰り支度をはじめます。調査官は署に戻ると上司（統括官と
いいます）に今日1日の調査内容を報告するそうです。

調査日の流れ 2 日目

10:00

調査官は、1日目と同様に10時ちょうどに会社にやってきます。

10:00〜12:00

売上と仕入の次の調査項目は人件費です。給与明細書の控え、1人別源泉徴収簿、扶
養控除申告書の呈示が求められます。タイムカード、出勤簿、履歴書などの呈示を求
められることもあります。源泉徴収簿の税額に誤りがないか、ゆうれい社員はいない
か、家族に支払った給料の金額は適正であるかなどについて調査を行います。

12:00〜1:00

調査官はお昼になると食事に行きます。（1日目と同じ）

1:00〜3:00

人件費の次は諸経費の調査にはいります。帳簿の内容と領収書、請求書を突合して、

第9章　経理の勘所をアドバイス

科目や金額に誤りがないかチェックしていきます。会議費や福利厚生費などの科目に交際費課税の対象となるものがないか、私的な費用が混入していないか、資産計上すべき支出が消耗品費に計上されていないかなどを調査します。

3:00〜4:00

3:00になると、2日間の調査結果について説明があります。ただし、これはとりあえずの調査結果であり、結論ではないことに注意して下さい。××について調べてほしいというような宿題がでる場合もあります。調査結果に納得いかない場合は、意見を述べることももちろんできます。ほとんどの場合、会社の調査はこれで終了します。調査官は署に戻って上司に報告し、今後の進め方を検討します。

調査終了まで

裏付け調査をする

調査官は会社で収集した情報について、裏付け調査を行います。例えばあやしいとにらんだ取引先（領収書に市販の様式を使用している、印鑑が三文判である、etc）については、その取引先が実在しているか、申告状況などから確認します。あやしいとにらんだ取引（100万円ぽっきりの取引、現金による支払い、etc）については、相手先に、帳簿を確認する（反面調査といいます）こともあります。

調査結果をまとめる

裏付けの調査ははやければ1週間、おそくとも1ヶ月程度で終了します。もし1ヶ月たっても調査結果の連絡がないようなら、調査官に進行状況を問い合わせしてみるとよいでしょう。調査中・・というのはあまり気分がよくないでしょうが、他の調査に忙殺されて、あとまわしにされていることもあります。

修正申告をする

過去の申告内容を訂正する方法には税務署が職権で強制的に訂正する「更正処分」と会社が誤りを自ら認め、申告を出し直す「修正申告」の方法があります。税務署の通常調査の場合、特に指摘事項に争いがない限り修正申告で訂正するのが通例になっています。修正申告書を提出すると、税務調査は終了します。

311

【著者略歴】

笠原清明 (かさはら・きよあき)

1957年、埼玉県浦和市（現さいたま市）に生まれる。1979年、税理士試験に合格。1980年、中央大学商学部会計学科卒業後、公認会計士 長隆事務所に入所。1984年、東京都新宿区で開業。現在、医療法人・社団法人・ソフトウェア開発・小売・建設・上場子会社など、約150社の税務に関わる。著書には『経理に使えるEXCEL事典』（明日香出版社）、『小が大に勝つための会計学』（中央公論新社）、『営業日誌は書くな！』（角川学芸出版）、『フリーで仕事を始めたらまっさきに読む経理・税金・申告の本』（クロスメディア・パブリッシング）、『税理士が教える 知って得する相続 揉めて損する相続』（PHP研究所）などがある。

MAPS経理コンサルティング

MAPSの名前は、みなさんがよく知っている地図(Map)と、経理でよく出てくる様式・型(Style)の2つの単語を組み合わせた造語です。なにかとわかりにくい経理を、経理担当者にとっても、経営者にとっても、地図のような形で、身近で簡単に理解できるように道案内できればという思いが込められています。MAPS経理コンサルティングは、中小企業の経理、税務はもとより、パソコン会計の道案内のエキスパートとしても実績ある税理士が中心となり、出版の企画、ホームページの運営、セミナー等のサービスを提供しております。

・info@maps-keiri.gr.jp ・http://www.maps-keiri.gr.jp/

笠原清明（税理士）Kasahara Kiyoaki ／小海健治（税理士）Kokai Kenji ／石山みどり（税理士）Ishiyama Midori ／岡下頼子 Okashita Yoriko ／大矢隆啓 Oya Takahiro ／阿部雅美 Abe Masami

法務監修：小沢秀夫（司法書士）

起業したらまっさきに読む経理の本 新装版

2018年 4月21日 初版発行

発 行　**株式会社クロスメディア・パブリッシング**

発 行 者　小早川 幸一郎

〒151-0051　東京都渋谷区千駄ヶ谷4-20-3 東栄神宮外苑ビル

http://www.cm-publishing.co.jp

■本の内容に関するお問い合わせ先 ………………… TEL (03)5413-3140 ／ FAX (03)5413-3141

発 売　**株式会社インプレス**

〒101-0051　東京都千代田区神田神保町一丁目105番地

■乱丁本・落丁本などのお問い合わせ先 …………… TEL (03)6837-5016 ／ FAX (03)6837-5023

service@impress.co.jp

（受付時間 10:00 ～ 12:00、13:00 ～ 17:00　土日・祝日を除く）

※古書店で購入されたものについてはお取り替えできません

■書店／販売店のご注文窓口

株式会社インプレス 受注センター ………………… TEL (048)449-8040 ／ FAX (048)449-8041

株式会社インプレス 出版営業部 ……………………………………………… TEL (03)6837-4635

カバーデザイン　金澤浩二（cmD）　　　　　印刷・製本　中央精版印刷株式会社

本文デザイン・図版　安賀裕子　　　　　　　カバーイラスト　タケウマ

©Kiyoaki Kasahara 2018 Printed in Japan　　ISBN 978-4-295-40185-8 C2034